불꽃한화

SINCE 1985

이상학 지음

폭풍에 올라타라 이글스

RIDE THE STORM

· 들어가며 ·

독수리가 마침내 창공을 활공할 시간이 왔다

"힘들겠다"는 위로의 말을 자주 들었다. 처음에는 같이 일희일비했으나 어느 순간부터 승패에 초월하며 무뎌졌다. 좋아해서 시작했지만 갈수록 일에 치였고, 일을 처리하기에 바빴다.

감독, 코치, 선수, 직원 등 한화 이글스의 구성원들이 힘들어하는 걸 가까이서 지켜보는 건 안타까웠지만, 어디까지나 외부인으로서 그렇게까지 마음 쓸 일은 아니라고 생각했다. 감정 이입을 하지 않고 가급적 중립을 지키려고 애썼다.

"한화는 뭐가 문제야?" 이렇게 묻는 사람들도 많았다. 처음에는 투수가 문제다, 타격이 문제다, 아니 수비가 문제다 하는 식으로 하나씩 상세하게 대답했다. 나아가 선수가 문제, 감독이 문제, 구단이 문제라는 명확한 문제 인식도 있었지만 그것도 어느 순간부터 도돌이표. 뭔가 말을 하는 게 갈수록 궁색해졌다.

복잡한 실타래처럼 얽히고설켜 어느 하나의 문제가 아니었다. 결국 어느 순간부터 나의 대답은 "모르겠다"는 것이었다. "올해 한화는 어떨 것 같아?"라는 인사치레 같은 질문에는 더더욱 답을 할 수 없었다.

지나고 나서 돌아보면 운이 너무 따르지 않았다. 암흑기 초입에는 구단의 투자가 미비했고, 운영도 허술했으며, 선수들은 패배 의식에 젖어 있었다. 스스로 자초한 부분이 컸고, 손 쓸 곳이 한두 군데가 아니었다. 그래도 어느 순간부터는 구성원 모두가 변화를 위해 몸부림쳤고, 지난한 과정이 쭉 이어졌다.

그 과정에서 뭔가 '운때'가 맞지 않았다. 신생 팀들이 창단하면서 신인 최우선 지명권을 빼앗겼고, 구단이 이어가던 기조가 뜻하지 않게 획획 바뀌면서 더 깊은 수렁에 빠졌다.

인내와 기다림의 기간은 하염없이 길어졌고, 성적 부진을 이유로 수많은 사람이 바뀌고 또 바뀌었다. 감독, 코치, 선수들뿐만 아니라 한때 '공무원' 소리를 듣던 구단 프런트들도 상당수가 물갈이될 만큼 쇄신을 위해 뼈를 깎는 노력이 이어졌다.

지난한 그 시간들이 비록 성적으로 이어지지 않고 빛을 보지 못했지만, 보이지 않는 사람들의 치열한 고민과 헌신, 노력들이 있었기에 이런 날이 올 수 있었다.

지금은 자리에 없지만 고난의 시기에 각자 해야 할 몫들을 하고 떠난 사람들의 얼굴이 떠오른다. 그들의 노고도 잊어선 안 될 것이다.

고통이 클수록 더 큰 희열을 느낀다고 한다. 끝이 안 보이던 암흑의 터널, 그 끝에 다다랐다. 오랫동안 참아온 한화 팬들도 이제는 야구를 제대로 즐길 때가 왔다.

2018년에도 출판 제의를 받고 고민했지만 한화의 리빌딩처럼 흐지부지되었다. 이번에 출판을 제의받곤 고민하지 않고 바로 응한 건 이제 한화 암흑기가 진짜로 끝났다는 생각이 들어서였다. 실패의 역사를 들추는 게 불편할 수도 있겠지만, 지근거리에서 지켜본 기나긴 암흑기를 정리하며 되짚어보는 것도 나쁘지 않다 싶었다.

풀타임 기준으로 한화만 16 시즌을 지켜봤다. 워낙 긴 세월, 많은 경기가 있었고 모든 일을 일일이 다 기억할 순 없다. 그래도 그 시점에 일어난 일들을 중심으로 과정 속에서 느꼈던 것, 당시에는 미처 몰랐지만 지나고 나서 깨달았던 것도 있었다.

개인의 감상문으로 보여질 수도 있고, 한화의 고난 극복 관찰기가 될 수도 있을 것 같다. 암흑기를 가까이서 지켜보며 희노애락을 경험하고, 인생을 배웠다.

기나긴 시련의 시간 동안 가장 놀라운 건 한화 팬덤의 확장이었다. 야구를 오랫동안 잘하지 못했는데 그 사이 팬들이 어마어마하게 늘었다. 성적이 곧 인기인 프로 스포츠에서 기현상이라 할 만하다. 하여 시련을 먹고 자란 팬심을 향한 존경의 의미도 담았다. 그 어떤 실패와 고난에도 외면하지 않는 한화 팬심은 전 세계 어디에서도 쉽게 찾아볼 수 없을 것이다.

인고의 세월을 견딘 독수리가 마침내 날개를 폈다. 창공을 활공할 시간이 왔다.

2025년 10월
이상학

차례

들어가며 독수리가 마침내 창공을 활공할 시간이 왔다 · 004 ·

★ 1장 ★ 기나긴 암흑기의 시작

삭발로 다짐했지만 패배는 계속 · 015 ·
담배 연기 속에 사라진 이범호 복귀 · 024 ·
대표이사·단장 동반 교체, 투자의 서막 · 030 ·
"김태균 잡아올게" 회장의 약속 · 036 ·
박찬호의 귀향, 특별법도 통과되다 · 040 ·
인기 팀으로 부활, 류현진의 결심 · 044 ·
'야왕'의 시대는 꼴찌로 저물다 · 048 ·

그때 미처 못다 한 이야기 × 하나 · 054 ·

★ 2장 ★ 감독들의 무덤이라는 악연

명장의 귀환, 그러나 깊은 한숨	· 059 ·
개막 13연패, 9위로 추락한 자존심	· 064 ·
정근우·이용규 동시 영입의 꿈	· 071 ·
거장의 초라한 퇴장, 또다시 꼴찌	· 075 ·
팬들이 부른 야신, 지옥 훈련의 시작	· 084 ·
김성근의 끈질긴 야구, '마리한화' 열풍	· 092 ·
슈퍼 외인의 빛, 권혁 혹사의 그림자	· 098 ·
성공적인 FA 영입에도 돌아선 팬심	· 106 ·
단장·감독 충돌, 벤클로 끝난 결별	· 114 ·
김태균 86경기 연속 출루의 신화	· 122 ·

그때 미처 못다 한 이야기 × 둘 · 130 ·

★ 3장 ★ 너무 짧았던 가을 축제

금의환향, 한용덕과 레전드 코치들	·135·
10년 암흑기 끊은 기적의 2018년	·142·
11년 만의 가을야구, 단 4경기의 축제	·152·
작은 불씨가 연이어 폭탄이 되다	·158·
단장 정민철, 깜짝 방문 류현진	·166·
FA 영입 실패와 18연패가 남긴 상처	·172·
이별의 연속, 김태균의 은퇴할 결심	·181·
그때 미처 못다 한 이야기 × 셋	·192·

★ 4장 ★ 지긋지긋한 그 단어, 리빌딩

외국인 사령탑 수베로와 실패할 자유	·197·
2021년, 진짜 리빌딩의 첫걸음	·204·
FA 철수와 주장 난동, 불안한 시작	·213·
자율 야구의 허점, 한밤중 경질 사태	·224·

최원호 감독의 특명, 신성들의 폭풍 성장	· 234 ·
12년 만에 돌아온 괴물 류현진	· 244 ·
짧았던 봄, 또다시 교체된 감독	· 253 ·
그때 미처 못다 한 이야기 × 넷	· 262 ·

★ 5장 ★ 마침내 한화의 시대가 오는가

감독들의 무덤에 찾아온 김경문 감독	· 267 ·
사그라진 돌풍, 정우람의 눈물	· 276 ·
류현진와 고참들, 겨울 바다에 몸을 던지다	· 285 ·
10경기 만의 추락, 얼어붙은 대전의 봄	· 293 ·
간절한 기도가 부른 외인 원투 펀치	· 301 ·
전면 드래프트가 바꾼 한화의 운명	· 312 ·
우주의 기운, 정상 등극과 왕조의 꿈	· 322 ·
그때 미처 못다 한 이야기 × 다섯	· 338 ·

삭발로 다짐했지만 패배는 계속

"앞으로 한화를 맡아. 야구도 그런대로 잘하고, 일거리도 별로 없을 거야."

2007년 9월 대학생 때 운 좋게도 프로야구 현장을 드나들었다. 20살 어린 나이에 몇몇 매체에 글을 쓴 걸 〈OSEN〉에서 좋게 봤는지 객원 기자 신분으로 한화 이글스 취재의 기회를 줬다. 대전에 거주 중이었고, 자연스럽게 한화를 담당했다.

그때 국장은 한화를 아주 무난한 팀으로 묘사했다. 성적도 괜찮고 스타 선수들도 제법 있어, 기사 쓸 거리는 충분한데 그렇다고 일이 아주 많은 인기 팀도 아니었다.

그쯤 한화 담당 기자들은 베테랑이 많았다. 다른 지방보다 서울에서 이동 거리도 짧아서 여러모로 베테랑 기자들이 선호하는 팀이었다.

1986년 대전을 연고로 창단한 한화는 '다이너마이트 타선'으로 불린 전신 빙그레 시절이 전성기였다. 1988~1992년의 5년간 무려 4번이나 한국시리즈에 올랐다. 그중 3번은 해태 왕조에 무릎을 꿇었다.

그때는 지금처럼 '꼴찌'가 아닌 '2인자' 이미지가 강한 팀이었다. 1999년 창단 첫 한국시리즈 우승으로 2등의 한을 풀었고, 2000년대에도 4차례 가을야구 진출로 경쟁력을 보였다. 장종훈, 송진우, 정민철, 구대성, 김태균, 류현진 등 리그를 호령한 최정상급 선수들도 꾸준히 나오면서 팬덤도 탄탄한 편이었다.

2007년에도 한화는 정규 리그 3위로 가을야구에 나갔다. 플레이오프에서 두산에 3연패를 당하며 시즌이 끝나긴 했지만, 다음 해부터 풀타임으로 야구장에 나가는 게 기다려졌다. 길게 느껴졌던 겨울이 지나고 봄이 왔고, 아무것도 모른 채 그저 야구가 좋아서 야구장을 신나게 누볐다.

그런데 공교롭게 바로 그때부터 한화의 기나긴 암흑기가 시작되었다. 암흑기의 초입부터 끝이 안 보이는 기나긴 시련의 시간을 지켜봤다. 그런 점에서 이 책은 실패의 역사서이자 고난 극복기일지도 모르겠다.

'국민 감독' 반열에 오른 김인식 감독.

2008년을 시작할 무렵 한화는 약팀이 아니었다. 2006년 월드베이스볼클래식(WBC) 4강 신화를 이끌며 '국민 감독' 반열에 오른 김인식 감독의 지휘 아래 마운드에는 송진우, 정민철, 구대성 같은 베테랑 투수들과 '괴물' 류현진이 날개를 활짝 펴고 있었다. 김태균, 이범호 등 20대 젊은 거포들이 다이너마이트 타선을 이끌며 나름대로 신구 조화도 이루고 있었다.

김인식 감독이 지휘봉을 잡은 한화는 2005년 4위, 2006년 한국시리즈 준우승, 2007년 3위로 3년 연속 가을야구에 진출한 포스트시즌 단골손님이었다.

2008년의 한화도 가을야구는 기본으로 바라보고 있었다. 비록 개막 5연패로 시작했지만, 4번 타자 김태균이 옆구리 부상으로 빠진 영향이었다. 그만큼 타선에서 김태균이 차지하는 비중이 컸다. 군인처럼 머리를 짧게 삭발하고 온 김태균은 4월 5일 대전 KIA전 복귀 첫 경기부터 홈런포를 가동했다.

4월 27일 대전 두산전에서 9회 끝내기 역전 투런 홈런은 잊히지 않는 명장면 중 하나. 경기 중 감정 표현을 잘 하지 않았던 김태균의 커리어에서 좀처럼 보기 드물게 양팔을 번쩍 들고 포효했다. 경기 후에는 "요즘 머리가 많이 자랐다. 다시 머리 깎으러 가야겠다"며 머리를 긁적였다.

시즌 내내 짧은 머리 스타일을 고수한 김태균은 데뷔 이래 첫 홈런왕(31개)에 등극하며 리그 최정상급 타자로 도약했다. 새 외국인 타자 덕 클락도 시즌 중반까지 제이 데이비스가 떠오르는 활약을 했고, 유망주 김태완의 잠재력도 터지면서 타선의 힘은 그 어느 팀에도 밀리지 않았다.

클락, 김태균, 이범호, 김태완으로 이어지는 중심 타선은 '클린업 쿼텟'이라는 용어를 붙여 쓰기도 했다. 류현진의 호투와 타선의 폭발 속에 전반기를 2위 두산과 승차 없는 3위로 마쳤다.

전반기 마지막 경기가 열렸던 7월 31일 목동구장. 경기 전 인터뷰 때 취재진 중 누군가가 한화야말로 1위 SK의 유일한 대항마라는 이야기를 꺼내자 김인식 감독은 "도대체 누가 그래?"라며 "4강에 갈 수 있을지 모르겠다. 투수가 없어서 문제다. 타선도 상대 선발이 센 날에는 고전한다"라고 말했다.

그때만 해도 김인식 감독 특유의 엄살이자 앓는 소리인 줄 알았지만 아니었다. 우려가 현실이 되는 데는 오랜 시간이 걸리지 않았다.

8월부터 시작된 올스타 휴식기는 베이징 올림픽으로 인한 시즌 중단으로 25일 동안 이어졌다. 한화 소속 선수로는 투수 류현진과 내야수 김민재가 베이징 올림픽 9전 전승 금메달 멤버로 금의환향했지만, 한화는 후반기를 4연패로 시작하며 심상치 않은 하락세를 보였다.

8월 30일 대전 SK전은 올림픽을 마치고 돌아온 류현진의 호투로 승리했지만, 다시 4연패를 당했다. 이어 9월 5일 대전 삼성전은 다시 류현진의 호투로 연패를 끊었지만 또 4연패. 9월 11일 잠실 LG전 역시 류현진의 호투로 다시 연패를 끊었다.

이른바 '류패패패패'의 시작이 바로 2008년 후반기였다. 류현진이 나오지 않는 날에는 이기기 어려웠다. 9월 16일 대전 롯데전은 류현진마저 5회를 버티지 못한 채 4이닝 5실점으로 패했다.

이날 승리로 롯데는 8년 만에 포스트시즌 진출을 확정했다. 대전구장 3루 원정 라커룸에서 롯데 선수들이 샴페인을 터뜨리며 자축할 때 한화는 가을야구 탈락을 직감했다.

결국 후반기를 공동 7위(8승 16패 승률 .333)로 마친 한화는 최종 순위 5위(64승 62패 승률 .508)로 아깝게 가을야구가 좌절되었다. 김인식 감독 체제에서 3년 연속 이어온 포스트시즌 진출 기록도 끊겼다.

베테랑 투수들의 노쇠화 속에 류현진 외에는 선발진에 믿을 만한 투수가 없는 현실을 마주했다. 젊은 투수들의 성장이 너무 더뎠다. 외국인 타자 클락도 6월 27일 문학 SK전에서 1루수 박정권과 충돌하며 무릎을 다친 뒤 페이스가 완전히 꺾여 타선의 힘도 떨어졌다.

그래도 김태균이 홈런왕을 차지한 건 큰 수확이었다. 앞서 2년간 성적이 다소 주춤했지만 2008년 커리어 하이 시즌으로 존재감을 되살렸다. 그러나 김태균은 "팀이 포스트시즌에 올라가고 홈런왕을 차지하면 좋은데, 아쉽다. 내년에는 좋은 팀 성적과 함께 40홈런으로 홈런왕 연패를 하고 싶다"라고 말했다.

객원 기자로서 한 시즌을 보낸 후 군대에 입대했고, 2009년은 온전히 밖에서 야구를 봤다. 삼성 팬으로 자랐지만 어느 순간부터 야구 뉴스를 보면 한화를 먼저 챙겨보고, 야구 중계를 봐도 한화 게임이었다.

2009년 군복무 시절 사이버 지식 정보방에서 찾아본 한화 뉴스는 그리 밝지 않았다. 간혹 TV 중계를 볼라치면 지고 있었다. WBC에서 절정의 타격감으로 40홈런 약속을 지킬 것 같았던 김태균은 4월 26일 잠실 두산전에서 홈 슬라이딩 중 상대 포수 최승환과 부딪쳐 머리를 땅에 찧은 뒤 뇌진탕 후유증에 시달렸다.

영원할 것 같던 정민철과 송진우도 차례로 은퇴를 결정하면서 한화는 뒤늦게 '리빌딩' 버튼을 눌렀다. 앞으로 수도 없이 쓰일 그 단어 '리빌딩'이 본격적으로 등장한 시기다.

8개 구단 체제에서 처음으로 꼴찌를 했고, 비 오는 날 경기가 취소되면 오리고기 먹는 걸 좋아하던 김인식 감독도 계약 만료로 자리에서 물러났다.

시즌 최종전을 마친 뒤 선수단으로부터 큰절을 받고 눈물 속에 떠났다는 김인식 감독의 뉴스를 보며 마음 한편이 아렸다.

시즌 순위 5위(64승 62패) / **승률** .508 / **PS** 탈락

팀 ERA 6위(4.43) / **최소 실책** 1위(61개) / **타율** 8위(.254) / **OPS** 4위(.728)

투수 WAR	타자 WAR
류현진(3.91)	김태균(7.09)
마정길(2.73)	클락(4.82)
토마스(1.89)	이범호(4.77)
송진우(1.26)	김민재(2.75)
윤규진(1.05)	김태완(2.29)

시즌 순위 8위(46승 84패 3무) / **승률** .346 / **PS** 탈락(꼴찌)

팀 ERA 8위(5.70) / **최소 실책** 5위(94개) / **타율** 7위(.296) / **OPS** 6위(.774)

투수 WAR	타자 WAR
류현진(5.73)	강동우(5.00)
구대성(1.76)	김태완(4.04)
토마스(1.73)	이범호(3.24)
안영명(1.65)	이도형(3.17)
양훈(1.64)	김태균(2.70)

시즌 순위 8위(49승 82패 2무) / **승률** .368 / **PS** 탈락(꼴찌)

팀 ERA 8위(5.43) / **최소 실책** 1위(80개) / **타율** 8위(.244) / **OPS** 8위(.690)

투수 WAR	타자 WAR
류현진(9.34)	정원석(3.20)
박정진(2.34)	김태완(2.55)
데폴라(1.71)	최진행(2.54)
윤규진(1.30)	이대수(1.82)
유원상(1.07)	신경현(0.98)

담배 연기 속에 사라진 이범호 복귀

　군복무를 마치고 2010년 9월 전역하자마자 다시 한화를 맡았다. 이번에는 정식 기자로 본격적인 발걸음을 내딛었다. 군대를 다녀온 약 2년 사이 한화는 많은 게 바뀌어 있었다. 김인식 감독이 물러난 자리에는 한대화 감독이 새로 왔고, 김태균과 이범호는 모두 FA로 팀을 떠났다. 구대성도 은퇴하면서 한화는 대격변의 시기를 보내고 있었다.

　2년 연속 8위. 부임 첫해 꼴찌라는 성적표를 받아든 한대화 감독은 "한마디로 모든 게 괴로웠다"라고 요약했다. 한대화 감독의 괴로움은 이듬해 1월 하와이 스프링캠프 때 극단에 이른다. 캠프를 떠난 뒤에도 연봉 계약이 마무리되지 않으면서 몇몇 선수가 국내에 남아 있었다. 당시 한화의 일 처리는 여러모로 미흡했다. 2010년 시즌 중 주전 3루수 송광민이 갑자기 입대 영장을 받고 팀을 떠나는 촌극이 벌어지기도 했다.

시즌 후에는 내부 FA 투수 최영필과 이도형에게 구체적인 계약을 제시하지 않으며 포기했다. 우선 협상 기간에 딱 한 번씩 만났는데 그마저도 '계약할 생각이 없다'라는 의사만 전달하는 자리였다.

전 구단 협상 기간에도 두 선수를 원하는 팀은 없었고, FA 계약 마감일 전날 다시 만난 한화는 두 선수에게 현장 스태프 자리를 제안했다. 최영필은 선수 생활 연장을 이유로, 이도형은 개인 사업을 이유로 고사했다.

1월 18일 내전의 한 카페에서 만난 이도형은 한 팬의 사인 요청에 이름을 쓰고 그 위에 'EAGLES'라고 적었다. 그러곤 "아 차, 이제 이건 적으면 안 되는데"라며 웃었다.

은퇴를 결정한 그는 "슬럼프에 빠질 때 한동안 팬들을 멀리한 적도 있었다. 그런데 어느 날 경기를 지고 TV로 녹화 방송을 보는데 한 팬분께서 우리가 지니까 눈물을 흘리고 있더라. 그걸 보고 '아 저렇게 우리 팀을 응원하는 팬들이 있구나'라는 생각에 마음가짐이 달라졌다"라고 한화 팬들을 떠올렸다.

전력 보강은커녕 빠져나간 선수들만 있는 상황. 한대화 감독의 믿을 구석은 일본에 있었다. 일본에서 돌아오고 싶어 한 이범호 복귀를 구단에 거듭 요청했지만, 계약 조건에서 접점을 찾지 못해 한대화 감독의 속도 바짝 타들어갔다.

가뜩이나 없는 전력이라 이범호가 있는 것과 없는 건 천지 차이었다. 팀 전력상 무조건 다시 데려와야 할 선수였지만 당시 한화는 투자에 미온적이었다.

결국 스프링캠프를 시작한 지 얼마 지나지 않아 이범호는 KIA와 계약했고, 한대화 감독은 땅이 꺼져라 한숨을 내쉬었다. 당시 국제 전화로 한대화 감독의 반응을 들었다. "방금 소식 들었는데, 아쉬워하면 뭐하나. 이미 물 건너간 일이다"며 애써 담담해하면서도 "아유 참, 할 말이 없네"라며 아쉬움을 곱씹었다.

며칠 뒤 하와이 현지로 날아가 스프링캠프를 취재했다. 난생처음 나가본 해외가 하와이였는데 지상 낙원이 따로 없었다. 햇볕은 쨍쨍한데 시원한 바람이 부니 덥지도 춥지도 않은 쾌청한 날씨. 하늘은 맑고, 바다는 코발트 블루색으로 빛났다. 소나기가 지나간 뒤 뜨는 무지개는 장관이었다.

나중에 미국 메이저리그 취재, 각종 국제 대회 등으로 해외 여러 나라와 도시를 20곳 이상 다녀봤지만, 하와이만큼 좋은 곳은 없었다.

구름 한 점 없이 푸른 하와이 하늘 아래에서 한화 선수들이 2011년 시즌을 대비해 맹훈련을 하고 있었다. 매년 스프링캠프는 꿈과 희망이 가득하지만, 당시의 한화 전력은 어떤 행복 회로

'야왕' 한대화 감독.

를 돌려도 답이 없어 보였다.

캠프 전 김태균이 일본 지바 롯데에 합류하기에 앞서 대전에서 한화 선수들과 잠시 훈련한 기간이 있었는데, 한 방송사에서 어느 한화 선수에게 멘트를 따고자 질문을 던졌다. "김태균 선배와 함께하면서 배우는 게 뭔가요?"

김태균과 동갑내기 친구였던 그 선수는 황당한 표정을 지으면서 허둥지둥 대답했다. 몇몇 스타 선수를 빼곤 한화 선수들에 대한 인지도가 극히 낮았고, 그만큼 팀 전력이 약했다. 다른 팀에서 백업이었거나 2군에 있었을 선수들이 한화에선 주전이고 1군 선수였다.

하와이 스프링캠프에서 한대화 감독의 시름은 날이 갈수록 깊어져만 갔다. "스프링캠프 와서 담배만 늘었다"며 쓴웃음을 지었다. 애연가였던 한대화 감독은 훈련장 뒤쪽에서 천막을 치고 선수들 훈련을 지켜보며 줄담배를 태웠다. 하와이의 청량함과 대비되는 뿌연 담배 연기가 한화의 불투명한 앞날을 암시하는 것 같았다.

그런 와중에도 한대화 감독이 볼 때마다 웃음을 짓는 선수가 있었다. 바로 '에이스' 류현진이었다. 투수들의 구속을 확인하고자 백네트 뒤를 들락날락한 류현진을 볼 때마다 한대화 감독은 그의 한쪽 귀를 잡고 놓아주지 않는 장난을 쳤다. 그럴 때마다 류현진도 짐짓 아픈 표정을 지으며 한대화 감독의 장난을 기분 좋게 받아줬다.

한대화 감독은 류현진을 '돼지'라고 불렀지만 그를 무척 존중하고 있었다. 평소 농담을 많이 하는 한대화 감독이지만, 그때 캠프에선 미국 소설가 리처드 바크의 갈매기를 주인공으로 한 우화 소설 『갈매기의 꿈』에 나온 구절을 인용해 "현진이는 높이 나는 새다. 멀리 볼 줄 안다. 저 멀리 높이 날아 있기 때문에 더 많은 걸 볼 수 있다"라고 표현했다.

그러면서 "야구도 잘하지만 행동을 올바르게 잘한다. 속된 말로 싸가지 없게 안 보이려 한다. 어린 나이에 일찍 철이 들었다"라고 말했다.

류현진은 당시 24세 어린 나이에 최약체 팀의 에이스로서 힘든 순간도 많았지만 티를 내지 않았다. 쉬어도 될 상황이 있어도 배트보이를 자처하며 버려진 배트를 잽싸게 주워 제자리에 가져다 놓는 궂은일도 마다하지 않았다.

후배들에겐 선글라스를 선물하는 마음 씀씀이를 보여주기도 했다. 이에 한대화 감독은 "왜 나한테는 선글라스 선물 안 하냐?"며 류현진에게 한마디 툭 던졌다. 여분이 있었는지 류현진이 "하나 드릴까요?"라고 답하자 한 감독은 "어차피 줘도 못 써"라며 손을 내저었다. 류현진은 "아, 도수"라며 무릎을 쳤다. 시력이 안 좋은 한 감독의 선글라스에는 도수가 들어 있었던 것이다.

깊은 시름 속에서도 류현진 덕분에 그나마 웃을 수 있었다.

대표이사·단장 동반 교체, 투자의 서막

꼴찌 후보로 전문가들의 몰표를 받고 시작한 2011년, 우려는 곧 현실이 되었다. 믿었던 류현진마저 시즌 첫 3경기 모두 5실점 이상 허용하며 패전을 안았고, 4월 한 달간 6승 16패 1무(승률 .273)에 그치며 8위 꼴찌로 추락했다. 전년도 꼴찌 팀이 겨우내 이렇다 할 전력 보강이 없었으니 놀라울 게 없는 성적. 암울한 현실이었다.

수렁 속에서 팀을 구한 건 결국 또 류현진이었다. 5월 1일 대구 삼성전에서 9이닝 1실점 완투승을 거두면서 무려 134구를 던졌다. 2008년 9월 5일 대전 삼성전과 함께 류현진의 개인 한 경기 최다 투구 수 기록. 등판을 이틀 앞두고 외조모상을 당한 류현진은 당일에만 장례식이 차려진 경기도 시흥에 잠시 갔다가 내려왔다. 팀을 위해 정상적인 등판을 자청했고, 134구 완투승을 거둔 것이었다.

그날 경기 후 류현진은 "9회 마지막에 감독님께서 올라오셨는데, 한 타자만 막으면 되기 때문에 던지겠다고 했다. 외할머니께서 도와주신 것 같다"라고 말했다. 한대화 감독은 "8회부터 가슴이 아렸다. 애가 너무 고생하는 것 같아 가슴이 미어지고 답답해서 내가 다 죽겠더라"고 떠올렸다. 한용덕 투수코치도 "현진이에 대해 더 이상 무슨 말이 필요하겠나. 너무 무리시킨 것 같아 미안하다"며 팀 승리에도 마냥 기뻐하지 못했다. 에이스에게 134구나 던지게 할 만큼 팀 사정이 좋지 않았다.

그로부터 얼마 지나지 않아 한화는 개혁의 신호탄을 쏘아올렸다. 구단 역사상 최초로 대표이사와 단장이 동반 퇴진한 것이다. 성적 부진에 대한 책임을 물었고, 그룹 차원에서 팀 분위기 쇄신 차 투자를 확대하고 지원을 강화하겠다고 공개 선언했다.

2011년 한화의 팀 연봉 총액은 26억 8,800만 원으로 8개 구단 중 가장 적었다. 1999년 창단 첫 한국시리즈 우승 이후 야구단에 투자가 미비했고, 2000년대 들어선 리그에서 가장 돈을 쓰지 않는 팀으로 떠올랐다. 세대 교체가 더뎠던 이유도 결국 육성에 투자하지 않은 영향이 컸다.

신인 드래프트 지명권부터 제대로 행사하지 않았다. 신인

2차 지명을 2004년 5명, 2005년 4명, 2006년 7명, 2007년 8명, 2008년 5명, 2009년 6명만 했을 뿐이다. 9라운드까지 지명권이 주어진 그 기간 다른 팀들이 못해도 7~8라운드까지 쓸 때 한화는 4~6라운드에서 끝내기 일쑤였다.

한화가 지명을 포기한 뒤 뽑힌 선수로는 2006년 8라운드 전체 59순위 양의지(두산), 2008년 6라운드 전체 43순위 김선빈(KIA)처럼 훗날 스타로 성장한 선수들도 있었다. 스카우드에 적극적이지 않았고 곧 육성 실패로 이어졌다.

육성 실패에는 인프라 부족도 한몫했다. 제대로 된 2군 전용 훈련장이 없어 오랜 기간 어려움을 겪었다. 1군이 원정을 떠날 때만 대전 홈구장을 사용했고, 1군이 홈에서 경기를 할 때는 청주구장, 계룡대, 고교팀 훈련장 등을 떠돌아다녔다. 선수단 숙소가 있는 대전 용전동과 멀리 떨어진 곳을 불규칙적으로 오갔고, 그마저 제한된 사용 시간으로 제약이 있었다. 용전동에 실내 연습장 '일승관'이 있었지만 실외 훈련만큼 효과를 기대하기 어려웠다. 훈련의 효율성이 높을 리 없었고, 새로 올라오는 선수들이 많지 않았다. 얕은 선수층의 근본적 원인이었다.

2007년 3월 대전시 대덕구와 신탄진 인근에 2군 훈련장 건립을 위한 양해각서(MOU)를 체결했지만 관계법령과 수용 면적 문제로 일이 기약 없이 미뤄진 상태였다. 새로 부임한 정승진 대표이사, 노재덕 단장은 이 문제부터 빠르게 풀었다.

굳이 대전을 고집하지 않고 서산으로 눈을 돌렸다. 당시 노재덕 단장은 "훈련장을 빨리 지어야 하기 때문에 장소를 서산으로 바꿨다. 우리 그룹 계열사 땅이 있고, 충청남도에서도 적극적으로 지원해 일 처리가 빨리 되었다"라고 말했다.

2011년 10월 인허가 절차를 밟고 서산 테크노밸리 내 부지에 첫 삽을 떴다. 약 300억 원을 투자해 메인 야구장부터 보조 훈련장, 실내 연습장, 4층 규모의 선수단 숙소까지 다 들어간 육성 요람이 2012년 12월 완공되면서 한화의 오랜 숙원이 하나 풀렸다.

투자 소홀을 인정하고, 비전 없는 리빌딩에서 벗어난 한화는 이 시점부터 제대로 된 투자를 시작했다. 서산 훈련장이 중장기 미래를 위한 투자였다면, 즉시 전력 강화를 위한 투자도 이뤄졌다. 부진한 외국인 선수 2명을 모두 바꾸며 지갑을 열었다. 롯데에서 3시즌을 뛴 거포 카림 가르시아를 영입했고, 메이저리그 7시즌 경력의 투수 데니 바티스타도 데려와 마운드도 보강했다.

두 외국인 선수가 임팩트 있는 활약을 보이면서 팀에 힘이 붙었다. 가르시아는 6월 15~16일 대전 KIA전 2경기 연속 만루 홈런에 이어 17일 대전 두산전 끝내기 스리런 홈런까지 3경기 연속 클러치 홈런을 폭발했다. 현역 시절 '해결사'로 불렸던 한대화 감독도 "이야, 가르시아 저거 진짜 무서운 놈이네"라며 감탄했다. 198cm 장신에 150km대 초중반 강속구를 쉽게 던진 바티스타도 셋업맨 박정진과 함께 필승조를 구축하며 뒷문을 책임졌다. 9월 25일 대전 롯데전에선 8회부터 11회까지 4이닝 동안 79구를 던지며 삼진 9개를 잡기도 했다.

한 번 꼬였던 실타래가 풀리자 술술 잘 풀렸다. 류현진뿐만 아니라 양훈, 김혁민, 안승민, 장민재 등 20대 젊은 선발들도 동반 성장하면서 리빌딩도 탄력을 받았다.

당시 37세 최고참 강동우가 1번 타자로 홈런 13개를 치며 공격의 선봉에 섰고, 이대수도 타율 3할(.301) 유격수로 거듭나 골든글러브를 수상했다.

그해 리그 최다 11번의 끝내기 승리로 드라마를 썼고, 9회 이후 역전승도 최다 6승으로 뒷심이 유독 강했다. 공동 6위로 탈꼴찌에 성공했고, 한대화 감독에겐 '야왕'이라는 별명이 붙었다. 시즌 내내 크고 작은 화제가 끊이지 않으면서 이슈 몰이에 성공했고, 구단 역사상 가장 많은 46만 4,871명의 관중을 끌어모았다.

객관적인 순위는 높지 않았지만 한화 팬들의 행복 지수는 어느 때보다 높았다. 지긋지긋한 꼴찌의 굴레에서 벗어나 패배 의식을 걷어냈다. 선수들 사이에서 "내년 시즌이 진짜 기대된다"는 목소리가 흘러나왔다. 구단에서도 더 높은 곳을 바라보며 일찌감치 준비 작업에 들어갔다.

시즌 순위 공동 6위(59승 72패 2무) / **승률** .450 / **PS** 탈락

팀 ERA 8위(5.11) / **최소 실책** 5위(82개) / **타율** 8위(.255) / **OPS** 7위(.700)

투수 WAR	타자 WAR
류현진(2.82)	이대수(4.25)
박정진(2.33)	강동우(3.99)
양훈(1.86)	최진행(3.26)
바티스타(1.62)	한상훈(2.92)
김혁민(0.76)	장성호(1.92)

"김태균 잡아올게"
회장의 약속

    2011년 시즌 후 FA 시장에서 한화는 모처럼 외부 선수를 영입했다. 경험 풍부한 불펜 투수 송신영을 3년 총액 13억 원에 영입했다. 이상군 운영팀장은 FA 타구단 협상 첫날 12시 자정이 되자마자 송신영에게 전화를 걸었다. "어디냐? 지금 당장 거기로 가겠다"라고 말하곤 송신영이 강원도 설악산에 있다는 사실을 파악한 뒤 새벽길을 달렸다. 새벽 3시쯤 만나 협상을 시작했고, 5시쯤 동틀 무렵 계약을 마무리했다.

    2005년 시즌 후 김민재에 이어 6년 만에 이뤄진 외부 FA 영입은 한화의 2012 시즌을 향한 의지가 얼마나 뜨거운지 보여준 행보였다.

비슷한 시기, 대전에선 한화 선수단의 마무리 훈련이 한창이었다. 멀리서 봐도 한눈에 띄는 선수가 있었다. 홀로 다른 팀 트레이닝복을 입은 선수, 김태균이었다.

오렌지색 트레이닝복 대신 일본 프로야구 지바 롯데 마린스의 검정색 트레이닝복 차림으로 한화 선수들과 함께 훈련한 김태균은 친정 팀 복귀를 앞두고 있었다.

그해 3월 동일본 대지진 충격 속에 손목 부상까지 겹친 김태균은 지바 롯데에 일찌감치 퇴단 의사를 전달했다. 3년 계약의 2번째 시즌 중 중대 결정을 내린 것이었다. 2012년 받을 예정이었던 2억 엔가량의 연봉을 포기하면서 국내 복귀를 결심했다. 그러면서 김태균은 협상 창구를 한화 한 팀으로 제한했다. 친정 팀에 대한 의리였고, 한화도 김태균에게 최고 대우를 천명했다.

같은 해 8월 7일 선수단 격려 차 잠실구장을 찾은 김승연 한화그룹 회장이 "김태균 좀 잡아주세요"라고 애원하듯 말하는 팬들의 목소리에 "잡아올게"라고 말하며 오른 주먹을 불끈 쥐고 화답한 게 결정적이었다. 그룹 총수의 대외적인 선언이 있었으니 구단으로선 김태균을 무조건 잡아야 했다. 이범호를 놓친 게 사무쳤던 한화 팬들의 간절함이 통한 순간이었다.

계약이 이뤄지기 전부터 한화 구단 차원에서 최고 대우를 약속했고, 과연 얼마를 받을지에 관심이 쏠렸다. 롯데 이대호가 일본으로 떠나면서 김태균이 프로야구 최초로 연봉 10억 원대 시대를 열 게 확실시되었다. 당시 최고 연봉은 역시 일본에서 돌아와 삼성과 계약한 이승엽의 8억 원에 옵션 3억 원을 포함한 총액 11억 원이었다. 나이가 6살이나 어린 김태균이 전성기에 있었고, 이승엽보다 얼마나 더 많이 받을지에 관심이 쏠렸다.

김태균은 조금 부담스러워했다. 계약 전 그는 "너무 관심이 돈에만 쏠려 있는 것 같다. 누구보다 많이 받고, 액수가 얼마나 되느냐는 크게 중요하지 않다"며 "지금의 나를 키워준 곳이 한화다. 돈에 욕심이 있었다면 처음부터 한화로 돌아간다고 말을 하지 않았을 것이다. 돈보다 정든 곳에서 다시 재밌고 즐겁게 야구하고 싶을 뿐이다. 내가 떠난 뒤에 한화 팀 성적도 좋지 않았다. 팀에 죄송한 마음이 컸다. 한화가 다시 예전의 강팀으로 돌아갈 수 있도록 만회하고 싶다"는 속내를 밝혔다.

결국 김태균의 2012년 연봉은 15억 원으로 확정되었다. 당초 10억 원에 옵션이 추가된 조건이 될 줄 알았는데, 옵션을 배제한 순수 연봉 15억 원으로 결정된 것이다. 당시로선 상상하기 어려운 큰 액수로 화제가 되었다. 김태균의 의리에 한화 구단이 역대 최고 대우로 화답했다.

12월 12일 대전 리베라 호텔에서 열린 입단 기자회견에서 김태균은 "김승연 회장님이 팬들께 저를 잡아오겠다고 말씀하신 걸 듣고 의리에 대해 한 번 더 생각하게 되었다. 회장님의 믿음에 보답하고 싶었다"라고 말했다. 노재덕 단장은 "다른 팀에서도 김태균에게 관심이 있었고, 우리는 절대 빼앗기고 싶지 않았다. 작년 이범호 사례도 있고, 무조건 잡아야 했다. 처음부터 옵션은 생각하지 않았다"라고 밝혔다.

외부 FA 송신영 영입과 김태균 복귀만으로도 시끌벅적한 겨울이었는데, 더 큰 이슈가 한화를 기다리고 있었다. 한국인 최초 메이저리거 박찬호의 복귀라는 초대형 이슈였다.

박찬호의 귀향,
특별법도 통과되다

    1994~2010년 미국 메이저리그에서 통산 124승을 거둔 '코리안 특급' 박찬호. 2011년 일본에서 1년을 뛰고 난 뒤 그는 커리어의 마지막을 한국에서 장식하고 싶어 했다.

    그해 10월 28일 한국시리즈 3차전이 열린 문학구장을 방문한 박찬호는 "한국 야구는 오래전부터 그리워한 대상이었다. 언젠가 한국 야구장에서 경기하길 바랐다"며 국내 복귀 의사를 드러냈다. 박찬호와 친분이 있던 이만수 당시 SK 감독대행은 "찬호가 국내에서 뛰고 싶어 하는데 절차가 까다로워 고민이 많은 모습이었다. 외국인 선수들도 마음껏 뛰는데 왜 자기에게만 그렇게 엄격한지 모르겠다고 하더라"며 박찬호의 속내를 전했다.

본래의 규정대로 하자면 박찬호는 2012년 8월 열릴 예정이었던 2013 KBO 신인 드래프트를 신청하는 게 순서였다. 하지만 그렇게 하면 사실상 1년을 무적 신분으로 보내야 하는 상황이라 곧 40살이 될 박찬호에겐 비현실적인 선택이었다. 결국은 특별법으로 예외를 둬야 했는데 박찬호 같은 상징적인 인물이라 그나마 가능했다.

특별법을 이끈 주체가 바로 박찬호의 '고향 팀' 한화였다. 그해 7월에도 박찬호 특별법과 관련한 논의가 수면 아래서 이뤄졌지만, 다른 구단들의 반응이 탐탁지 않았다. 당시 한화 관계자는 "우리로선 환영할 일이지만 KBO와 다른 구단들이 열의를 보이지 않고 있다"며 답답해했다. 한화를 향한 특혜라는 일부 구단들의 지적이 있었다.

하지만 박찬호가 공개적으로 국내 복귀 의사를 드러내면서 여론이 형성되기 시작했다. 정승진 한화 대표이사도 물밑에서 부지런히 움직였다. 다른 구단 대표이사들에게 읍소하며 분위기를 만들었다. 정승진 대표이사는 "박찬호의 복귀는 우리 팀뿐만 아니라 모든 팀이 반겨야 할 일이다. 관중 동원력을 갖춘 박찬호가 뛴다면 어느 곳이든 많은 관중이 들어올 것이다. 대승적인 차원에서 일이 잘 해결되길 바라고 있다"라고 말했다.

한화의 노력이 빛을 봤다. 12월 13일 KBO 이사회에서 2시간 만에 박찬호 특별법이 통과되었다. 일부 반대가 있었지만 박

'고향 팀'으로 돌아온 박찬호 선수.

찬호의 오랜 국위 선양을 인정하고, 한화가 2007년 해외파 특별 지명 때 마지막 6순위로 지명권을 행사하지 못한 점을 반영해 이 같은 결정이 이뤄졌다.

특별법이 통과되자 계약은 일사천리로 진행되었다. 정승진 대표이사는 "골든글러브 시상식 때 박찬호를 만났는데 진정성이 느껴졌다. 단지 돈을 벌기 위해 한국에서 뛰고 싶은 게 아니었다. 한국에서 마지막을 장식하고 싶어 하는 마음이 전해졌다"며 "얼마짜리 선수라고 딱 규정지을 수 없다. 돈으로 계산할 수 없는 선수"라고 강조했다.

한화는 박찬호의 몸값을 어떻게 책정해야 할지 고민했지만 그럴 필요가 없었다. 박찬호가 구단과 정식으로 마주한 자리에서 연봉을 백지위임했다. 그 결과 1년간 연봉 2,400만 원에 입단 계약을 체결했다. 2,400만 원은 당시 프로야구 최저 연봉. 그 대신 박찬호는 구단과 함께 최대 6억 원의 야구발전기금을 마련해 한국 야구를 위해 봉사하겠다는 진심을 표현했다.

12월 20일 서울 플라자 호텔에서 박찬호의 입단 기자회견이 열렸다. 드넓은 회견장이 취재진으로 꽉 찰 만큼 입추의 여지가 없었다. 취재석 멀리서 지켜본 박찬호가 한화 유니폼을 입은 게 믿기지 않았다. 야구를 좋아하는 사람이라면 누구나 좋아했을 그 박찬호를 처음 본 것도 신기했다.

박찬호는 "중고등학교를 거치면서 한화 이글스가 앞으로 내가 프로에서 뛰어야 할 팀이라고 생각했다. 항상 마음속으로 갖고 있는 꿈이자 목표였다. 오렌지 줄무늬 유니폼이 큰 꿈과 색깔로 자리잡고 있었다"며 어릴 적 빙그레 줄무늬 유니폼을 떠올렸다. 이어 그는 "미국에서 생활하며 고국에 대한 향수를 느꼈다. 한국 야구, 한국 동료들에 대한 관심이 커졌다. 자연스럽게 고향 팀 한화도 생각났다. 한화가 선전하고, 우승할 때는 내게도 기쁨이었다"며 "(국내) 다른 팀에서 야구를 하는 상상도 해봤지만 결국 한화였다. 야구를 시작할 때부터 오렌지 컬러의 유니폼을 언젠가 입겠구나 싶었다"라고 말했다. 수구초심의 마음이었다.

인기 팀으로 부활, 류현진의 결심

슈퍼스타 박찬호가 들어오면서 한화는 단숨에 최고의 인기 구단으로 떠올랐다. '박찬호 효과'는 2012년 1월 6일 한화 구단 시무식 때부터 바로 나타났다. 30개 이상 되는 언론사들이 대전 구장에 모여 한화 유니폼을 입고 첫발을 떼는 박찬호의 일거수일투족을 담았다.

박찬호도 "메이저리그 올스타전, 월드시리즈 이후 가장 많은 취재진을 본 것 같다. 텍사스에 입단할 때도 이 정도는 아니었다"라고 말할 정도로 관심도가 뜨거웠다.

그래도 슈퍼스타답게 박찬호는 여유가 넘쳤다. 포토타임 때 카메라에 공 던지는 시늉을 하며 "어느 렌즈를 깨뜨릴까요?"라고 농담하면서 장난을 치기도 했다. 취재진에 까칠하다는 소문과는 영 딴판이었다.

하지만 미국 애리조나 투손 스프링캠프에서 만난 박찬호는 다른 사람이었다. 박찬호를 보기 위해 수많은 취재진이 애리조나를 찾았는데 훈련에 조금이라도 거슬린다 싶으면 확실하게 선을 그었다. 미국식 미디어 대응에 익숙했던 그는 근접 촬영하는 사진 기자에게도 노골적으로 불편함을 드러냈다. 말을 걸기도 쉽지 않았다. 박찬호 취재가 호락호락하지 않아 풀 죽어 있던 모습을 본 정민철 투수코치가 "찬호, 녹록지 않죠?"라고 웃으며 위로의 한마디를 건넸다.

박찬호 취재는 어려웠지만 기존 한화 선수들 취재는 어렵지 않았다. 안면 있는 선수들은 대부분 친절했다. 당시 스프링캠프 때 선수단과 같은 숙소를 썼고, 개인 방에서 미리 약속을 잡고 선수 인터뷰를 진행하기도 했다.

류현진도 그중 한 명이었다. 룸메이트는 후배 투수 장민재였다. 쉬는 날 그들의 방을 찾았을 때 류현진은 침대에 기댄 채 영화 〈두사부일체〉를 보고 있었다. "봤던 영화 또 보는 게 재밌다"며 무심하게 말하는 류현진 옆으로 장민재가 보글보글 끓인 라면이 먹음직스럽게 익어갔다. 라면 냄새가 진동하자 류현진은 코를 틀어막으면서 "지금 다이어트 중이다"며 유혹에 흔들리지 않았다.

류현진은 긴말을 하지 않지만 할 말은 하는 선수였다. 그때 이미 메이저리그 진출의 꿈이 있었다. 시즌 후 해외 진출 자격을 얻는 신분이었다.

"원래는 일본에 먼저 가고 싶었는데 작년부터 마음이 바뀌었다. 가장 좋을 때, 힘이 있을 때 미국에 가서 최고의 선수들과 한 번 겨뤄보고 싶다. 무조건 미국에 가겠다. 미국 갈 거다"라고 반복해서 말하던 그는 "예전에는 랜디 존슨을 좋아했지만 요즘에는 클리프 리가 가장 좋다. 제구력이 정말로 좋다"며 구체적인 롤모델도 이야기했다.

2008년 아메리칸리그 사이영상 수상자였던 좌완 투수 리는 자로 잰 듯한 제구력이 최대 강점으로 류현진처럼 체인지업을 주무기로 했다.

박찬호가 류현진에게 구종을 알려주는 장면도 시선을 끌었다. 류현진이 그때만 해도 잘 던지지 않던 커터를 가르쳐줬다. 메이저리그에서 성공을 거둔 박찬호가 바로 곁에서 알려주는 것도 류현진에게 큰 자극이었다.

박찬호도 "한 시즌 무리해서 잘하는 것보다 몸 관리 잘해서 오랫동안 활약하는 게 진짜 성공이다. 10년을 버티겠다는 목표로 해야 한다"며 "현진이가 무리하지 않고 준비를 잘하면 나보다 나을 것이다"라고 성공을 예견했다.

박찬호와 류현진, 그리고 김태균까지 스타 선수들이 넘친

2012년 한화 캠프에는 취재진이 끊이지 않았다. 관심이 워낙 높다 보니 붕 뜨지 않을 수 없는 분위기가 있었다.

모두가 한화의 4강을 기대하는 시선이 3년 계약 마지막 해를 맞이하는 한대화 감독에겐 적잖은 부담이었다. 여러 선수가 들어왔지만 기존 전력이 워낙 약했던 한화라 성적을 낼 수 있을지 장담할 수 없었다.

시즌 전 구단 전력분석팀에서 시뮬레이션으로 자체 분석한 한화의 전력은 8개 구단 중 7위였다. 냉정한 현실이었지만 한화를 향한 기대치는 구단 안팎으로 지나치게 높아져 있었다. 가을야구는 기본, 우승을 점치는 내부 의견도 있었다.

한대화 감독은 1년 전 하와이에서처럼 또 줄담배를 폈다. 앞서 2년과 달리 리빌딩이 아니라 성적을 내야 할 시즌이었다. 한대화 감독은 "계약 마지막 해지만 다를 것 없다. 소신껏 해볼 생각이다. 선수를 무리시키거나 누구의 눈치를 볼 일은 없다. 자리에 연연하지 않고 후회 없이 하겠다"라고 말했다. 몇몇 베테랑 선수들이 "감독님 재계약을 위해 뛸 준비가 됐다"라고 인터뷰로 말할 만큼 선수단 내에서 지지를 받는 감독이었다.

"내가 너무 편하게 해줬나 보네"라면서도 싫지 않은 듯 빙긋이 웃던 한대화 감독. 시즌이 개막한 뒤에는 그 미소를 거의 볼 수 없었다.

'야왕'의 시대는 꼴찌로 저물다

　엄청난 주목도 속에서 맞이한 2012년 시즌. 시작부터 제대로 꼬였다. 4월 7일 사직구장에서 열린 롯데와의 개막전에서 한대화 감독이 8회 볼 판정에 항의하다 퇴장을 당했다. 개막전 감독 퇴장은 역대 최초. 이튿날 2번째 경기에선 4점 차 리드를 날렸다. 1루수 김태균의 판단 미스가 빌미가 되어 역전패했다.

　개막 3연패로 시작한 한화는 4월 12일 청주 두산전에서 첫 승을 신고했다. 박찬호가 6.1이닝 2실점 호투로 성공적인 데뷔전을 치르며 팬들을 열광시켰지만 4월을 마쳤을 때 한화는 5승 12패, 승률 2할대(.294) 꼴찌로 처졌다.

　대전 홈구장 리모델링 공사가 늦어지면서 개막 한 달간 청주구장을 홈으로 썼던 것도 악재였다. 집에서 출퇴근하지 못한 채 청주에서도 숙소 생활을 하며 선수단 피로도가 빠르게 쌓였다. 선수들은 "스프링캠프에 다녀온 뒤 집에 몇 번 못 갔다. 원정 같은 생활을 계속하면서 힘든 점이 있다"고 토로했다.

그때나 지금이나 청주구장은 선수단이 쉴 공간이 부족해 경기 전 구단 버스 안에서 쉬는 선수들이 많았다. 경기가 잘 풀렸으면 몰라도 패배가 쌓이니 청주구장으로 향하는 발걸음이 너무 무거웠다. 5월 8일 리모델링된 대전구장이 재개장하기 전까지 청주에서 3승 7패로 고전했다.

슈퍼스타 몇 명의 존재로 기대치만 잔뜩 높았지, 한화의 실상은 '외화내빈'이었다. 젊은 투수들의 성장이 정체되었고, 박찬호도 시즌 초반 좋았던 구위가 날이 갈수록 떨어졌다. 류현진이 고군분투했지만 14명의 투수들이 선발로 나설 만큼 돌려막기에 급급했다.

외국인 투수 농사 실패가 뼈아팠다. 브라이언 배스는 캠프 때부터 불안감을 노출했고, 2경기 만에 방출되었다. 배스의 대체 외국인 투수를 찾느라 2달 가까이 시간을 허비한 사이 한화는 순위 싸움에서 멀어졌다. 배스의 대체 선수로 6월에 온 션 헨도 2달이 안 되어 짐을 쌌다. 바티스타도 제구 난조로 불을 지르자 마무리에서 선발로 보직을 바꿨다.

야수 쪽도 답답했다. 김태균이 8월 3일까지 82경기 타율 4할로 경이적인 타격 페이스를 보였지만, 치고 나가는 만큼 홈에 들어오질 못했다. 뒤에 타자들이 치지 못하면서 김태균은 잔루로 자주 남았고 '김가출'이라는 웃지 못할 별명이 붙었다.

설상가상 수비도 급격하게 흔들렸다. 어이없는 수비들이 속출하면서 반어법으로 '행복 야구'라는 수식어가 붙은 것도 이 시기였다.

당시 한 해설위원은 "요즘 한화 경기를 중계하는 게 제일 힘들다. 이해할 수 없는 플레이가 많이 나와서 수위 조절하기가 어렵다"고 말할 정도로 경기력이 심각했다.

초반부터 추락하면서 계약 마지막 해 한대화 감독의 '레임덕'도 빠르게 찾아왔다. 시즌 중 3차례나 코칭스태프 보직 변경이 있을 만큼 혼란의 연속이었다. 전반기를 마쳤을 때 구단에서 한대화 감독에게 힘을 실어줬지만 오래 가지 못했다.

8월 26일 대전 KIA전을 앞두고 한대화 감독은 "조만간 휴가를 가야 할 것 같다. 우도에 가려 한다"며 사퇴를 암시하는 발언을 했다. 심상치 않은 기운을 느낀 취재진이 구단에 감독 거취를 재차 물었고, 한대화 감독은 "지금 관두기엔 늦지 않았나. 남은 시즌 잘 마무리하겠다"며 사퇴설을 진화했다. 그리고 다음 날 경질 소식이 날아들었다.

재임 기간 내내 없는 살림을 쥐어 짜냈던 감독이다. 감독이 되자마자 여기저기 직접 발로 뛰며 다른 팀 감독들에게 트레이드를 읍소했다. 그렇게 해서 어렵게 데려온 선수가 2011년 골든글러브 유격수 이대수였다.

방출 리스트에 오른 선수 중에서 조금이라도 가능성이 보인다 싶으면 남겨서 쓰려 했다. 방출 위기에 있던 투수 박정진도 한대화 감독의 구제 속에 일본 교육리그에서 반등의 실마리를 찾아 34세 늦은 나이에 '노망주'로 터졌다. 해결사로 불린 강타자 출신답게 승부처에서 타자들의 귀에 대고 속닥속닥 전하는 조언도 적중률이 높았다.

한화 팬들은 그런 한대화 감독을 '야왕'이라고 불렀다. '야구의 왕'이라는 의미로 3년 내내 하위권에 머문 감독에겐 어울리지 않는 별명이었다. 그만큼 한화 전력이 약하다는 걸 팬들도 알고 있었고, 악전고투하는 한대화 감독을 격려하는 의미가 담겨 있었다.

"놀리는 것 아냐? 하위팀 감독이 무슨 야왕이야. 앞으로 더 잘하라는 뜻으로 알겠다"며 손사래를 쳤던 한대화 감독은 고향팀에서 꼭 이루고 싶었던 가을야구를 이루지 못하고 떠났다. 그는 변명하지 않았다. "누구를 탓하겠나. 내가 잘못 가르친 탓이다. 야구를 못해서 죄송하다"며 책임을 지고 물러났다.

한용덕 수석코치가 감독대행으로 남은 28경기를 지휘했다. 전관예우 차원에서 감독 의자에 앉지 않고 경기 내내 서서 지휘한 한용덕 대행은 첫 경기였던 8월 29일 대전 넥센전을 승리했다. 그러나 이날 대전구장은 2,175명으로 시즌 최소 관중이 들어왔다. 다음 날 한용덕 대행은 "어제 관중석을 보고 처음에 무관중인 줄 알았다. 집에 돌아간 뒤 다시 경기를 보는데 외야석 어린이 관중들이 비가 오는데도 춤을 춰가며 응원하더라. 그 모습을 보고 더 열심히 해야겠다는 생각이 들었다. 선수들도 같은 마음을 가졌으면 좋겠다"라고 책임감을 드러냈다.

한용덕 대행 체제에서 나름 선전했지만 대세를 바꿀 순 없었다. 일찌감치 8위 꼴찌가 확정되었지만 박찬호와 류현진의 고별전이 기다리고 있었다.

박찬호는 10월 3일 대전 KIA전에서 선발로 5.2이닝 5실점을 기록했다. 팔꿈치 뼛조각 통증으로 몸 상태가 정상이 아니라 50구를 계획하고 올랐지만, 팬들의 환호 속에 92구를 던지는 투혼을 발휘했다. 마지막이 될지도 모를 경기에서 모든 걸 쏟아냈다. 시즌 최종 성적은 23경기(121이닝) 5승 10패 평균자책점 5.06 탈삼진 68개.

경기 후 박찬호는 "내가 가진 부족함에 비해 많은 일을 해냈다. 최선을 다했기에 더 이상은 없다. 여러 가지로 값지고 행복한 경험이었다"며 은퇴를 시사하는 말을 말했다.

시즌 순위 8위(53승 77패 3무) **승률** .408 / **PS** 탈락(꼴찌)

팀 ERA 8위(4.55) / **최소 실책** 3위(73개) / **타율** 7위(.249) / **OPS** 6위(.689)

투수 WAR	타자 WAR
류현진(5.55)	김태균(7.11)
송창식(2.17)	이대수(3.25)
김혁민(1.99)	최진행(2.95)
바티스타(1.74)	장성호(2.70)
유창식(0.71)	김경언(1.95)

그때 미처 못다 한 이야기

하나

이 시기 한화를 떠올리면 '짠함'이 느껴진다. 전력이 약해도 너무 약했다. 없는 전력으로 쥐어 짜내며 분투한 한대화 감독의 사람 좋은 미소가 떠오른다. 해태 선수 시절 빙그레를 수차례 울리며 '배신자' 소리를 듣는 게 그렇게 싫었다던 그는 감독으로 고향 팀에 왔고, 팀에 대한 애정이 남달랐다.

구단 지원이 조금 더 좋았더라면, 마지막 해에 운이 따랐더라면 하는 아쉬움이 남는다. 어려운 시기에 팀을 맡아 고생만 하다 나갔다. 힘든 시기에도 그는 늘 웃음과 유머를 잃지 않아 기자들에게도 인기가 좋았다. 한화를 떠난 뒤 KIA 2군 감독과 수석코치, KBO 경기

운영위원을 지낸 한대화 감독은 고향 대전에 거주하며 여전히 한화를 응원한다. "요즘 한화는 왜 그려?"라는 구수한 충청도 사투리로 가끔 연락이 오곤 한다.

약한 전력에서 분투한 선수들도 떠오른다. 2011년에는 대전 홈에서 경기를 마친 뒤 야간 훈련을 하는 선수들이 많았다. 마감을 하고 그라운드 근처에 슬쩍 가서 그들의 얘기를 종종 듣곤 했다.

당시 4번 타자였던 최진행이 자리의 무게에 짓눌려 있을 때 한상훈이 "넌 한화 이글스의 4번 타자야. 너랑 (류)현진이는 절대 기죽으면 안 돼"라고 했던 말이 기억에 남는다. 성실한 노력파였던 한상훈은 보이지 않게 팀에 헌신하는 선수였다. 타격은 약했지만 내야 전 포지션을 커버하는 수비가 워낙 좋았던 선수로 수더분한 매력이 있었다. 2015년 시즌 후 보류선수명단에서 제외되어 FA 계약 기간 중 한화를 떠난 한상훈은 결국 은퇴했다. 2016년 여름 예비군 훈련장에서 우연히 만나 이런저런 얘기를 나눈 추억도 있다. 현재는 유소년 야구단 감독을 지내고 있다.

명장의 귀환,
그러나 깊은 한숨

    2012년 시즌 최종전이었던 10월 4일 대전 넥센전은 그야말로 류현진의 무대였다. 메이저리그 스카우트들의 뜨거운 관심 속에 미국 진출이 유력했던 류현진을 한국에서 볼 수 있는 마지막 기회였다.

    이날 류현진은 무려 10회까지 129구를 던지며 1실점으로 막았지만, 한화 타선이 1득점에 그치며 끝내 승리를 거두지 못했다. 7회 강정호에게 맞은 동점 솔로 홈런이 두고두고 아쉬웠다. 27경기(182.2이닝) 평균자책점 2.66으로 탈삼진 1위(210개)에 올랐지만 시즌 9승으로 끝나 처음으로 10승에 실패했다.

    경기 후 류현진은 "메이저리그에 도전하고 싶다. 조금이라도 젊을 때 그곳 선수들과 한 번 싸워보고 싶다"며 KBO 리그 통산 98승으로 끝난 것에 대해 "이게 마지막이 아니다. 메이저리그에 가더라도 다시 한화 돌아와 꼭 100승을 하겠다"라고 말했다. 그러면서도 이날 승리하지 못한 게 아쉬웠는지 "99승으로 끝냈어야 했는데"라며 속내를 숨기지 못했다.

류현진은 시즌 전부터 메이저리그 진출 의사가 확고했다. 스카우트들의 관심이 집중된 시즌 막판에는 류현진도 적극적으로 표현했다.

9월 2일 대전 KIA전을 앞두고 류현진은 몇몇 기자에게 다가가 "기사 좀 빨리 써달라"며 메이저리그 진출 의지를 표현했다. 류현진이 그렇게 적극적으로 먼저 뭔가를 말하는 건 처음이었다. 그로부터 오랜 시간이 지난 지금까지도 보지 못한 모습이다.

그때 그는 "제발 기회가 되어 (구단에서) 보내주시면 감사하겠다"며 포스팅을 허락해주길 바랐다. "돈을 많이 받으면 좋겠지만 중요한 건 아니다. 특별히 선호하는 팀도 없다. 메이저리그에 갈 수만 있다면 어느 팀이든 좋다"는 게 류현진의 말이었다.

류현진이 간절하게 의사를 표명하자 여론도 우호적으로 바뀌었다. 여러 야구인이 류현진의 도전 의지를 응원했다. 한국시리즈 우승 10회에 빛나는 김응용 전 감독도 그중 한 명이었다. "선수 본인을 위해선 지금 가는 게 옳다. 지금도 벌써 늦었다. 2년 더 뛰고 FA로 가면 좋은 성적을 낼 수 없다. 야구인 입장에

메이저리그 진출을 앞둔 류현진 선수.

선 류현진이 해외 무대에서 활약하는 모습을 보고 싶은 게 사실이다"며 말을 보탰다.

그로부터 한 달도 지나지 않아 김응용 감독이 한화의 새 사령탑으로 파격 선임되었다. 여러 감독 후보들이 있었지만 현장 복귀 의사가 강했던 김응용 감독 의지를 확인한 한화가 명장을 모셔왔다.

1983~2000년 해태, 2001~2004년 삼성에서 22년의 감독 경력 동안 10번이나 한국시리즈 우승을 이끈 김응용 감독은 야구인 최초로 구단 대표이사까지 맡아 현장과 행정을 두루 경험했다. 야구인 중 누구도 범접할 수 없는 화려한 커리어로 무너진

한화를 재건할 거라는 기대를 받았다.

2년 계약을 맺은 김응용 감독은 "우승 못 하면 각오해야 한다"며 다른 목표를 내세우지 않았다. 우승을 위해 꼭 필요한 게 에이스 투수였는데, 미국으로 가겠다는 류현진을 붙잡지 않고선 이뤄질 수 없는 목표였다.

10월 15일 대전구장에서 열린 취임식에서 김응용 감독은 류현진 포스팅 문제와 관련해 "선수 본인은 하루라도 빨리 가는 게 유리할 것이다. 하지만 개인의 팀이 아니라 단체의 팀이다. 나 혼자 결정할 수 있는 것도 아니고, 구단이 결정할 문제"라고 공을 돌렸다.

얼마 지난 뒤 전화 통화로 김응용 감독의 속내를 들어봤다. "감독으로서 보내고 싶지 않다. 15승 이상 거둘 수 있는 투수다. 류현진이 빠지면 투수가 없다. 대안이 안 나온다. 그만한 투수 어디서 데려올 수도 없다"며 "류현진 보고 (한화 감독으로) 왔는데"라고 한숨을 내쉬었다. 선수 의사가 워낙 확고하고, 포스팅 찬성 여론이 압도적이라 김응용 감독도 그쯤에는 잔류가 어려울 것으로 짐작하고 있었다.

한화는 류현진의 포스팅을 조건부 승인하기로 결정했다. 김응용 감독도 "한국을 대표하는 투수인데 못하면 망신이다. 야구 선배로서 무조건 잘하라는 말밖에 더 있겠나. 가서 잘해야 한다. 지금보다 몇 배 더 노력해야 한다"라고 도전 의지를 존중했다.

김응용 감독의 한숨은 그걸로 끝이 아니었다. 류현진의 포스팅이 결정된 뒤 FA 시장에서 한화는 빈손으로 끝나고 말았다. 외야수 김주찬, 투수 정현욱 모두 놓쳤다. 두 선수는 각각 KIA, LG로 이적했다. 한화에서 나름 실탄을 준비하고 접근했지만 너무 약한 팀 전력 탓에 외면받았다.

가뜩이나 약한 전력에 류현진마저 떠났고, 도저히 성적이 나지 않을 것 같으니 선수들이 주저했다. 한마디로 한화는 다른 팀 선수들에게 이적할 만한 매력이 없는 팀이었다. 한화의 냉정한 현실이 드러난 겨울이었다.

얼마 후에는 박찬호도 고심 끝에 현역 은퇴를 선언했다. 한국에서의 선수 생활은 1년으로 끝났다. 거기에 양훈마저 입대하면서 1군에서 선발로 던지던 투수가 셋이나 한꺼번에 사라졌다.

해태 시절 "(선)동열이도 없고, (이)종범이도 없고"라는 말로 유명했던 김응용 감독이었는데, 씨알 굵은 유망주들이 꾸준히 나왔던 해태 시절과 달리 대체 전력이 극히 부족한 한화에선 이런 농담을 할 처지도 아니었다.

9년 만에 현장에 복귀하면서 설렘으로 가득했던 김응용 감독이었지만 시작부터 난관에 부딪치고 있었다.

개막 13연패,
9위로 추락한 자존심

　심각한 전력 유출 속에서도 김응용 감독은 나름의 돌파구를 찾고 있었다. 한화에 부임한 뒤 가장 먼저 요청한 건 대전구장 펜스 확장이었다. 2012년까지 대전구장은 홈에서 펜스까지 거리가 좌우 97m, 중앙 114m로 당시 1군 야구장 중 가장 짧았다. 홈런이 많이 나온 구장이었고, 한화 '다이너마이트 타선'의 진원지였다. 그러나 한화 투수들은 피해를 봤다. 당시까지 통산 피홈런이 3,112개로 유일하게 3천 개 이상 넘긴 팀이 한화였다.
　대전에서 첫 훈련을 지휘한 김응용 감독은 "이렇게 좁은 구장에서 투수가 어떻게 제대로 던질 수 있겠나. 한화가 그동안 성적이 좋지 않았던 것도 대전구장 때문이다"라고 말했다.

송진우, 정민철, 구대성, 류현진 등 대투수들이 대전구장에서 전성기를 보냈지만 일부 아웃라이어들을 제외한 투수들에겐 지옥이었다.

가뜩이나 약한 투수력을 키우기 위해선 펜스 확장이 필요하다고 판단했고 구단도 즉시 움직였다. 좌우 100m, 중앙 122m로 홈에서 펜스까지 거리가 멀어졌다. 펜스 높이도 좌우 3.2m, 중앙 4.5m로 높였다. 김응용 감독은 "팀 평균자책점이 3점대로 낮아질 것이다"라고 기대했다.

트레이드도 과감했다. 해태 시절 제자였던 '2천 안타 타자' 장성호를 주는 조건으로 롯데 투수 송창현을 받았다. 트레이드 당시 송창현은 아직 데뷔도 안 한 무명의 신인으로, 알려진 게 거의 없었다.

삼성 대표이사에서 물러난 뒤 제주도를 자주 찾은 김응용 감독이 국제대 투수 송창현을 처음 봤고, 묵직한 공의 매력을 알고 있었다. 김응용 감독은 "장성호를 대신할 만한 지명타자로는 김태완이나 최진행이 있다. 지금 우리는 투수가 너무 모자라다"라고 트레이드의 변을 밝혔다.

검증된 타자 장성호를 보내는 건 김응용 감독 아니었으면 하기 어려운 과감한 결정이었다. 더군다나 장성호는 해태 시절 자신이 직접 발탁해 주전으로 키운 선수였다. 애정이 없을 리 없었지만 김응용 감독은 "프로 세계에선 개인적인 생각을 해선 안 된다. 지금 당장 팀에 도움이 되는 선수가 필요하다"라고 말했다. 장성호도 "감독님께서 뜻이 있으셔서 나를 트레이드하셨을 것이다"라고 담담히 받아들였다.

과감하게 팀 체질 개선을 시도한 김응용 감독이었지만 빠져나간 선수들 빈자리가 휑했다. 2023년 1월 한화의 일본 오키나와 스프링캠프는 취재진이 한산했다. 취재진으로 바글바글했던 1년 전과는 딴판이었다.

썰물처럼 빠져나간 스타 선수들의 빈자리에는 이름 모를 선수들이 가득했다. 명색이 담당 기자인데도 얼굴만 봐선 누구인지 모르는 선수들이 캠프에 꽤 있었다.

한화 전력이 워낙 약하다 보니 2013년부터 1군에 데뷔하는 신생 팀 NC와 한화를 비교하는 기사들도 나왔다. 무척이나 자존심 상하는 일이었다. 당시 한화의 한 코치는 "우리 보고 신생 팀보다 못하다고 하는데, 어디 한 번 두고 보자"며 불쾌감을 드러내기도 했다.

김응용 감독은 "약팀을 끌어올려 우승하면 더 재밌을 것이다"며 자신감을 잃지 않았지만, 현실은 냉혹했다. 2013년 3월 30일 사직구장에서 열린 롯데와 개막전부터 불운이 덮였다. 5-4로 앞선 9회 롯데 전준우의 땅볼 타구가 3루 베이스를 맞고 튀어 오르는 안타가 되었다. 평범한 땅볼이 안타가 되면서 한화에 불길한 기운이 번졌고, 흔들린 마무리 안승민이 주자를 맞더니 끝내기를 맞고 역전패를 당했다.

그날부터 한화는 13경기를 연속으로 패했다. 프로야구 최초 개막 13연패 불명예를 쓴 것이다. 개막전을 지켜본 뒤 바로 다음 날 메이저리그에 진출한 류현진을 취재하고자 미국으로 향했고, 한화의 개막 13연패는 뉴스로 계속 접했다.

자고 일어나서 휴대폰으로 한화 패배 뉴스를 본 게 무려 10일 넘게 이어졌다. 함께 미국에 갔던 사진 기자도 아침마다 "내일은 한화가 이기겠지"라고 위로하듯 말했지만 13연패가 쌓이자 할 말을 잃었다.

4월 16일 대전 NC전에서 김태균의 결승 홈런과 송창식이 3.1이닝 세이브에 힘입어 힘겹게 시즌 첫 승을 신고했다. 개막 13연패를 끊은 뒤 김태균은 방송 인터뷰에서 "그동안 굉장히 힘들었다, 주장으로"라며 목이 매여 잠시 말을 잇지 못했다. "내가 주장으로서 좋은 모습을 보였다면 팀이 이렇게까지 긴 연패를 하지 않았을 것이다"며 자책했다.

그날 승리가 확정된 순간 감격해 눈물을 흘렸던 여성 팬의 모습이 화제가 되기도 했다. 한화는 이 팬을 5월 19일 대전 두산전에 시구자로 초청해 의미를 더했다.

한 달간의 미국 출장을 마치고 다시 대전구장을 찾았을 때 분위기는 착 가라앉아 있었다. 호기롭게 우승이 목표라고 말하던 김응용 감독은 취재진을 피한 채 말을 아꼈다.

어느 날 취재진과 복도에서 마주쳤을 때는 "밥 먹으러 가야 한다"며 자리를 피했지만, 유니폼 흰색 바지에는 김치 자국이 묻어 있었다. 신생팀 NC보다 못할 거라는 기사에 불쾌해하던 코치도 의기소침해져 있었다. 선수들은 말할 것도 없었다. 매년 연례행사처럼 단체로 삭발한 채 결연함을 보였지만, 머리카락을 자른다고 해서 갑자기 공이 빨라지고 방망이를 잘 칠 수 있는 게 아니었다.

5월 23일부터 9위 자리를 벗어나지 못한 채 꼴찌가 굳어졌다. 시즌이 한창이던 여름에 상위 팀의 중심 타자는 "솔직히 한화를 만나면 너무 쉽다. 안타 2개를 못 치면 아쉬울 정도"라고 말하기도 했다.

그 선수는 웃어넘기듯 한 말이었지만 개인적으로 꽤 충격이었다. 한화가 약하다는 건 모두가 알고 있지만 상대 팀의 선수가 그 정도로 말할 정도라니, 팀 전력의 심각성이 얼마나 큰지 느낄 수 있었다. 이 말을 한화의 한 관계자에게 전했더니 굉장히 자존심 상해했다.

3연전을 하면 2승 1패도 본전처럼 느껴질 만큼 한화는 상대 팀들의 승리 표적이 되었다. 평생 승리만 해왔던 천하의 명장도 매일 같이 지는 경험은 처음이었다. 트레이드로 데려온 송창현이 후반기 토종 에이스로 떠오르며 팀에 희망을 불어넣었지만, 이렇다 할 반등을 하지 못한 채 프로야구 최초의 9위라는 불명예를 안았다.

시즌 최종전이었던 10월 5일 대전 넥센전에서 선발 바티스타가 7.1이닝 13탈삼진 1실점 호투로 2-1 승리를 거뒀다. 넥센은 한화에 덜미를 잡혀 3위로 정규 시즌을 마치며 플레이오프 직행이 좌절되었다.

이미 다 끝난 시즌이었지만 마지막 경기에서 115구 투혼을 불사른 바티스타는 "지난해 최종전에서 류현진이 10이닝 동안 삼진 12개를 잡았던 게 떠올랐다"며 "마지막 경기에서 좋은 모습을 보여주고 싶었고, 어떻게든 이기고 싶었다"라고 말했다.

인터뷰를 마친 뒤 구단 관계자는 바티스타와 사진을 찍어 달라고 부탁했고, 대전구장을 배경으로 투샷을 남겼다. 바티스타도, 그 관계자도 마지막임을 직감하고 있었다.

시즌 순위 9위(42승 85패 1무) **승률** .331 / **PS** 탈락(꼴찌)

팀 ERA 9위(5.31) / **최소 실책** 3위(74개) / **타율** 8위(.259) / **OPS** 8위(.691)

투수 WAR	타자 WAR
바티스타(2.41)	김태균(3.30)
송창현(1.86)	최진행(2.63)
이브랜드(1.53)	한상훈(2.48)
송창식(0.86)	이대수(1.99)
김혁민(0.85)	송광민(1.82)

정근우·이용규 동시 영입의 꿈

2013 시즌 최종전을 앞두고 대전의 한 식당에서 만난 김응용 감독은 "한화에 올 때는 투타 중심에 류현진과 김태균이 있으니까 해볼 만하다 생각했다. 그런데 류현진이 메이저리그에 갈 줄은 몰랐다. 이렇게 시즌이 길게 느껴진 건 처음이었다"라고 토로하며 "내년에 승부를 걸어야 한다. FA도 몇 명 잡고, 외국인 선수도 제대로 잡고 해서 팀에 변화를 줘야 한다"라고 2014 시즌 명예 회복을 꿈꿨다.

김응용 감독 요청대로 FA 영입이 이뤄졌다. 1년 전과 달리 이번에는 한화가 아주 작정하고 돈을 풀었다는 이야기가 시즌 막판부터 나왔다. 한화도 부정하지 않았다.

노재덕 단장은 "우리는 11월 17일 자정을 디데이로 삼고 있다. 우선협상 마감 날에 결렬되는 선수들이 나오면 밤샘 작업을 할 것이다"며 "다다익선이다. 데려올 수 있는 선수는 다 데려와야 한다. 모두가 알다시피 우리 팀은 전력이 약하다. 어느 정도 책정된 범위가 있지만 다른 팀들보다 조금 더 금전적으로 출혈을 해야 한다"라고 대형 투자를 예고했다.

한화는 실탄이 충분했다. 그룹 차원의 지원도 있었지만 '류현진 머니'도 있었다. 1년 전 한화는 LA 다저스로부터 257만 7,737.33달러의 포스팅 비용을 받았는데 당시 환율로 약 280억 원에 달하는 거액이었다.

류현진이 선물한 포스팅 금액으로 한화는 가장 먼저 대전 홈구장 리모델링에 썼다. 펜스를 뒤로 넓히고 잔디를 새로 깔며 메이저리그식 덕아웃 및 후면 관중석을 신설했다.

서산 훈련장 비용 개선과 함께 FA 영입에도 류현진 머니가 들어갔다. 한화는 국가대표 테이블세터 정근우와 이용규를 동시 영입했다. 정근우에게 70억 원, 이용규에게 67억 원을 투자했다. 두 선수에게만 137억 원을 쓰며 모두를 놀라게 했다.

타구단 협상 개시 첫날, 그것도 아침 7시 30분이라는 이른 시간에 한화는 보도자료를 빠르게 뿌린 뒤 담당 기자들을 제주도로 초대했다. 제주도 합동 취재는 미리 예정된 일정이었는데 당일 아침에 FA 영입이 발표되었다. 모든 게 일찌감치 세팅이 된 것 같은 느낌이 들 만큼 전광석화처럼 이뤄졌다.

한화의 정근우와 이용규라니, 기사를 쓰면서도 믿기지 않는 일이었다. 한화는 전통적으로 2루수, 중견수가 약한 팀이었는데 정근우와 이용규 영입으로 두 가지 약점을 한꺼번에 메웠다. 둘 다 한화에 보기 드문 공수주를 두루 갖춘 발 빠른 선수들로 팀 컬러를 바꿀 수 있는 전력이었다.

계약이 발표된 11월 17일 마무리 훈련이 차려진 제주도의 한 카페에서 취재진을 맞이한 김응용 감독의 얼굴에도 모처럼 웃음꽃이 피었다. 2004년 삼성 대표이사 시절 심정수, 박진만을 FA 영입했던 김응용 감독은 "그 선수들보다 정근우, 이용규의 활용 폭이 더 넓다. 수비도 되고, 뛰는 야구도 할 수 있고, 삼박자를 다 갖췄다"며 "오늘은 기분 좋은 날이다. 춤이라도 한 번 춰볼까"라고 말할 정도로 기쁜 기색을 감추지 못했다.

정근우와 이용규도 그 다음 날 제주도를 찾아 김응용 감독과 첫 만남을 가졌다. 취재진과도 만난 두 선수는 새로운 도전 의지로 강했다. 정근우는 "예전처럼 야구에 도전해보고 싶었다. SK에선 늘 같은 환경이라 나도 모르게 나태했다. 야구 인생의 터닝포인트로 삼고 싶다"며 "태균이가 그동안 부담을 많이 가졌는데 옆에서 받쳐주고 싶다"라고 말했다. 이용규도 "새로운 마음으로 한화에서 도전하고 싶은 마음이 생겼다. 초심으로 돌아가겠다. 우리가 와서 '한화가 재밌어졌다. 활발해졌다'라고 비쳐질 수 있도록 더 근성 있게 하겠다"라고 목소리에 힘을 줬다.

그러나 두 선수가 왔다고 해서 한화가 바로 4강 전력이 되는 건 아니었다. 정근우를 빼앗긴 SK는 한화의 20인 보호선수 외 보상선수 지명을 포기했다. 보상금만 더 높여 받는 것으로 끝났는데, 그만큼 한화에 고를 만한 선수가 없었다.

정근우, 이용규 가세로 타선은 확실히 좋아졌지만 투수력을 향한 물음표는 여전했다. 군복무를 마치고 돌아온 안영명과 윤규진이 있었지만 기존 투수력이 너무 약했다.

그래서 외국인 투수 영입에 꽤 힘을 줬다. 전년도 메이저리그에서 완봉승을 거둔 좌완 앤드류 앨버스를 80만 달러에 영입하면서 1선발로 낙점했다. KBO가 외국인 선수 연봉 30만 달러 상한선을 폐지한 뒤 이뤄진 계약으로 80만 달러는 당시 기준 역대 최고액이었다. 암암리에 다운 계약을 하던 시절이었는데 80만 달러는 예상보다 훨씬 큰 금액이었다. 그만큼 성적을 내기 위한 한화의 의지가 강했다.

거장의 초라한 퇴장, 또다시 꼴찌

　기내할 게 없었던 1년 전과 달리 2014년은 기대할 요소들이 꽤 있었다. 탈꼴찌를 넘어 4강에 대한 희망도 적지 않았다. 3월 8일 대전구장에서 열린 시범 경기 첫날부터 8천여 명의 관중이 찾아왔다. 외야 관중석을 개방하지 않고 내야만 열었는데, 입추의 여지가 없이 인산인해를 이뤘다. 한화를 향한 기대감이 얼마나 큰지 느낄 수 있는 순간.

　'이적생' 정근우가 1회 첫 타석에 들어서자 엄청난 환호와 박수가 쏟아졌다. "대전 팬분들이 처음부터 이렇게 환호하고 환영을 해주셔서 정말 기분 좋았다"는 정근우의 표정에서도 새 시즌에 대한 기대감으로 가득했다.

FA 모범생 정근우 선수.

　내부에선 장밋빛 기대가 컸지만 외부 전문가들은 냉정하게 바라봤다. FA 영입에도 불구하고 투수력에 물음표가 가득했고, 다른 팀들보다 비교 우위를 점하는 구석이 많지 않았다.
　'1약'으로 꼴찌 후보라는 평가에 김응용 감독은 발끈했다. "주위에서 우리 보고 자꾸 꼴찌라고 한다. 거 참, 야구 제대로 봤는지 모르겠다. 몰라도 한참 모른다. 우리 야구 제대로 안 보고 하는 소리"라면서 큰소리를 쳤다.
　그해에도 개막전은 부산에서 치러졌다. 앞서 3년 연속 개막전을 패했던 장소인 사직구장이라 불길한 기운이 없지 않았지만 기우였다.

3월 29일 개막전이 우천 취소된 뒤 이튿날 열린 경기에서 4-2로 이기며 승리로 시작했다. 정근우와 이용규, 그리고 새 외국인 타자 펠릭스 피에까지 1~3번 타자들이 4안타 2볼넷 2도루를 합작하며 확 달라진 한화 야구를 보여줬다. 사직구장 개막전 징크스를 깬 승리에 김응용 감독도 흥분했는지 경기 후 인터뷰에서 씹던 껌을 흘리더니 "더 쉽게 갈 수 있었다. 6점 정도 냈어야 했다"며 아쉬워하는 여유를 보였다.

그러나 개막전 승리의 기운은 오래 가지 못했다. 우려대로 마운드가 문제였다. 외국인 투수들이 기대에 못 미쳤고, 마무리 송창식도 전년도 많이 던진 영향인지 구위가 눈에 띄게 떨어졌다. 선발, 구원 가릴 것 없이 마운드에 구멍이 숭숭 뚫리면서 밑 빠진 독에 물 붓기식 야구가 이어졌다.

특히 5월 27~29일 대전에서 치러진 NC와의 3연전은 각각 18실점, 18실점, 15실점으로 마운드가 초토화되었다. 김응용 감독은 "투수가 다들 불안하다. 적어도 한 팀에 투수 2명은 6회까지 버틸 수 있다는 생각이 들어야 한다. 지금 우리 팀에는 그런 투수가 없다"라고 답답해했다.

무너진 마운드에도 새싹은 피어나고 있었다. 우완 이태양이었다. 5월 9일 대전 KIA전에 선발로 나선 이태양은 7.1이닝 6탈삼진 무실점으로 호투했다. 불펜 난조로 데뷔 첫 승이 날아갔지만 최고 시속 147km 직구와 포크볼 조합으로 KIA 에이스 양현

종과 대등한 선발 맞대결을 펼쳐 눈길을 끌었다.

2009년 입단 당시 90kg이었던 체중을 100kg으로 불려 구속이 10km 상승했다. 키 크고 덩치 좋은 선수를 좋아하는 김응용 감독이 한화 부임 후 서산 훈련장에서 처음 연습할 때부터 "이태양이랑 좀 친해졌다, 이름도 좋잖아. 키에 비해 유연성과 순발력이 좋다"며 주목한 선수였다.

겨울 비활동 기간마다 제주도에서 훈련할 수 있도록 사비를 털어 지원한 김응용 감독의 관심 속에 토종 에이스로 훌쩍 자란 이태양은 그해 인천 아시안게임에도 한화 선수로 유일하게 발탁되며 금메달을 목에 걸었다. 금메달 획득 후 김응용 감독에게 감사의 전화도 건 이태양은 "김응용 감독님께 항상 감사하다. 감독님이 오셔서 내 이름을 알릴 수 있었다"라고 공을 돌렸다.

그러나 풀타임 시즌이 처음이었던 이태양도 여름을 기점으로 힘에 부쳤는지 페이스가 한풀 꺾였다. 6월 3일 내야수 이대수를 주고 SK로부터 베테랑 포수 조인성을 받는 트레이드로 공격력을 강화했지만 투수력은 좀처럼 나아지지 않았다.

결국 한화는 6월 15일부터 9위 꼴찌 자리에서 끝끝내 벗어나지 못했다. 한여름에도 김응용 감독은 "내 앞에서 덥다는 이야기는 하지 말라. 난 춥기만 하다"며 "야구가 정말 어렵다. 하면 할수록 어려워"라고 한숨을 푹 내쉬었다.

정근우는 3할에 근접한 타율과 32개의 도루, 폭넓은 2루 수

비까지 보여주며 FA 모범생으로 활약했다. 그러나 이용규는 어깨 회전근 수술 후 재활이 늦어져 시즌 내내 지명타자로만 뛰었다. 당초 5월부터 수비가 가능할 것으로 예상되었지만 개막부터 지명타자로 나서면서 회복이 늦었다. 수비가 좋은 선수가 지명타자로만 뛰면서 개인은 물론 팀 전체로도 효율이 나지 않았다. 중견수 피에가 분전했지만 한화의 좌우 코너 외야 수비는 범위도 좁고 안정성마저 떨어졌다.

다른 팀의 한 감독은 "한화 외야수들은 수비가 안 좋은데 대전구장 펜스를 왜 뒤로 미뤘는지 모르겠다. 선수 구성에 맞게끔 구장 환경을 바꿔야 했다"라고 지적하기도 했다.

그해 한화는 리그 최다 113개 실책을 범했다. 가뜩이나 약한 투수력이 수비 도움도 받지 못하면서 역대 한 시즌 가장 높은 팀 평균자책점(6.35) 불명예를 썼다. 타고투저 시즌이라는 걸 감안해야 하지만 이 기록은 지금까지도 깨지지 않고 있다.

김응용 감독의 리더십도 급격히 흔들렸다. 선수들에게 몇 차례 노골적으로 불만을 보이며 팀 분위기가 뒤숭숭해졌다. 당시 구단 내부의 한 관계자는 "선수들이 전혀 흥이 나지 않는다. 덕아웃 분위기만 봐도 우리 성적을 알 수 있다. 요즘은 시대가 달라졌다. 감독님이 선수들과 소통도 하고, 하이파이브라도 해야 한다"라고 말했다. 경기 중 감정 표현을 자제하는 김응용 감독은 어느 순간부터 박수도 크게 치며 나름 달라진 모습을 보여줬다.

8월 월간 성적 2위(12승 7패 승률 .632)로 깜짝 반등하면서 탈꼴찌를 넘어 4강에 대한 희망도 잠시나마 불을 지폈지만 운이 따르지 않았다. 한창 상승세를 탈 때 인천 아시안게임으로 시즌이 16일간 중단되면서 좋은 흐름이 끊겼다. 10월 시즌 재개 후 곧바로 5연패에 빠져 포스트시즌 희망은 완전히 사라졌고, 탈꼴찌 목표마저 결국 물거품이 되었다.

대전 홈 최종전이었던 10월 13일 삼성전에선 1-22라는 굴욕적인 대패를 당했다. 홈런 4방 포함, 장단 28안타를 얻어맞았다. 홈 팬들 앞에서 면목 없는 부끄러운 경기였다. 홈 최종전에 입장 관중은 4,696명에 불과했지만 승부가 기운 뒤에도 8회가

한화에서의 2년, 김응용 감독.

되자 언제나처럼 "최강한화" 육성 응원이 펼쳐졌다. 팬들이 애처롭게 느껴질 만큼 경기 내용이 처참했다.

대패를 당한 뒤에도 선수단은 그라운드 위에서 팬들과 만나 하이파이브를 나누며 다음 시즌을 기약했다. 전광판에는 '고맙습니다! 사랑합니다! 다음 시즌 진짜 잘하겠습니다'라는 메시지가 떠 있었다.

김응용 감독의 마지막 경기는 10월 17일 광주 KIA전이었다. 경기 전 그는 해태 시절 제자인 선동열 KIA 감독과 원정 감독실에서 환담을 나누고 있었다. "지난 2년이 마치 20년 같았다. 고통의 연속이었다. 인생의 패배자가 된 것 같았다"던 김응용 감독은 "지나간 건 기억하지 않는다. 오늘 경기 이기는 것만 신경 쓰고 있다"라고 말했다.

이날 중계를 맡았던 허구연 해설위원도 덕아웃에 내려와 김응용 감독에게 허리 숙여 인사했다. 두 사람은 실업야구 한일은행에서 감독과 선수로 함께한 인연이 있었다. "류현진만 있었더라면 한화가 4강에 갔을 텐데"라고 위로의 말을 건넨 허구연 위원은 "유니폼을 입으신 모습이 마지막이실 것 같아 마음이 짠합니다"라며 목이 메인 것처럼 말했다. 순간 분위기가 너무 침울해지자 김응용 감독은 "왜 그래? 또 몰라"라는 농담으로 가라앉은 웃음을 안겼다. 시대의 명장답게 마지막 순간까지도 의연함을 잃지 않았다.

그러나 명장의 마지막 경기마저 한화는 지고 말았다. 그것도 9회 끝내기 폭투로 졌다. 김응용 감독이 2년간 한화에서 남긴 성적은 91승 162패 3무(승률 .360). 한국시리즈 우승 10회의 명장이 한화에선 2년 연속 9위로 끝났다.

경기 후 다시 감독실을 찾았다. 명장의 마지막 코멘트를 직접 따고 싶었다. 하지만 김응용 감독은 "경기도 졌는데 인터뷰는 무슨. 하고 싶지 않다"며 감독실 문을 닫으려 했다. 그래도 한마디라도 들어야겠다 싶어 문을 붙잡고 "한 말씀만"이라고 달라붙었지만 "아, 됐다니까. 나 밥 먹어야 해. 다음에 해, 다음에"라며 문을 닫았다. 잠시 후 구단 매니저가 저녁 식사를 챙겨 감독실로 들어갔다. 그 순간 문 틈 사이로 김응용 감독이 스쳐가듯 비쳤다. 그가 보고 있던 TV에는 방금 진 경기가 하이라이트로 다시 나오고 있었다.

거장의 마지막은 쓸쓸했지만 뼛속까지 야구인이었다. 끓어오르는 패배의 아픔을 억누르면서 야구를 또 보고 있었다.

시즌 순위 9위(49승 77패 2무) / **승률** .389 / **PS** 탈락(꼴찌)

팀 ERA 9위(6.35) / **최소 실책** 9위(113개) / **타율** 7위(.283) / **OPS** 8위(.774)

투수 WAR	타자 WAR
이태양(2.92)	정근우(3.88)
앨버스(2.59)	김태균(3.52)
유창식(2.13)	피에(2.18)
안영명(1.68)	송광민(1.40)
윤규진(1.58)	김경언(1.33)

팬들이 부른 야신, 지옥 훈련의 시작

　김응용 감독이 물러난 한화는 새로운 사령탑을 준비했다. 당초 한화 구단은 2012년 감독대행을 지낸 뒤 미국 LA 다저스 마이너리그 연수를 다녀온 한용덕 당시 단장 특별보좌를 감독으로 올리는 계획을 세워두고 있었다. 외부에서 영입한 김응용 감독은 8년의 현장 공백과 함께 내부 선수 파악에 시간이 오래 걸렸다. 한화에서 선수, 코치로 선수단을 깊이 파악하고 있는 한용덕 특보가 적임자라는 게 구단의 일치된 의견이었다.

　그러나 시즌이 끝나고 일주일이 지나도록 감독 선임이 이뤄지지 않았다. 여론이 심상치 않게 흘러갔다. 7년 연속 포스트시즌 진출 실패로 한화의 코치진을 향한 팬들의 불신이 극에 달했다. 체질 개선을 위해선 내부 승격이 아니라 강력한 리더십이 필요하다는 팬심이 어느 때보다 거셌다. 팬들은 독립야구단 고양 원더스에서 나와 자유의 몸이 된 김성근 감독을 원했다. SK 왕조를 이끌었던 '야신' 김성근 감독의 스파르타식 지옥 훈련만이 패배 의식에 찌들어 있는 한화를 바꿔놓을 수 있을 거라고 봤다.

10월 25일 밤 9시를 넘어 김성근 감독 선임 보도자료를 급하게 달렸다. 당시 오승환과 이대호가 맞붙은 일본시리즈 취재를 위해 일본 오사카와 후쿠오카를 오가는 일정 속에서도 신경은 한화 쪽에 가 있었다.

10월 28일 대전구장에서 김성근 감독의 취임식이 있었고, 후쿠오카 야후오크돔에서 만난 이대호에게도 김성근 감독과 관련된 질문을 했다. 이대호는 한국에서 뛸 때 김성근 감독과 특별한 인연이 없었지만 소프트뱅크로 이적하면서 왕정치 구단 회장과 인연이 깊은 김성근 감독과 친분이 깊어졌다.

그해 시즌 중에도 김성근 감독이 소프트뱅크 경기를 보러 일본을 찾아 이대호에게 여러 조언을 아끼지 않았다. 한화에 부임하기 전 소프트뱅크도 김성근 감독에게 비중 있는 코치직을 제의하려 했던 것으로 알려졌다.

이대호는 "김성근 감독님께 바로 축하 전화를 드렸다. 워낙 열정적인 분이시다. 야구 열정에서 김성근 감독님 따라갈 분이 적어도 우리나라 야구계에는 없다. 감독님의 프로야구 복귀는

2015년도 '야신' 김성근 감독.

감독님도 원하셨지만 한화 팬들도 많이 원하신 것으로 알고 있다. 정말 잘 된 일이다"라고 축하 메시지를 전했다.

한화 팬들이 원했고, 불러낸 감독이었다. 팬들은 김성근 감독 영입 청원운동을 벌이며 릴레이 영상을 제작하는 지극 정성을 보였다. 자신의 얼굴과 거주지, 이름까지 공개하면서 진정성을 보였다. "한화 이글스 10대 감독은 김성근 감독님뿐입니다" "김성근 감독님을 꼭 모셔주세요" "김성근 감독님만이 한화를 살릴 수 있습니다" 등 간절하게 목소리를 냈다. 한화그룹 본사 앞에서 1인 시위까지 한 팬도 있었다. 피켓 내용은 이랬다. "한화 팬 7년의 한(恨), 회장님 '김성근 잡아올게'로 풀어주세요!!!"

그룹도 팬심을 외면하지 않았고, 구단 계획과 다르게 감독 선임 방향이 바뀌었다. 팬들의 사랑과 관심 속에 존재하는 프로야구단이지만 감독 선임에 이렇게 팬심이 깊숙하게 개입하는 일은 전례가 없었다. 그만큼 한화 팬들은 성적에 너무 목말라 있었고, 김성근 감독을 구원자로 여겼다.

김성근 사단이 들어오면서 코치진은 완전히 바뀌었다. 송진우, 정민철 등 팀의 상징인 영구결번 레전드 코치들이 떠났다. 장종훈 코치도 마무리캠프까지만 하고 롯데로 옮겼다.

후쿠오카에서 일본시리즈 취재를 마치고 귀국한 다음 날 바로 또 일본행 비행기에 올랐다. 이번에는 한화 마무리캠프가 차려진 일본 오키나와가 목적지였다. 김성근 감독의 부임 이후 첫 훈련으로 야구계의 관심이 뜨거웠고, 예정에 없던 출장이 또 잡히면서 강행군을 치러야 했다.

11월 1일 오키나와에 도착한 뒤 훈련장이 있는 고친다구장으로 향했다. 훈련 첫날이라 그런지 김성근 감독은 쉽게 접근하기 어려운 분위기를 뿜어냈다. 멀리서나마 훈련 과정을 눈여겨봤다. '지옥 훈련'으로 유명한 감독이라서 더욱 궁금했다. 훈련을 그렇게 유심히 본 적이 있을까 싶을 만큼 정오부터 해가 질 때까지 김성근 감독을 따라다녔다. 불펜과 배팅 케이지, 수비 훈련을 하는 외야까지 쉴 새 없이 오가면서 1대1 지도를 거듭했다.

보통 감독들은 코치들에게 기술적인 지도를 맡기고 전체를 지켜보곤 하지만 김성근 감독은 달랐다. 당시 73세 고령이었지만 엄청난 활동량으로 움직였고, 훈련을 돕는 스태프들도 따라가기 바빴다. "같은 길을 몇 번이나 왔다 갔다 했는지 모르겠다. 다리가 후들거린다. 하루종일 서서 움직이는 감독님 체력이 대단하다"며 놀라움을 금치 못했다. 김성근 감독은 훈련을 마친 뒤 저녁 7시부터 2시간 넘게 숙소에서 선수단 미팅까지 했다.

김성근 감독과의 첫 인터뷰는 그 다음 날 이뤄졌다. "기다렸지? 인터뷰해야지." SK 시절 한화 경기가 있을 때 몇 번 봤던 게 전부였는데 몇 마디 나눴던 걸 기억하고 있을 정도로 세심했다.

한화에서 첫 훈련에 대한 인상을 물었는데 "하고자 하는 마음이 보인다. 머리를 짧게 밀어서가 아니다. 안 되더라도 덤벼들고 있다. 아이들을 어떻게 끌고 갈까 고민했는데 생각보다 팀에 프라이드도 있고 해볼 만하다는 생각이 든다"라고 말했다.

취임식 때 김성근 감독은 선수들에게 "이발 값이 없냐. 왜 머리를 안 깎고 다니느냐"라고 말했는데, 간판 스타 김태균부터 선수들이 머리를 짧게 정리한 채로 오키나와 캠프에 합류했다.

요즘 시대에는 '꼰대' 같은 발언으로 보일 수 있지만 김성근 감독은 팀 전체가 하나가 되어야 한다는 뜻으로 단정한 두발을 강조했다. FA 신분이었지만 이례적으로 마무리캠프 참가를 자청해 김성근 감독과 함께하고 싶은 의지를 드러낸 김경언도 치렁치렁한 머리를 깎고 구레나룻도 깨끗하게 밀었다.

짧은 스포츠 머리로 군인을 연상케 한 선수들이 연일 그라운드에 나뒹굴었다. 김성근 감독이 직접 배트를 들고 강도 높은 펑고를 치면서 선수들을 혹독하게 몰아붙였다. 최고 스타였던 김태균과 정근우부터 40세 노장 조인성도 예외가 없었다. 유니폼이 흙투성이가 된 채 쓰러진 선수들의 사진이 연일 화제가 되었다. 그야말로 난리가 났고, 팬들은 열광했다.

삼성과 넥센의 한국시리즈보다 더 많은 조회수가 나올 정도로 김성근 감독의 지옥 훈련은 화제성이 엄청났다. 새로운 코치들이 매일 같이 캠프에 합류하면서 단 하루도 뉴스가 아닌 날이 없었다. 훈련 보고, 인터뷰 하고, 기사 쓰느라 정신 없는 나날이었다. 밤 늦은 시간 야간 훈련까지 커버하느라 선수들과 같이 지옥 훈련을 받는 것 같은 느낌이 들 정도였다.

10년 만에 마무리캠프에 참가한 김태균도 연일 녹초가 되었다. 그는 "인간이 소화할 수 없는 스케줄이다. 야구장에서 열 몇 시간씩 있고, 밥 먹는 시간도 하루 30분도 안 된다"면서도 "몸은 힘들지만 큰 마음을 먹고 왔으니 견뎌야 한다. 내가 먼저 나서서 해야 후배들도 힘을 낼 수 있다"며 책임감을 드러냈다.

마음 한편으로는 프랜차이즈 코치들이 팀을 떠난 것에 대한 미안함도 있었다. "우리가 계속 안 좋은 성적을 낸 건 내 책임도 크다. 팀을 나가신 감독님과 코치님들만의 책임이 아니다. 선수들도 책임을 느껴야 하고, 그만큼 노력해야 한다"라고 말했다.

'야신' 김성근 감독의 지옥 훈련.

곡소리와 악소리가 뒤덮인 고된 강훈련 속에서도 웃음이 끊이지 않았다. SK 시절에 이어 한화에서도 만난 김성근 감독의 평고에 초주검이 된 정근우는 입도 쉬지 않았다.

김성근 감독 앞에선 꼼짝 못했지만 김광수 수석코치의 평고를 받을 때는 "내가 전생에 뭐 잘못한 거라도 있어요?"라고 악을 쓰더니 "정신 상태가 나갔지 않아 싶어요"라고 김성근 감독의 말투를 흉내내며 자학 개그도 했다. 김성근 감독도 김태균이 평고 중 철푸덕 넘어지자 "야, 너 때문에 오키나와 가라앉겠다"는 농담을 하며 웃음을 자아내기도 했다.

김성근 감독은 한화에 온 걸 운명으로 느꼈다. 바쁜 훈련 와중에도 짬을 내서 취재진과 저녁 식사 자리에 앉았던 그는 "요 근래에 느낀 건 상상 외로 충청도 사람들이 많다는 것이다. 나를 볼 때마다 고맙고, 감사하다고 한다. 한화 팬들이 이렇게 갈망했구나 싶었다. 얼마나 배가 고팠고, 목이 말랐겠나"라며 "일본의 라쿠텐 골든이글스와 비슷하다. 센다이 지역 자체가 스코어에 관계없이 이기든 지든 야구를 계속 본다. 대전이랑 많이 닮았다. 이제 한화도 올라갈 때가 되었다"라고 말했다.

2005년 창단 후 꼴찌를 맴돌았던 라쿠텐은 2013년 처음으로 리그 우승, 재팬시리즈 우승을 차지했다. 일본의 이글스처럼 한국의 이글스도 높이 비상할 거라는 자신감이었다.

김성근의 끈질긴 야구, '마리한화' 열풍

　김성근 감독과 한화는 야구계의 모든 이슈를 집어삼켰다. 마무리캠프가 종료된 뒤 비활동 기간에 들어가면서 선수들의 단체 훈련이 금지된 걸 두고 김성근 감독은 "45일의 공백은 어마어마하게 안 좋은 것이다. 한 달 반을 쉬는 건 자살 행위"라고 직격하며 "어느 나라든 자율이라는 건 쉽지 않다. 우리나라에 FA 계약해서 제대로 하는 선수가 얼마나 있나. FA 해서 살 빠진 선수가 얼마나 되나. 전부 다 쪘다. 그 수준에서 머무르고, 더 위로 올라가지 못하고 있다"라고 지적했다.

　12월 겨울에도 오키나와에서 선수들을 더 훈련시키고 싶었던 김성근 감독은 선수협(한국프로야구선수협회) 반발에 부딪쳐 뜻을 이루지 못했다. 선수협은 비활동 기간 단체 훈련 금지 규정 강화로 맞섰다.

갈등의 골이 깊어질 무렵, 한화는 'FA 쇼핑'에 나서며 화제를 바꿨다. 김성근 감독 요청으로 FA 외부 영입 3명 한도를 꽉 채웠다. 권혁을 시작으로 송은범, 배영수를 영입하며 스토브리그를 후끈 달궜다. 2년간 FA 투자 금액만 200억 원이 넘을 만큼 한화의 도약 의지도 뜨거웠다.

12월 11일 대전 갤러리아 타임월드에서 열린 FA 선수들 입단식에서 김성근 감독은 "식구 3명이 늘어 부자가 된 기분이다. 여기 온 3명 모두 우승 경험이 있다. 한화의 내년 목표는 우승인데 이 선수들이 큰 도움이 되지 않겠나 싶다"라고 기대했다.

그렇게 2015년 새해가 밝았다. 창단 30주년을 맞아 한화는 국내 최초로 4종류 유니폼을 공개하며 새로운 출발을 알렸다. 김성근 감독의 엄포 속에 선수들은 겨우내 살이 찌지 않게 체중관리를 집중했고, 1월 15~16일 두 팀으로 나눠 스프링캠프가 차려진 일본 고치로 향했다.

김성근 감독의 첫 스프링캠프로 또 '지옥 훈련'의 문이 열렸는데 마무리캠프보다 확실히 긴장감이 높았다. 예상보다 추운 날씨 탓인지 예년 캠프와 다른 느낌이 들었다.

캠프 시작부터 부상이 있던 배영수, 송은범이 오키나와 재활캠프로 이동한 가운데 또 다른 투수 김광수는 아예 국내로 귀국했다. 몸 상태가 안 좋아 보인다는 이유로 캠프를 시작한 지 4일 차에 김성근 감독이 조기 귀국이라는 충격 요법을 썼다. 외국인 타자 나이저 모건도 일주일 만에 2군으로 가면서 팀 전체에 긴장감이 감돌았다.

기온 10도의 쌀쌀한 고치 추위를 녹이는 강도 높은 훈련이 이어졌고, '디펜스 데이'에는 2천 개 이상 펑고가 날아들며 선수들의 거친 숨소리가 훈련장 곳곳에서 끊이지 않았다. 오죽 훈련을 많이 했으면 코피까지 흘린 선수도 있었다. 휴지로 흐르는 코피를 막고 타격 훈련을 이어간 외야수 추승우는 "몸도 몸이지만 이제는 정신력이다. 나이 먹고 정신력이 흐려지면 야구 못하는 것이다"라고 의지를 불태웠다. 당시 그의 나이 36세였다.

연일 계속된 지옥 훈련 뉴스는 계속 읽혔다. 선수들이 훈련 중 짬을 내서 점심으로 먹는 도시락 메뉴까지 화제였다. 당시 훈련 스케줄에 야수들의 점심 시간은 오후 12시 50분부터 1시 10분까지, 딱 20분만 주어졌다. 투수들은 훈련 로테이션에 따라 번갈아가며 각자 끼니를 때웠다. 야구단 캠프 식사는 뷔페식으로 준비되곤 하는데 음식을 퍼서 그릇에 담는 시간도 아까웠고, 도시락으로 간편하게 요기할 수 있도록 했다.

주로 나왔던 메뉴는 우동과 김밥. 메인구장을 바라보면서 먹는 1인식 테이블 구조로 서로 마주 보고 식사하며 대화할 시간도 없었다. 김성근 감독은 "시즌까지 남은 시간이 얼마 없다. 선수들을 전력으로 끌어올려야 한다"며 1분 1초를 아까워했다.

그렇게 일본 오키나와를 거쳐 3월 시범 경기가 시작되었다. 3월 7일 대전구장에서 열린 LG와의 시범 경기 개막전은 유료 입장에도 불구하고 1만 3천 석이 매진될 정도로 열기가 가득했다. 이날 한화는 9-3으로 승리했지만 경기 후 관중들이 빠져나간 야구장에선 선수들의 특타가 이어졌다.

승패를 떠나 이 같은 특타는 김성근 감독 시대 내내 이어져 온 루틴이었다. 주전, 비주전 가리지 않고 지목되는 인원들이 특타 멤버였다. 가끔 자청하는 선수들도 있었다. 처음에는 그런 모습이 신기했고, 몇 명의 선수들이 어떻게 특타를 치는지도 뉴스거리였다. 김성근 감독이 늘 선수 한 명, 한 명을 붙잡고 세세히 지도했다.

시범 경기를 10위로 마쳤지만 한화를 향한 기대치는 조금도 떨어지지 않았다. 김태균도 시즌을 앞두고 "어느 때보다 캠프에서 훈련을 많이 했다. 그동안 안 해봤던 경험을 했고, 어떤 결과가 나올지 나도 궁금하다"라고 말했다.

3월 28일 서울 목동구장에서 열린 넥센과의 개막전은 연장 12회 서건창에게 끝내기 홈런을 맞고 졌지만 이튿날 8회 정범모의 결승타로 첫 승을 신고했다.

시즌 초반 타선이 터지지 않자 4월 8일 투수 양훈을 주고 넥센으로부터 외야수 이성열, 포수 허도환을 받는 트레이드로 분위기를 바꿨다. 이성열은 트레이드 이후 첫 경기였던 4월 9일 대전 LG전에서 4회 대타로 나와 1타점 2루타를 치더니 6회 역전 투런 홈런으로 시즌 첫 위닝시리즈를 이끌었다. 이어 4월 24~26일 대전 SK전에선 시즌 첫 스윕에도 성공했다. 2번째 경기였던 25일에는 5-6으로 뒤진 9회 2사 만루에서 김경언이 역전 2타점 끝내기 안타를 작렬했다.

팬들의 떠나갈 듯한 환호와 함께 야구장 전체가 쿵쾅거리며 흔들리는 듯한 느낌이었다. 현장에서 그렇게 강한 진동을 느낀 건 처음이었다.

겨우내 강훈련 효과 덕분인지 한화는 4월까지 13승 11패(승률 .542)를 거두며 4위에 올랐다. 다른 팀이면 별 것 아닐 수 있어도 한화가 4월을 4위로 마친 건 놀라운 일이었다. 매년 시즌 초반에 고전하며 순위 싸움에서 일찌감치 뒤처졌던 한화의 변화에 '김성근 매직'이라는 찬사가 쏟아졌다.

버리는 경기 하나 없이 매일매일 전력으로 싸우며 투수들을 벌떼처럼 쓰고, 상대 투수를 한 명이라도 더 나오게 하는 한화의 끈질긴 야구에 팬들은 매료되었다. 한화 팬들은 물론 다른 팀의 팬들도 한화 경기를 찾아볼 정도였다.

당시 한 방송 관계자는 "요즘 한화 경기 시청률이 진짜 대단하다. 경기를 워낙 재밌게 하고 있어서 매일 시청률 상위권에 있다"며 '전국구 인기 팀' 롯데, KIA, LG를 제치고 중계 1순위 팀으로 떠올랐다고 밝혔다.

시즌 전부터 "너무 한화에만 관심 갖는 것 아니냐"는 타 팀들의 볼멘소리가 있었는데 시즌에 들어가선 화제성이 어마어마했다. 신드롬에 가까운 한화 열풍은 '마리한화'라는 신조어도 만들어냈다. 한화 야구가 마약처럼 중독성이 강하다는 의미였다.

한화그룹에서도 야구단을 전면에 내세운 '나는 불꽃이다' 광고를 통해 선수단의 투혼과 팬들의 열정을 강렬한 불꽃 이미지로 홍보했다. 이때를 기점으로 팬덤이 크게 확장되면서 인기 팀 반열에 올라섰다. 그해 한화의 홈경기 관중수는 전년 대비 38% 증가했고, 21번의 매진도 구단 역대 최다였다.

슈퍼 외인의 빛,
권혁 혹사의 그림자

 이슈 메이커였던 한화는 5월 6일 KIA와 4대3 트레이드를 성사시켰다. 2011년 전체 1순위 신인으로 입단한 투수 유창식을 비롯해 투수 김광수, 외야수 노수광, 오준혁을 주면서 투수 임준섭, 박성호, 외야수 이종환을 받았다. KIA는 미래를, 한화는 현재를 본 트레이드로 2015년 성적을 내기 위한 결단이었다.

 그러나 임준섭이 트레이드 후 6경기 만에 팔꿈치 통증으로 이탈했고, 한화 불펜은 몇몇 투수들에 대한 의존도가 높아졌다. 트레이드 당일 KIA 로고가 새겨진 야구 가방을 들고 대전구장에 와서 훈련부터 시작한 이종환이 3할대 타율로 쏠쏠하게 치면서 한화에 힘을 불어넣었다.

투타에서 터져나온 부상 악재 속에 전력을 쥐어짜낸 한화는 7월 전반기를 5위로 마치며 가을야구의 희망을 이어갔다. 그러나 날이 더워지고 선수들의 체력이 떨어지며 갈수록 힘에 부친 기색이 역력했다.

특히 선발 투수를 일찍 내리고 투수 교체를 활발하게 하는 김성근 감독 스타일상 불펜 투수들의 호출이 잦았다. 그중에서도 권혁이 던지고 또 던졌다. 삼성에서 입지가 좁아지자 FA가 된 권혁은 많이 던질 수 있는 팀을 찾아 한화로 왔다. 계약 당시 한화 관계자는 "권혁은 다른 선수들과 다르게 금액을 세게 부르지 않았다. 돈보다 많이 던질 기회가 있는 곳이 좋다고 했다. 삼성에선 많이 던지지 못한 게 불만이었던 것 같더라"라고 말했다.

보통 불펜 필승조 투수는 이기는 경기, 접전 상황에 주로 나오지만 권혁은 크게 앞서거나 지는 경기까지 상황을 가리지 않고 투입되었다. 멀티 이닝도, 2~3연투도 마다하지 않았다.

4월 22일 잠실 LG전에서 3이닝 세이브로 54구를 던진 다음 날도 등판을 자청할 만큼 권혁은 투구에 목말라 있었다. "누군가 나를 믿어준다는 건 굉장히 기쁜 일이다. 믿어주는 감독님께 감사하다. 한화에 와서 정말 행복하게 야구하고 있다"며 환하게 웃었다. 많이 던지다 보니 많이 맞기도 했지만 피하지 않고 시원시원하게 정면 승부하는 권혁의 공격적 성향도 불꽃 한화에 잘 어울렸다.

권혁이 나올 때 야구장 환호 소리가 달랐다. 시즌 후의 일이지만, 대전의 한 예비군 훈련장에서 권혁을 우연치 않게 만난 적이 있다. 축 늘어진 채 기운 없이 훈련장 내부 강당에 모인 예비군들을 향해 통제관이 갑자기 목청껏 소리 높여 "우리 대전의 영웅, 권혁 선수가 훈련을 받으러 왔습니다!"라고 소개했다.

고개를 숙이고 있던 예비군들이 웅성웅성댔고, 뒤에 군복을 입은 권혁이 자리에서 일어나 인사를 하자 야구장에서처럼 큰 환호와 박수 소리가 터졌다. 점심 후 휴식 시간 때는 사인과 사진 요청이 끊이지 않았다. 권혁의 인기가 얼마나 대단한지 알 수 있는 순간이었다.

하지만 그도 사람이었다. 시즌 후반으로 갈수록 구위가 떨어졌고, 타자들에게 점점 맞아 나갔다. 선발 투수들이 긴 이닝을 끌어주지 못했고, 마무리를 맡던 윤규진이 어깨 부상으로 이탈한 뒤 권혁을 비롯해 박정진, 송창식 등 불펜 특정 투수들에 대한 의존도가 높아졌다.

전반기를 5위로 마치긴 했지만 투수력이 고갈되는 게 한눈에 보일 정도였다. 권혁 홀로 4번의 끝내기를 맞는 등 끝내기 패배 6번으로 불펜이 흔들렸다. 김성근 감독 특유의 벌떼 야구가 144경기 체제의 후반기에 버틸 수 있을지 물음표가 커졌다.

그쯤 한화에 구세주가 나타났다. 어깨 부상으로 방출한 쉐인 유먼의 대체 외국인 투수로 뉴욕 양키스 출신 에스밀 로저스를

2015년도 혹사 논란의 권혁 선수.

영입했다. 8월 1일 한화와 70만 달러에 계약이 발표되었는데 미국 현지에선 실제 몸값이 100만 달러라고 보도했다. 그해 양키스 개막 로스터에 들어간 현역 빅리거로 시즌 중 데려올 수 있는 최고 수준의 투수였다.

8월 6일 대전 LG전에서 9이닝 116구 1실점 완투승으로 기대에 걸맞은 데뷔전을 치렀다. 당시 주심이었던 이영재 심판은 "로저스가 100%로 던지는 것 같지 않았다. 1회에만 100%였고, 경기 전체로 보면 100% 미만으로 보인다. 한국 타자들이 처음이니 어떤지 확인하는 듯한 느낌이었다"라고 말했다.

최고 시속 156km 강속구를 던지면서도 변화구 비율을 높여 완급 조절을 했고, 남다른 이닝 소화력을 보여줬다. 2번째 등판이었던 8월 11일 수원 KT전에서 9이닝 108구 무실점 완봉승으로 KBO 리그 사상 첫 데뷔 2경기 연속 완투를 해냈다.

김성근 감독은 "7~8회까지만 던지게 하려 했는데 본인이 115구까지 던지겠다고 하더라"라고 말했다. 강력한 구위만큼 빠른 투구 템포로 야수들의 체력 소모를 덜어준 로저스는 8월 22일 광주 KIA전도 9이닝 123구 무실점 완봉승으로 포효했다.

단기간에 이 정도로 강렬한 임팩트를 준 외국인 투수는 없었다. 불펜 의존도가 높은 한화 마운드에서 혼자 경기를 책임지는 '슈퍼 에이스'의 존재는 가뭄에 단비였다.

그러나 8월 27일 마산 NC전에서 로저스는 6이닝 3실점으로 첫 패전을 당했다. 6회에만 3실점으로 무너졌는데 심판의 체크 스윙, 볼 판정에 흥분하며 흔들렸다. 교체된 뒤에도 덕아웃에서 글러브를 집어던지며 감정을 추스르지 못했다.

김성근 감독이 그냥 두고 볼 리 없었다. 다음 날 곧장 1군 엔트리에서 로저스를 제외시켰다. 구단이 밝힌 공식 사유는 체력 안배 차원이지만 그 말을 곧이곧대로 믿는 사람은 없었다. 징계성 엔트리 말소였지만 김성근 감독은 입을 닫았다.

그때쯤 김성근 감독은 특타를 이유로 경기 시작 직전 야구장에 도착하며 취재진과의 인터뷰를 피했다. 성적이 점점 떨어졌고, 투수 혹사 논란으로 예민함이 극에 달해 있었다.

9월 13일 사직 롯데전에서 로저스의 8.1이닝 129구 4실점 승리로 어렵게 5연패를 끊은 직후 김성근 감독으로부터 전화가 걸려왔다. 방금 전까지 TV 중계로 로저스의 머리를 쓰다듬는 김성근 감독을 봤는데 경기 직후 전화가 온 것이다.

무슨 일일까 싶어 전화를 받았는데 "왜 기사를 그딴 식으로 쓰냐. 네가 야구를 알아?"라는 노기 가득한 목소리가 들렸다. 비판 기사가 불편했던 김성근 감독이 그동안 참아왔던 화를 폭발하며 "감독실에 들어오지 말라"는 말로 전화를 끊었다. 김성근 감독 인터뷰는 늘 감독실에서 진행되었다.

단기간에 강렬한 임팩트를 줬던 로저스 선수.

시즌 중반부터 불거진 혹사 논란에 김성근 감독은 불편한 심기를 감추지 않았다. "담당 기자가 그걸 왜 몰라? 팀 사정 뻔히 알면서 그런 기사 쓰는 건 자격도 없는 거야"라고 대놓고 면박을 줬다. 당시에는 기분이 나빠 표정 관리도 안 되었지만, 지나고 나서 돌이켜보면 김성근 감독의 야구에 대한 프라이드가 그만큼 강했다.

김성근 감독은 자신의 방식으로 어떻게든 성적으로, 결과로 증명해 보이고 싶은 마음이 강했다. 하지만 당시 한화 선수층은 두텁지 못했고, 10개 구단 144경기 체제의 첫해로 모든 팀이 극심한 투수난을 호소했다. 불펜 야구로는 144경기를 버티기 어려웠다.

권혁은 78경기에서 구원 최다 112이닝 2,098구를 던졌다. 7번의 3연투로 후반기에 힘이 쭉 빠졌다. 39세 박정진도 76경기 96이닝을 던진 뒤 어깨, 팔꿈치 통증으로 시즌을 3주 먼저 마쳤다. 신인 김민우도 후반기에 선발과 중간을 오가며 힘을 불어넣었지만 무너진 마운드를 일으켜 세울 수는 없었다. 결국 최종 순위 6위. 8년 연속 가을야구가 좌절되었다.

시즌 순위 6위(68승 76패) **승률** .472 / **PS** 탈락

팀 ERA 9위(5.11) / **최소 실책** 7위(105개) / **타율** 8위(.271) / **OPS** 6위(.764)

투수 WAR	타자 WAR
로저스(3.41)	김태균(4.65)
탈보트(3.31)	정근우(4.45)
안영명(2.64)	이용규(3.96)
유먼(2.34)	김경언(3.44)
박정진(2.22)	최진행(3.18)

성공적인 FA 영입에도 돌아선 팬심

한화 담당을 그만두려고 했지만, 마음대로 되지 않았다. 9월 30일 대전 삼성전 홈 최종전을 앞두고 그날의 통화 이후 처음 감독실을 찾아 김성근 감독에게 마지막 인사를 했지만, 얼마 지나지 않아 일본 오키나와 마무리캠프에서 다시 마주했다.

시끌벅적했던 1년 전과 달리 캠프는 한산한 분위기였다. 프리미어12 국제대회 시기와 겹치기도 했지만, 한화에 대한 관심이 한층 가라앉았다. 김성근 감독에 대한 환상도 벗겨져 있었다.

김성근 감독도 훈련 강도를 낮춰 선수들을 한 발짝 떨어져 지켜봤다. 지옥 훈련이 사라지는가 싶었지만 김성근 감독은 캠프 막판 "시즌 중 억지로 한다는 식의 이야기를 많이 들었다. 그런데 이번에 선수들에게 자율로 시켜보니 안 되더라. 내년에는 내가 다시 나서야 할 것 같다"라고 말했다.

겨울이 오자 한화의 시간이 왔다. FA 시장에서 또 지갑을 풀었다. 불펜 최대어 정우람과 심수창, 2명의 투수를 영입하며 3년 연속 FA 시장에서 '큰손'으로 나섰다. 성적에 대한 목마름이 컸던 한화는 김성근 감독을 다시 화끈하게 지원했다.

SK 시절에 이어 4년 만에 김성근 감독과 재회한 정우람은 "인생 첫 FA라서 계약 조건도 중요했지만 김성근 감독님과 다시 한번 야구를 해보고 싶은 기대가 컸다. 감독님과 함께 내년 시즌 우승의 기쁨을 만끽하고 싶다"라고 이적 소감을 밝혔다. 김성근 감독의 존재가 이적을 결심한 주된 이유 중 하나였다.

그러나 정우람은 2016년 1월 일본 고치 스프링캠프에 합류하지 못했다. 김성근 감독은 겨우내 몸 상태가 100%가 안 되는 선수들을 캠프에 데려가지 않았다. 김태균 같은 간판 스타부터 거액의 FA 이적생 정우람도 예외는 아니었다.

내부 불만도 있었지만 주축 선수들의 체력 저하 및 부상으로 고생했던 김성근 감독은 템포를 조금 늦췄다. 1년 전 51명이었던 선수 인원을 32명으로 단출하게 꾸려 고치 스프링캠프에 갔다. 1년 전처럼 스프링캠프가 화제를 뿌리진 않았지만 김성근 감독은 점차 훈련 강도를 높여 시즌을 준비했다. 2년 차 시즌은 어떻게든 증명해야 할 김성근 감독의 의지가 대단했다.

하지만 시작부터 암운이 드리웠다. 재계약한 1선발 로저스가 시범 경기에 모습을 드러내지 않았다. 팔꿈치 상태가 좋지 않아 개막 엔트리에서 제외되었고, 이용규도 시범 경기에서 몸에 맞는 볼로 손목을 다쳤다.

투타에서 핵심 선수들이 빠지면서 개막을 맞이한 한화는 개막 첫 19경기 3승 16패(승률 .158)로 최악의 스타트를 끊었다. 4월 14일 대전 두산전에선 2-17 대패를 당했고, 김성근 감독이 5회를 마치고 어지럼증으로 자리를 비운 채 인근 병원으로 떠났다. 이날 경기에서 송창식은 4.1이닝 동안 90구를 던지며 9피안타(4피홈런) 2볼넷 12실점(10자책점)으로 무너지며 '벌투' 논란이 불거지기도 했다. 하염없이 안타를 맞고 홈런을 맞는 송창식을 향해 팬들은 "힘내라"고 외치며 응원했다.

2020년 7월 송창식은 은퇴 기자회견 때 이날을 떠올리며 "던지면서 스스로도 힘에 버거운 게 느껴졌다. 하지만 그 다음 경기도 있었고, 누군가 이닝을 길게 소화해야 내일 경기도 있다. 모든 선수가 같은 생각을 했을 것이다"며 "김성근 감독님과 하면서 육체적으로 힘들 때도 있었지만 야구하면서 가장 재밌었다. 경기에 나가는 게 즐거웠다"라고 돌아봤다.

로저스가 빠진 상황에서 선발진이 일찍 내려갔고, 불펜에 의존하는 야구가 또 이어졌다. 2년째 불거진 혹사 논란은 현장뿐만 아니라 팬들에게도 상당한 피로감을 줬다. 그때마다 김성근 감독은 "바깥에서 볼 때는 하루하루 너무 매진하는 것 아니냐고 한다. 그렇게 매진을 해야 내일이 있지, 내일을 생각하면 쓰러진다"며 "모든 건 나쁘게 보면 한없이 나쁘게 보인다"라고 말했다.

여론에 물러서지 않는 김성근 감독의 확고한 의지에 한화 팬심도 들끓었다. 4월 23일 잠실 두산전을 마친 뒤 선수단 중앙 출입구에는 '감독님 제발 나가주세요'라는 현수막이 걸렸고, 4월 28일 대전 KIA전에선 '김성근 감독 사퇴하세요'라는 현수막을 든 관중 4명이 퇴장 조치를 당하는 일도 있었다. 무너지는 팀을 보다 못한 팬들이 단체 행동에 나선 것이다.

설상가상 김성근 감독은 허리 디스크 수술을 받으면서 5월 5일부터 보름 동안 자리를 비웠다. 김광수 수석코치의 임시 감독대행 체제로 12경기를 치렀지만 2승 10패로 성적이 더 떨어지며 10위 자리가 굳어졌다. 5월 20일 대전 KT전에 김성근 감독이 복귀했을 때 한화 성적은 10승 28패(승률 .263). 단기간에 복구할 수 있는 성적이 아니었다.

하지만 병상에서 돌아온 김성근 감독은 달라진 느낌이었다. 굳은 얼굴에 좀처럼 미동도 하지 않았던 근엄한 감독이 점수가 나면 박수를 크게 치고 미소도 활짝 지었다. 아쉬운 플레이가 나오면 탄식을 하는 등 김성근 감독의 풍부한 감정 표현 속에 팀 분위기가 조금씩 바뀌었다.

6월 10일 대전 LG전에서 정근우가 끝내기 안타를 치자 두

손을 번쩍 들면서 만세를 부르기도 했다. 코치들과 손뼉을 마주치며 기뻐하는 모습도 예전과는 달랐다. 6월 12일 대전 SK전에서 끝내기 희생플라이를 때린 양성우를 향해선 양팔을 벌려 품에 안았다.

절대 카리스마를 자랑하던 김성근 감독에게서 볼 수 없었던 만세와 포옹. 오랜 시간을 함께한 정근우도 "포옹은 몇 번 하신 것 같은데 만세를 부르시는 건 못 봤다. 이렇게 기뻐하시는 건 처음인 것 같다"며 놀라워했다.

얼음장 같던 팀 분위기가 확 바뀌었고, 5월 말부터 연승 흐름을 타기 시작하며 7월 초에는 탈꼴찌에 성공했다. 메이저리그 통산 71홈런 거포로 주목받은 윌린 로사리오도 시즌 초반 적응기를 딛고 김태균과 함께 중심 타선에서 활약하며 타선의 화력이 살아났다. 김성근 감독도 "요즘 내가 할 일이 없다. 만세만 하고 있으면 된다"는 농담을 할 만큼 여유를 보였다.

그쯤부터 김성근 감독도 적대적인 감정을 풀고 속내도 허심탄회하게 털어놓았다. 8월 12일 광주 KIA전을 앞두고 이런저런 대화를 나누다 물끄러미 쳐다보더니 "그 누구야, 갑자기 이름이 생각 안 나는데 탤런트 닮았구나"라며 난데없이 드라마 이야기를 꺼냈다. 그 자리에 있던 누군가가 그해 히트작 〈태양의 후예〉 주인공 송중기를 이야기하자 "그래, 송중기 닮았구나"라는 얼도 당토 않은 외모 칭찬을 해줄 정도였다. "아니, 감독님. 송중기가 누군지 잘 모르셔서 그러는데"라며 손사래를 치기 무섭게 김성근 감독은 "내가 왜 몰라. 나한테 인사도 했다고"라고 단호하게 말했다.

송중기 배우는 2015년 9월 5일 대전 두산전을 앞두고 시구를 했는데 경기 전 김성근 감독을 찾아 인사하고, 술 한 병과 손편지 한 장을 선물했다. 송중기 배우는 전역 날 "야구를 좋아해서 야구 중계를 많이 봤다. 마리한화 경기를 보면서 큰 힘을 얻었다"며 한화 팬임을 고백한 바 있다.

김성근 감독과 가까워지면서 그가 왜 그렇게까지 하는지 알 것 같았다. 일평생 야구에 매달려온 그에겐 자기만의 확고한 철학과 방식이 있었고, 야구와 사람에 대한 열정과 애정이 있었다. 머릿속에는 오직 야구, 야구, 야구밖에 없었다.

표현 방식이 투박하고 철지난 야구관이라도 야구를 향한 진정성은 의심할 게 없었다. 야구에 모든 걸 바쳤는데 자신의 야구를 부정하는 외부 평가는 그에게 견딜 수 없는 모욕이었다.

나이가 들수록 사람은 바뀌기 어렵다. 큰 성공을 거둔 사람일수록 더욱 어렵다. 그럼에도 김성근 감독은 그 안에서 나름의 변화를 꾀했다.

9월 중순 2군에서 올라온 베테랑 이양기가 깜짝 활약하며 실낱같은 5강 희망도 이어갔지만, 결국 시즌 초반의 마이너스를 메우지 못했다. 로저스가 6월 중순 팔꿈치 수술을 결정하면서 방출되었고, 대체 외국인 투수들도 기대에 못 미쳤다. 선발 투수들이 오래 못 버티면서 불펜에 과부하가 걸렸고, 권혁과 송창식이 각각 어깨와 팔꿈치 부상으로 8월 중순에 이탈한 뒤 돌아오지 못했다.

결국 한화는 그해에도 최종 순위 7위에 그치며 가을야구에 실패했다. 암흑기가 9년 연속으로 연장되었고, 김성근 감독의 지도자 인생에서도 2년 연속 가을야구에 나가지 못한 건 처음 있는 일이었다.

10월 8일 대전 KIA전 시즌 최종전을 앞두고 감독실에서 만난 김성근 감독은 "순위를 떠나 팀은 성장했다. 특히 김태균은 한 번도 포기하지 않고 전 경기를 뛰었다. 요즘도 허리를 숙이면 아파하지만 그래도 경기에 나간다고 한다. 그런 의식이 한화로선 크게 성장한 것이다. 선수 개개인이 성장하고 강해졌다"면서 "상식선으로, 정상적으로 했으면 9회까지 악착 같이 좇아가는 경기를 한 게임도 못했을 것이다. 바깥 세상의 사람들이 볼 때는 왜 혹사를 하고 무리를 시키느냐 하지만, 그렇게 안 했으면 이 팀은 아무 쓸모없는 팀이 됐을 것이다"라고 나름대로 성장한 시즌이라고 총평했다.

시즌 순위 7위(66승 75패 3무) / **승률** .468 / **PS** 탈락

팀 ERA 9위(5.76) / **최소 실책** 9위(124개) / **타율** 7위(.289) / **OPS** 7위(.793)

투수 WAR	타자 WAR
정우람(2.74)	김태균(6.69)
이태양(2.69)	이용규(4.40)
장민재(2.66)	정근우(4.11)
권혁(2.34)	송광민(2.61)
송창식(1.65)	로사리오(2.33)

단장·감독 충돌, 벤클로 끝난 결별

    2년 연속 포스트시즌 진출에 실패하자 김성근 감독의 거취가 이슈로 떠올랐다. 계약 기간은 3년이었지만 전폭적인 투자와 지원에도 2년간 성적을 내지 못했고, 김성근 감독에 대한 여론도 호의적이지 않았다. 단기 성과를 내기 위해 원나우 모드로 밀어붙였는데 결과가 나지 않고, 팀의 미래마저 불투명했다.

    하지만 한화그룹에선 김성근 감독 거취와 관련해 어떠한 언질도 없었고, 일찌감치 재신임 쪽으로 가닥이 잡혔다. 대신 '견제 세력'을 붙여 김성근 감독의 권한을 축소시키는 방향으로 정리했다. 현장 야구인 출신인 박종훈 전 LG 감독을 단장으로 선임한 것이다. 최초의 1군 감독 출신 단장으로 화제를 모았다.

한화 구단은 박종훈 단장 선임을 발표하며 프런트 혁신을 기치로 내걸었지만, 김성근 감독을 견제하기 위한 목적이라는 걸 야구계 사람들이라면 모두가 알고 있었다. 김성근 감독에게 1군 운영을 맡기는 대신 2군과 전체적인 구단 운영은 박종훈 단장이 책임지는 구조로 나눴다.

한 관계자는 "김성근 감독이 지난 2년간 전권을 가졌지만 결과적으로 잃은 게 너무 많았다. 그룹에서도 2년간 김성근 감독의 공과를 다각도로 검토한 끝에 과중한 업무를 분담하기로 했다"라고 밝혔다. 본격적인 프런트 야구로의 전환으로 김성근 감독 힘 빼기에 나선 것이다.

오랜 세월 함께한 코치들도 해임되면서 김성근 감독도 엄청난 무력감을 느끼고 있었다. 그해 11월 일본 미야자키 마무리캠프에서 만난 김성근 감독은 불면의 밤을 보내고 있었다. "이제 2군 선수들을 가르칠 수 없다. 코칭스태프 구성 권한도 없다. 요즘 내가 할 일이 별로 없다. 지금껏 경험해보지 못한 일들이 계속 일어나고 있다. 내가 이렇게까지 감독을 해야 하나 싶다"며 한탄했다. 눈에 실핏줄이 터진 김성근 감독은 3시간 넘게 답답함을 토로했지만 상황은 바뀌지 않았다.

LG 감독 시절부터 강성이었던 박종훈 단장도 개혁 드라이브를 걸며 일을 하고 있었다. FA 시장에서 일찌감치 발을 뺐고, 방출 선수 영입도 없었다. 김성근 감독 계약 마지막 해로 성적에 모든 걸 걸어야 하는 시기이긴 했지만, 박종훈 단장에게 주어진 임무는 중장기적 유망주 발굴 및 육성, 뎁스 강화로 미래의 전력을 구축하는 것이었다. 그 과정에서 사사건건 충돌했다.

2017년 2월 1일 일본 오키나와 스프링캠프 첫날 아침부터 두 사람은 정면 충돌했다. 박종훈 단장이 훈련장인 고친다구장 그라운드 안에 발을 내딛은 게 발단이었다.

김성근 감독이 "훈련장 밖으로 나가 달라"고 요구했지만 박종훈 단장은 "단장은 그라운드에서 볼 권한이 있다"며 물러서지 않았다. 김성근 감독은 격노했고, 현장과 프런트의 수장이 말다툼하는 모습을 선수들과 스태프들도 봤다. 언론에도 빠르게 알려졌고, 캠프 첫날부터 단장과 감독의 대립 구도가 심화되었다.

김성근 감독은 "야구장에서 바깥에서 소리가 들릴 정도로 말싸움한 건 SK 때 이후 2번째"라며 "선수 체크는 감독의 몫이다. 왜 단장이 그라운드 안에 들어와서 확인하려 하나. 1군 감독까지 한 야구인이라면 당연히 알고 지켜야 할 부분인데 상식대로 하지 않는다"라고 직격탄을 날렸다.

박종훈 단장은 "감독님께선 단장이 운동장에 들어오면 안 된다는 생각을 갖고 계시지만 내 생각은 다르다. 단장은 팀 뎁스를 강화해야 하고, 부족하고 넘치는 부분을 직접 확인해야 하는 의무가 있다. 가까이서 보고 파악해야 하기 때문에 당연히 그라운드에 들어갈 수 있다"며 "어느 조직이든 R&R(역할과 책임)이라는 게 있다. 지금은 감독님과 내가 갖고 있는 개념의 차이가 너무 크다. 우리나라에선 아직 이런 기준이 뚜렷하게 정립이 안 되어서 일이 커진 것이다"라고 시각차를 보였다.

감독과 단장의 불화가 공개적으로 드러났고, 일종의 '노이즈 마케팅'처럼 한화를 향한 관심이 높아졌다. 외국인 투수로 메이저리그에서 이름을 좀 날린 알렉시 오간도, 카를로스 비야누에바를 영입하며 원투 펀치를 구축했다. 프런트와 갈등 속에서도 외국인 투수들에 대해선 김성근 감독도 꽤 만족스러워했다.

시끄러운 겨울이 끝나면서 4월 시즌이 시작되었지만 감독과 단장의 내홍은 개막 3연전이 끝나자마자 수면 위로 떠올랐다. 4월 2일 잠실 두산전을 마친 뒤 김성근 감독이 2군 투수 4명을 대전 홈구장에 불러 직접 확인하겠다고 했지만, 구단에서 불허했다. 권혁과 송창식이 시즌 초반 재활로 빠진 상황에서 투수가 더 필요했던 김성근 감독은 2군 투수들을 체크하고 싶어 했다.

박종훈 단장은 "1군 경기력에 도움이 되는 2군 선수 요청이라면 몰라도 훈련을 위한 목적이라면 단 한 명의 선수도 안 된다. 작년, 재작년에도 이렇게 했지만 구단이 아니라고 판단했다. 그래서 1, 2군 임무를 나눈 것이고 감독님도 받아들이신 부분인데 왜 이제 와서 다시 뺏어오려는지 모르겠다"라고 맞섰다.

2군의 운영 및 관리 주체가 프런트에 있긴 했지만 김성근 감독은 절망했다. "이제 1, 2군 엔트리를 바꾸기 어려울 것이다. 지금 1군에 있는 선수들로만 계속 가야 하는 게 아닌지 모르겠다"라고 토로했다. 두 수장의 갈등 속에 선수들만 난감한 처지였다.

팀이 제대로 굴러갈 리 없었다. 시즌 초반부터 하위권으로 처졌고, 순위 싸움에서 밀려났다. 이윽고 5월 21일 대전 삼성전에서 '사건'이 발생했다. 3회 삼성 투수 윤성환의 공이 김태균을 맞히면서 두 선수가 신경전을 벌였고, 1차 벤치 클리어링이 발생했다. 상황이 정리된 뒤 윤성환이 다음 타자 로사리오를 초구에 맞히자 2차 벤치 클리어링으로 난투극이 벌어졌다. 주먹과 발길질이 오간 살벌한 싸움이었다.

빈볼을 던진 삼성 윤성환과 난투극에 앞장서 주먹을 휘두른 한화 비야누에바가 나란히 6경기 출장 정지 징계를 받았다. 한화 정현석도 5경기 출장 정지 징계로 이탈하면서 한화의 전력 손실이 조금 더 큰 난투극이었다.

정현석이 빠진 자리가 고민이었던 김성근 감독은 서산에서 퓨처스리그 경기를 뛴 김주현과 박준혁을 대전으로 불러 체크하고자 했다. 긴급 상황이었지만 구단은 원칙론을 펼쳤다.

김성근 감독은 "이럴 거면 (야구장에) 나오지 않겠다"며 엄포를 놓았다. 실제 김성근 감독은 다음 날 휴식일에 이어 23일 KIA전이 열리는 대전 한화생명이글스파크에 모습을 드러내지 않았고, 구단은 사의 표명으로 판단했다.

박종훈 단장이 그룹에 보고했고 1군 코치들에게도 같은 말

야신이 떠난 뒤, 이상군 감독대행.

을 한 게 타고 흘러 언론에 전달되어 일이 걷잡을 수 없이 커졌다. 경기를 앞두고 아무것도 몰랐던 선수단도 혼란에 빠졌다.

 선수들은 "감독님이 진짜 사퇴했나? 사실인가?"라며 믿기지 않는 표정을 지었다. 한 선수는 "대체 이게 무슨 일인지 모르겠다. 아직 감독님께 인사도 제대로 못 드렸는데, 마음이 찢어진다"라며 말을 잇지 못했다. 또 다른 선수는 "감독님을 좋아하고 싫어하고 그런 거를 다 떠나서 이렇게 나가시는 건 아닌 것 같다. 이렇게 빨리 나가실 줄 몰랐다"며 착잡해했다. 또 한 명의 다른 선수는 "감독님께 전화를 드렸는데 받지 않으시더라. 감독님과 여러 일이 있었지만 그래도 인사는 드리는 게 도리라고 생각한다. 어떻게 해야 할지 모르겠다"며 난감해했다.

선수단 내에서도 김성근 감독에 대한 호불호가 있었지만 3년째 접어들면서 미운 정 고운 정이 쌓였다. 눈에 보이지 않게 선수들을 챙겨준 김성근 감독의 진심을 선수들도 피부로 느끼고 있었다.

김광수 수석코치가 감독대행 자리를 고사하며 그날 바로 짐을 싸서 구장을 떠났다. 짐을 들고 야구장을 나서는 김광수 코치는 평소처럼 장난을 치지 않았다. 말없이 빙긋이 웃으며 악수만 건넸다.

이상군 투수코치가 감독대행을 맡아 그날 경기를 치렀고, 밤 9시 45분께 한화는 김성근 감독의 사의를 최종 수용하기로 했다고 공식 발표했다.

팬들의 열렬한 지지를 받으면서 최고 대우로 한화에 부임했지만, 이별은 너무나도 급작스럽고 허무하게 이뤄졌다. 난투극이 벌어진 그날 경기가 한화 감독으로서 마지막이었.

5월 24일 대전 한화생명이글스파크를 찾아 선수단과 마지막 인사를 나눈 김성근 감독은 주차장 앞에서 여성 팬들이 건네준 장미꽃 3송이를 흔든 채 웃으며 떠났다.

김성근 감독은 "그래도 시즌은 끝까지 마치고 그만둬야 하는데, 내가 모자라서 이렇게 되었다. 내가 참으면 되는 건데, 참지 못한 내 잘못이다"며 "떠나는 사람이 있어야 새로운 사람이 온다. 인생이 그런 것 아니겠나. 이제 할 일이 없어졌으니 낮에는 자고, 밤에는 술 마시고 지내야겠다"라고 마지막 코멘트 남겼다.

말도 많고 탈도 많았던 2년 반의 한화 감독 생활을 마친 야신은 그렇게 다시 야인으로 돌아갔다. 한화에서 성적은 319경기 150승 166패 3무(승률 .475). 성적은 아쉬웠지만 2년 반 내내 좋든 안 좋든 끊임없이 이슈를 쏟아내며 한화를 화제의 중심에 서게 했다. 한화 팬덤도 전국구로 확대되었다.

김태균
86경기 연속 출루의 신화

　김성근 감독이 떠난 뒤 지휘봉은 이상군 감독대행에게 넘어갔다. 1986년 빙그레 창단 멤버로 '컨트롤의 마술사'로 불린 이상군 대행은 이글스 구단 최초의 에이스였다. 통산 100승을 거둔 뒤 은퇴했고, 한화 코치를 오래 지냈다. 2011~2012년 구단 운영팀장을 맡는 등 현장과 프런트를 두루 경험하며 한화를 뼛속 깊이 파악하고 있었던 이상군 감독대행은 5월 24일 대전 KIA전을 앞두고 팀의 수장으로 취재진을 마주했다.

　그는 "지금 부상들이 워낙 많다. 건강한 팀이 되어야 한다. 그 부분에 중점을 두고 코치들과 의견을 나눠서 훈련량도 조절하겠다"라고 말했다. 김성근 감독 재임 기간 내내 투수 혹사부터 선수단 부상 관리에 대한 지적이 끊이지 않았는데, 이상군 대행은 관리 야구를 예고했다. 여러모로 지치고 다친 팀을 수습해야 하는 중책을 안게 된 것이다.

이상군 대행 체제에서 4연패를 추가로 더한 한화는 8연패를 당했다. 하지만 5월 27일 마산 NC전을 시작으로 4연승하며 반등했다. 강제로 하는 특타가 없어지며 선수단에 자율이 주어졌다. 시켜서 하는 훈련에 익숙해졌던 선수들은 스스로 찾아 운동을 하기 시작했다.

5월 30일 대전 두산전을 마친 뒤 김태균과 로사리오가 자발적으로 야간 특타를 했다. 이날 경기를 승리하고 기분 좋게 하이파이브를 한 선수단 뒤에 "특타 준비한답니다"라는 훈련 보조 스태프들의 목소리가 들렸다. 관중이 모두 빠져나간 적막한 그라운드에서 두 선수가 번갈아 치는 타구 소리가 들렸다.

당초 20분만 치고 가겠다는 김태균은 로사리오가 멈추지 않자 쭉 이어갔다. 경기 종료 후 1시간 20분이 지난 밤 11시 10분이 되어서야 야간 특타를 마친 그는 "로사리오가 외로울까 봐 같이 특타한 것이다. 혼자 두고 가긴 그렇다"라고 말했지만 타고난 재능만큼 보이지 않는 곳에서 노력하는 선수였다.

일반인의 눈에 잘 보이지 않는 미세한 변화를 끊임없이 추구했고, 잠들기 전까지 자신만의 타격 밸런스를 잡기 위해 신경 썼다. 동료들의 증언에 따르면 방 안에서도, 엘리베이터 거울을 보면서도 틈틈이 타격 동작을 취했다. 김태균은 "쉴 때는 쉬지만 뭔가 생각나면 몸에 배일 수 있게 하려 한다"라고 말했다.

그 시기 김태균은 역대급 기록 행진을 펼쳤다. 2017년 8월 7일 대전 NC전부터 이어온 연속 출루 기록이 50경기, 60경기, 70경기, 그리고 80경기까지 넘어섰다. KBO 리그 펠릭스 호세의 63경기(2001~2006년), 일본프로야구 스즈키 이치로의 69경기(1994년) 기록을 깬 데 이어 메이저리그의 '마지막 4할 타자' 테드 윌리엄스가 갖고 있던 84경기까지 넘어섰다.

6월 1일 대전 두산전 8회 마지막 타석에서 좌측 2루타를 치면서 윌리엄스 기록과 타이를 이뤘다. 6월 2일 대전 SK전에선 1회 첫 타석부터 우전 안타를 터뜨리며 한미일 프로야구 최초 85경기 연속 출루 신기록을 세웠다. 6월 3일 SK전도 1회 첫 볼넷으로 86경기까지 기록을 늘린 김태균은 6월 4일 SK전에서 4타수 무안타 무사사구로 끝나며 대기록을 마감했다.

그날 경기 전 이상군 대행은 "태균이가 아까 쳤는데 또 친다"며 애잔하게 바라봤다. 첫 번째 조로 타격 훈련을 마쳤는데 금세 또 배트를 들고 마지막 조 훈련에 들어갔다. 남들보다 족히 2배의 훈련을 했다.

기록이 계속 이어지면서 주변의 관심과 기대도 점점 커지니 김태균이 느끼는 압박감도 커졌다. 하지만 대기록에 다다른 그 시점에 김태균은 스스로 느끼기에 오히려 타격감이 바닥이었다.

2017년 김태균 선수의
KBO 리그 역대 최다 연속 경기 출루 신기록 달성.

"솔직히 마음 편하게 좋지 않은 부분을 고쳐 나가고 싶었는데 매일 결과를 내야 하는 기록이라 부담이 되었다. 빨리 기록이 끊기길 바라는 마음도 있었다"라고 털어놓았다.

밤잠을 이루지 못할 정도로 스트레스를 받았고, 기록이 끊긴 날 홀가분해졌다. 경기 후 그는 "기록이 깨진 것보다 팀 패배가 더 아쉽다. 언젠가 깨질 기록이었다. 마지막 타석에서 잡히긴 했지만 나의 감을 찾은 스윙이 된 것에 만족한다"라고 말했다.

86경기 연속 출루 기간 김태균은 타율 .390(328타수 128안타) 20홈런 96타점 55볼넷 3사구 출루율 .477을 기록했다. 그 기간

규정 타석 타자 40명 중 타율, 출루율 모두 1위였고 홈런도 4위였다.

커리어 중반까지 거포로 이름을 날린 김태균이었지만 일본에서 돌아온 뒤에는 극강의 선구안까지 갖춰 출루 머신으로 진화했다. 시대와 리그 수준 차이가 있지만 한미일 프로야구 최초 86경기 연속 출루는 엄청난 선구안과 꾸준함이 있어야 가능하다. "기록을 깰 만한 선수가 없을 것 같다"는 말에 김태균은 "왜 없겠나. 누군가 깰 것이다"라고 말했다. 그로부터 8년이 흘렀지만 근처에 간 선수가 한미일 어디에서도 나오지 않고 있다.

김태균의 분전 속에 한화는 이상군 대행 체제에서 순조롭게 팀을 수습했다. 6월 10일 대전 삼성전에서 선발 투수 배영수가 9이닝 2실점 무사사구 완투승을 거두며 5연패를 끊었고, 이틀 뒤 한화는 잔여 시즌을 이상군 대행 체제로 치르겠다고 공식 발표했다. 시즌 도중 새로운 감독을 찾기에는 풀이 제한되어 있었고, 이상군 대행의 부드러운 리더십과 순리를 거스르지 않는 운용이 지친 선수단에 안정을 불러왔다.

하지만 이미 5강권에서 멀어진 한화는 더 이상 추가 동력을 얻지 못한 채 8위로 시즌을 마쳤다. 이상군 대행은 100경기를 지휘하며 43승 56패 1무(승률 .434)를 기록했다. 성적은 아쉬웠지만 투수 김재영, 박상원, 내야수 오선진, 외야수 이동훈 등 젊은 선수들에게 기회를 주면서 부상이나 지친 선수들을 무리하게 쓰지 않았다.

시즌 최종전이었던 10월 3일 대전 NC전을 앞두고 이상군 대행은 "시간이 금방 지나갔다. 감독대행을 맡아 처음에는 정신이 없었다. 야구가 어렵다는 걸 느꼈다. 코치와 책임자 역할은 다르다. 많은 걸 배운 시간이었다"며 "프로는 이기는 게 우선인데 8위는 잘했다고 보기 어렵다. 그래도 투수 쪽에서 나름대로 분업화를 하며 무리한 운영을 하지 않으려 했다. 그 부분은 내가 생각한 대로 되었던 것 같다. 앞으로 어떻게 될지 모르겠지만 좋아하는 산도 다니겠다"며 사람 좋은 미소를 지었다. 그날 한화는 NC와 연장 12회 접전 끝에 8-8로 비겼다.

6월 16일 수원 KT전에서 4연타석 홈런을 터뜨리는 등 한화에서 2년간 중심 타자로 활약한 로사리오에게도 마지막이었다. 이미 미국과 일본의 러브콜을 받고 있어 한화를 떠나는 게 확실시되었던 그는 고별 인터뷰에서 "처음 한국에 왔을 때보다 여러 가지로 좋아졌다. 기술적으로나 정신적으로 경기를 준비하는 과정이 좋아졌다"며 "전 세계에서 가장 열성적인 한화 팬들에게 좋은 플레이로 보답할 수 있어 정말 기뻤다. 한화는 내 야구 인생에서 평생 잊지 못할 팀이다. 죽을 때까지 마음속에 항상 한화 이글스를 새겨놓겠다. 한화와 함께한 모든 순간이 특별한 기억으로 남을 것이다"라고 작별 인사했다. 얼마 뒤 그는 일본 한신 타이거즈로 이적했다.

시즌 순위 8위(61승 81패 2무) / **승률** .430 / **PS** 탈락

팀 ERA 8위(5.28) / **최소 실책** 3위(91개) / **타율** 5위(.287) / **OPS** 7위(.785)

투수 WAR	타자 WAR
오간도(3.03)	로사리오(5.07)
비에누에바(3.01)	송광민(3.23)
배영수(2.34)	정근우(3.09)
윤규진(2.28)	김태균(2.45)
정우람(2.10)	하주석(2.23)

그때 미처
못다 한 이야기

둘

한국 야구를 대표하는 명장들을 연이어 지켜봤다. 김응용 감독과 김성근 감독. 두 사람은 프로야구 최고의 명장들이지만 스타일이 완전히 대척점에 있었다. 야구하는 스타일부터 선수단을 이끄는 방법, 심지어 커피 취향까지 전부 다 달랐다. 서로를 은근히 신경 쓰는 모습도 은연 중에 보였다. 두 명장 모두 한화에서 성과를 내지 못하며 명성에 흠집이 난 게 너무 아쉬웠다.

 김성근 감독 시절에는 비판 기사로 욕도 많이 먹었다. 그때는 댓글도 있던 시절이었고, 주변에서 걱정할 만큼 비판의 강도가 상당히 셌다. 처음에는 힘들었지만 시간이 지나고 돌아보니 단단해진 계기가 되었다. 김성근 감독도 그런 말을 한 적이 있다. "아무것도 안 하는 사람들이 욕을 안 먹구나. 욕 먹는다는 건 뭔가를 열심히 한다는 거라고." 그때 정말 열심히 일했다.

그 시기 기억에 남는 선수들로 이양기가 있다. 오랜 2군 생활을 거쳐 2011년 대타 전문 요원으로 1군에서 자리 잡은 이양기는 김응용 감독과 김성근 감독 시기에 한 번씩 기회를 잡아 짧지만 강렬한 임팩트를 보여줬다. 그는 1, 2군 경계선에서 살아남고자 노력하는 선수였다. 체형만 보면 거포 같지만 1군 생존을 위해 짧고 간결한 스윙을 했다.

말이 잘 통하지 않아도 외국인 선수들을 잘 챙겼고, 2군이 있는 서산에 가면 "이 선수 한 번 보라"면서 후배들을 추천할 만큼 마음씨가 넉넉했다.

웃긴 에피소드도 많았다. 2017년 시범경기 때 갑자기 1군 콜업을 받고 직접 운전해서 경기가 열리는 인천까지 갔는데 보안 요원이 알아보지 못해 경기장에 못 들어갈 뻔한 일도 있었다.

2017년 시즌 중 은퇴한 뒤 구단 전력 분석과 타격 코치를 거쳐 현재 동산고 감독을 맡고 있다.

금의환향,
한용덕과 레전드 코치들

    시즌을 마친 뒤 한화는 본격적인 새판 짜기에 들어갔다. 기존 코치 22명 중 11명과 재계약을 포기하며 새 감독을 위한 정리 작업을 시작했다. 11월 일본 미야자키 마무리캠프에 앞서 감독 선임을 마무리하겠다는 큰 틀에서 계획을 세워두고 있었다.

    여러 인사가 후보로 거론되었지만 구단 내부적으로 이미 한용덕 두산 수석코치 겸 투수코치를 단일 후보로 낙점해놓은 상황이었다. 10월 21일 한용덕 코치에게 유선상 연락으로 감독 제의를 했다. 다만 당시 한용덕 코치가 속한 두산이 한국시리즈를 앞두고 있었기에, 한화의 감독 발표는 자연스럽게 한국시리즈 종료 이후로 미뤄졌다. 10월 30일 한국시리즈가 KIA의 우승으로 끝나면서 두산의 시즌이 끝났고, 바로 다음 날 오전 한화의 한용덕 감독 선임이 발표되었다.

27일간 비워져 있던 한화 감독 자리의 주인공이 마침내 모습을 드러냈다. 거물급 감독들을 외부에서 연이어 데려왔지만 실패한 한화는 그룹이 아닌 구단 주도로 감독 선임 작업을 진행했다. 일찌감치 한용덕 감독으로 내부 의견이 모아졌다.

한용덕 감독은 코치 때부터 온화한 성품과 포용력, 섬세한 지도력으로 선수단의 신망이 두터웠다. 한용덕 감독을 처음 본 건 2011년 하와이 스프링캠프 때였다. 당시 코치였던 그는 무더운 날씨 속에서 배팅볼을 던지고 땀범벅이 된 채로 웃통을 벗고 몸에 물을 마구 뿌렸다. 야성미 넘치는 가슴털이 눈에 들어왔지만 목소리는 나긋나긋했고, 선수들 하나하나에 대한 애정이 남달랐다. 겉으로 보이는 외모와 다른 부드러움이 있었다.

하지만 그것도 겉으로만 보고 판단한 것이었다. 나중에 듣기로는 김인식 감독 시절에 투수 교체와 관련해 반대 의견을 내다 2군으로 내려가는 등 쉽게 물러서지 않는 강단 있는 지도자였다. 훗날 김인식 감독도 한용덕 코치의 소신을 인정해 다시 1군에 부를 정도로 인정받는 코치였다.

그 시점에 한용덕 감독은 현장과 프런트를 두루 경험했으며 두산에서 3년을 경험한 것도 플러스 요소였다. '화수분 야구'로 왕조를 이룬 두산에서 3년 동안 '유학'을 다녀온 한용덕 감독은 그 누구보다 한화를 잘 아는 인물이었다. 1987년 한화 전신인 빙그레에 연습생으로 입단해 통산 120승을 거둔 주축 투수로 활약했다. 은퇴 후 구단 스카우트를 시작으로 1, 2군 투수코치, 감독대행, 단장 특별보좌 등 여러 자리를 오가며 28년을 이글스 한 팀에만 몸담았다.

2012년 감독대행을 마친 뒤 다른 팀에서 러브콜이 있었지만 LA 다저스 마이너리그 연수를 택하며 '한화맨'의 길을 걸었다. 하지만 2014년 시즌 후에도 감독 후보에만 올랐을 뿐 별다른 소식이 없자 고심 끝에 '잠시' 독수리 둥지를 떠나기로 결심했다.

당시 한용덕 감독은 "오히려 잘된 것 같다. 마음이 홀가분하고 좋다. 구단에선 계속 하자고 하셨지만 전환점이 필요하다고 생각했다. 특보라는 보직을 오랫동안 하긴 어려울 것 같았다. 현장으로 돌아가고 싶은 생각이 커서 사표를 냈다"며 "한 팀에 너무 오래 있었다. 그동안 볼 수 없었던 뭔가가 있을 것이다. 바깥에서 한화를 바라볼 때도 새로운 것들이 보이지 않을까 생각한다. 한화는 최근 성적이 나지 않았는데 신인 발굴도 잘 안 된 편이다. 두산이 어떻게 새로운 선수들을 배출하는지 직업 안에서 제대로 한 번 배워보겠다"라고 말했다. 그러면서 그는 "두산에서 잘 배워 나중에 기회가 되면 한화에서"라며 나중을 기약했다.

그 기회가 3년의 시간이 흘러서 왔다. 감독 선임이 발표된 10월 31일, 서울에서 대전으로 내려오는 한용덕 감독의 목소리

▶ 2018년도에 새로 부임한 한용덕 감독.

에는 벅찬 감격이 밀려왔다. "3년 전 한화를 떠날 때는 마음이 먹먹했었다. 지금 서울에서 대전으로 운전하며 내려오는데 집에 돌아가는 느낌이다. 정말 감사하고 영광스럽지만 한편으로는 무거운 짐을 어깨에 짊어졌다. 한화 팬들을 실망시켜 드리지 않겠다"라고 말했다.

그러며 이례적으로 'FA 영입 포기'를 선언했다. 새 감독이 선임되면 흔히 'FA 선물'이 주어지기 마련이지만 한용덕 감독은 구단과 함께 육성의 토대를 다지고자 스스로 FA 선물까지 마다하는 결단을 내렸다.

2014~2016년 3년간 7명의 FA 선수들을 영입하며 큰손으로 군림한 한화였지만 박종훈 단장 부임 후 외부 FA 시장에서

손을 뗐다. 고액의 외부 FA 영입보다 내부 육성으로 젊고 지속 가능한 강팀으로 변모하기 위한 밑그림을 그렸다.

한용덕 감독도 "최근 팀의 문제점 중 하나가 FA 선수들을 너무 많이 영입하다 보니 기존 젊고 어린 선수들이 나간 것이다"며 "구단에서 3년의 계약 기간을 주신 건 장기적 비전을 가져 달라는 의미다. 당장 성적이 안 나면 질타를 받을 수 있겠지만, 그것이 내가 짊어져야 할 숙제다. 가능성 있는 선수들과 함께 빠른 시간에 정상을 노려볼 수 있는 팀으로 만들고 싶다"라고 말했다. 박종훈 단장도 "그동안 막연하게 성적만 쫓았다. 이제는 확실한 목표 설정 아래 과정에서부터 뚝심 있게 밀고 나가야 한다"라고 강조했다.

금의환향한 한용덕 감독과 함께 '영구결번 레전드' 장종훈 수석코치와 송진우 투수코치도 컴백했다. 한용덕 감독의 요청으로 빙그레 전성기를 이끈 레전드들이 뭉친 것이다. 한용덕 감독은 "이글스 정신이다. 나도, 장종훈 코치도 연습생으로 시작을 했다. 송진우 코치는 기록으로 보면 모든 걸 다 이룬 선수다. 그런 이글스 정신을 선수들에게 심어주고 싶다"라고 두 코치를 부른 이유를 설명했다. 장종훈 코치와 송진우 코치는 각각 35번과 21번, 선수 시절 영구결번을 재사용하며 화제가 되었다.

롯데에서 3년의 시간을 보내고 돌아온 장종훈 코치는 처음에 한화를 상대하면 강한 승부욕에 불타올랐다. 하지만 어느 순간부터 한화 선수들을 보면 안쓰러운 마음이 들었다. 뼛속까지 이글스맨인 그는 "롯데로 간 첫해에는 이기고 싶은 마음이 강했지만 다음 해부터는 선수들이 짠해 보였다. 지친 모습들이 많이 보였다. 수비할 때마다 처진 모습을 보니 마음이 안 좋았다. 프로 선수라면 훈련을 열심히 많이 하는 것도 좋지만 얼굴에 기름기가 흘러야 한다. 그게 프로 선수다. 훈련한 만큼 재충전의 시간도 필요하다"며 "진짜 잘해야 한다는 생각이 크다. 더 큰 책임감을 느낀다. 한화 출신들이 다시 모였으니 다 같이 합심해서 잘해야 한다"라고 말했다.

방송 해설위원과 국가대표 코치로 3년을 보낸 송진우 투수코치도 "한용덕 감독님이 함께한 동지들을 불러모았다. 다시 한번 팀을 일으켜보는 데 동참하기로 했다. 친정 팀으로 돌아오니 기분은 좋지만 투수들이 부상자가 많아 걱정이다. 기술적인 지도도 필요하지만 정신적인 치유가 우선이다"면서 "이글스 출신 코치들이 많은 건 서로에게 의지할 수 있다는 점에서 큰 장점이 될 것이다"라고 기대했다.

한용덕 감독과 함께 두산에서 온 강인권 배터리코치, 전형도 작전코치도 한화 선수 출신이었다. 1990년대 강팀의 면모를 뽐냈던 이글스 주역들이 영광 재현을 위해 합심했다.

한용덕 감독 체제에서 처음 맞이한 미야자키 마무리캠프는 전쟁 같았던 지난 3년과 확연히 다른 분위기였다. 훈련 강도가 줄었고, 쉬는 날은 완전히 '오프'로 푹 쉬었다.

한 선수는 "충분히 휴식을 갖고 하다 보니 훈련 분위기도 좋다. 이렇게 좋아도 되나 싶을 정도"라며 웃었다. 또 다른 선수는 "이제야 뭔가 좀 여유가 생긴다. 전에는 몸이 너무 힘들었고, 쉬는 날도 쉬는 게 아니었다"라고 솔직하게 말했다.

한용덕 감독은 "선수들이 그동안 알게 모르게 많이 눌려 있었던 것 같다. 훈련하는 것도 좋지만 양이 중요하다고 생각하지 않는다. 절대적 시간보다 얼마나 집중하고, 효율성 있게 할 수 있느냐가 중요하다"라고 강조했다.

2017년 한화는 19명의 선수들이 29번이나 부상을 이유로 1군 엔트리에서 제외되었다. 베스트 전력을 한 번도 이루지 못했다. 훈련 시간뿐만 아니라 선수들의 이동 경로도 최소로 줄여 피로 관리에 집중했다. 이 같은 기조는 다음 해 일본 오키나와 스프링캠프에서도 바뀌지 않았다.

10년 암흑기 끊은
기적의 2018년

2018년 한화는 단연 '꼴찌 후보'로 꼽혔다. 다른 팀들은 특급 외부 FA를 영입하거나 해외파 선수가 돌아왔고, 100만 달러 이상 고액의 외국인 선수들이 포진하면서 달렸다. 반면 한화는 전년 대비 눈에 띄는 전력 보강이 없었고, 외국인 선수 3명도 전부 70만 달러 이하로 몸값이 저렴했다.

스프링캠프 때 어느 한 해설위원은 새 외국인 타자 제라드 호잉의 스윙을 보곤 "저 폼으로는 안 통한다. 5월을 넘기기 어렵겠다"는 냉소적인 평가를 했다. 10년 연속 가을야구 실패한 팀이 뭐 하나 나아진 게 안 보였으니 꼴찌 후보로 평가받아도 이상할 게 전혀 없었다. 2018년은 육성을 위해 인내하는 시기, 가시

밭길의 해가 될 줄 알았다.

하지만 턱수염을 기른 한용덕 감독은 "걱정하면 한도 끝도 없겠지만 긍정적으로 생각하고 있다. 우리 멤버가 다른 9개 팀에 뒤처지지 않는다고 생각한다. 뾰족한 수가 많이 있을 것이다"며 "야수들은 크게 걱정 안 한다. 라인업은 10개 구단 중 톱이라고 본다. 부상 관리만 잘하면 자기 몫을 할 수 있는 선수들이다. 투수 전력은 어느 정도 충분하다고 본다. 조합만 잘 맞춘다면 밀리지 않을 것이다. 육성을 위해 성적을 외면할 순 없다. 팬들께도 예의가 아니다"라고 은근한 자신감을 내비쳤다.

그때만 해도 초보 감독의 패기인 줄로만 알았는데 설마 현실이 될 줄은 꿈에도 몰랐다. '판을 흔들어라(Break the Frame)'라는 시즌 슬로건처럼 리그의 판도를 제대로 흔들었다.

시즌 첫 8경기에선 2승 6패에 그치며 9위로 떨어졌다. 자신만만했던 한용덕 감독의 얼굴에도 수심이 가득했다. 하지만 4월 3일 대전 롯데전에서 난타전 끝에 17-11로 승리한 뒤 조금씩 반등했다. 첫 3경기 연속 부진했던 외국인 투수 키버스 샘슨이 4번째 경기부터 기대했던 1선발의 모습을 보여줬고, 3년 차 사이드암 김재영도 성장세를 보였다.

호잉을 중심으로 타선도 찬스에서 높은 집중력을 발휘했다. 외국인 선수 중 방출 후보 1순위로 꼽혔던 호잉의 대반전이 놀라웠다. 기대 이상 타격뿐만 아니라 주루와 수비에서 한화의 약점을 한 번에 지웠다. 한 베이스 더 노리는 공격적인 주루, 우익수로서 폭넓은 범위와 강한 어깨로 팀에 에너지를 불어넣었다.

사실 스프링캠프 때만 해도 호잉을 바라보는 코칭스태프의 시선은 불안불안했다. 극단적인 오픈 스탠스로 앞으로 쏠리는 타격 자세가 극명한 약점으로 지적되었다. 하지만 불안해하던 한용덕 감독 옆에서 장종훈 코치가 잡아줬다. "공을 보지만 말고 쳐보기도 하라"는 조언을 호잉에게 건네며 기술적으로 크게 건드리지 않고 장점을 살리는 쪽으로 코치했다.

호잉은 "장종훈 코치가 한국과 미국의 다른 점, 루틴에 대해 조언해준 게 도움이 되었다. 그는 야구 지식도 많지만 지금껏 봐온 코치 중 인간적으로도 굉장히 좋은 분이다. 대선수 출신이지만 항상 겸손하게 다가온다"라고 고마워했다.

6월 24일 마산 NC전에서 호잉이 20홈런을 돌파한 날, 장종훈 코치는 "오키나와 캠프 때만 해도 호잉에게 20홈런만 쳐도 만족한다고 했다. 이렇게 빨리 칠 줄 몰랐다"며 놀라워했다.

호잉을 뽑는 과정에서도 장종훈 코치가 있었다. 1순위 영입 후보가 따로 있었지만 계약에 실패했고, 코칭스태프 회의로 호잉을 차선으로 택했다. 한용덕 감독도 반신반의할 때 장종훈 코치는 호잉 영입을 주장했다.

"만약 내가 수석코치가 아닌 타격코치만 했다면 호잉을 안 뽑았을 것이다. 하지만 수석코치로서 팀 전체를 볼 때는 호잉을

2018년도
타선의 중심 호잉 선수.

뽑아야 했다. 타격에서 조금 부족한 게 있어도 수비, 주루가 워낙 좋았다. 우리 팀에 부족한 점을 갖췄고, 국내 선수들에게도 좋은 자격이 될 거라 생각했다"며 "캠프 첫날부터 타구가 필드 안으로 안 들어가고 우측 파울만 나더라. 다들 호잉에 대해 걱정했고, 나도 속이 타들어갔다"라고 떠올렸다.

호잉이 중심이 된 야수진에는 치열한 경쟁 체제도 뿌리내리기 시작했다. 5월 5일 대구 삼성전을 앞두고 부동의 2루수 정근우가 수비 불안을 이유로 2군에 내려갔다. 한용덕 감독은 "나이를 먹은 만큼 예전의 정근우가 아니다. 심리적 영향으로 보이진 않는다. 몸의 움직임이 조금 둔해졌다"라고 냉정하게 지적했다.

그 자리에 고졸 신인 정은원과 함께 강경학이 경쟁을 벌였다. 강경학은 6월에만 4할에 육박하는 타율(.383)로 응원가처럼 '삐까뻔쩍한' 활약을 했다. 포수도 주전 최재훈에게만 의존하지 않고 한 방이 있는 지시완(개명 전 지성준)을 백업으로 붙여 건강한 긴장감을 불러일으켰다.

2루 자리를 내놓은 정근우도 후반기 좌익수로 한 번 기용된 뒤 수비 불안을 드러내자 1루수로 옮겨 시즌을 마쳤다. 이름값이나 포지션에 매달리지 않고 폭넓게 선수들을 활용했다.

자극받고 분발한 정근우는 시즌 중반부터 타격감을 바짝 끌어올렸다. "스스로 돌아보면 내 자리에 안주하고 있었던 것 같다. 다시 도전을 하고 싶었고, 숨어 있던 야구 열정을 다시 깨웠다"는 게 정근우의 말이었다.

무엇보다 불펜의 힘을 빼놓고 설명이 되지 않는 해였다. 젊은 투수들이 성장통에 시달리며 선발진의 힘이 갈수록 떨어졌지만, 불펜은 그렇지 않았다. 리그 정상급 마무리 정우람을 1이닝만 사용한 가운데 송은범, 이태양, 박상원, 안영명, 서균, 김범수, 장민재 등 중간 투수들이 안정감을 보였다.

특히 FA 계약 이후 3년간 부진했던 송은범이 거짓말처럼 부활했다. KIA 시절 선동열 감독도, 한화에 와선 김성근 감독도 살리지 못한 송은범을 살린 사람들은 송진우, 정민태 코치였다. 2군 캠프에서 정민태 코치로부터 배운 투심 패스트볼을 1군에 올라와 던졌고, 송진우 코치는 "직구를 버리자. 직구 던지면 손가락을 잘라버리겠다"는 살벌한 이야기로 송은범의 변신을 이끌어냈다.

이전까지 직구, 슬라이더로 우타자 바깥쪽 위주로 승부했지만 투심을 쓰며 몸쪽까지 활용하는 땅볼 투수로 변모했다. 송은범은 "마지막이란 생각으로 투심을 연습했다. 애증의 송은범인데 응원해준 팬들에게 감사하다. 개인적인 욕심은 없고, 팀에서 시키는 대로 상황에 맞춰 움직이겠다"라고 말했다.

벼랑 끝에서 살아 돌아온 송은범이 불펜에서 전천후로 기용되었고, 선발과 구원을 오가던 이태양도 불펜에서 멀티 이닝을 소화하며 송은범의 부담을 덜어줬다. 2년 차 신예 박상원도 강력한 직구로 힘을 불어넣었고, 사이드암 서균은 5월 19일까지 개막 24경기 15.1이닝 연속 무자책점 행진을 펼치며 '미스터 제로'라는 수식어가 붙었다.

적재적소에 나온 중간 투수들이 실점을 억제하면 한화 타선이 뒷심을 발휘해 역전하고, 9회가 되면 마무리 정우람이 점수를 지키는 게 승리 공식이었다. 그해 선발 평균자책점은 5위(5.46)로 리그 평균 수준이었지만 구원 평균자책점은 1위(4.28)로 양적으로나 질적으로나 최고였다.

5회까지 앞선 55경기에서 50승 5패로 승률 2위(.909)에 오를 만큼 지키는 힘이 대단했다. 35세이브의 정우람은 1996년 구대성 이후 22년 만에 한화 소속 구원왕이 되었다.

2018년은 여러모로 운이 따르는 해였다. 그해 한화처럼 타선이 강하지 않은데 불펜 야구를 하는 팀은 시즌 후반으로 갈수록 힘이 떨어지기 마련인데, 그해에는 자카르타-팔렘방 아시안게임으로 8월 17일부터 9월 3일까지 18일간 시즌이 중단되었다. 아시안게임에 차출된 한화 선수는 정우람이 유일했는데 1이닝 마무리로 철저한 관리를 받고 있어 큰 무리가 없었다. 나머지 지쳐가던 불펜이 꿀맛 같은 휴식을 취하면서 재충전했다. 시즌 막판까지 힘이 떨어지지 않고 버틸 수 있었던 숨은 요인이다.

총 득점과 실점을 기반으로 하는 기대 승률, 이른바 '피타고리안 승률'은 8위(.479)였지만 실제 승률은 3위(.535)로 괴리감이 컸다. 타선의 뒷심과 결정력이 대단했다. 팀 타율 8위(.275), OPS 9위(.763)로 타선이 약했지만 승부처에 몰아치는 힘이 있었다. 77승 중 44승이 역전승이었는데 7회까지 뒤진 경기에서 10번이나 역전승했다. 리그 최다 기록이었다. 끝내기 승리만 무려 8번이었는데 송광민(3회), 정근우, 지시완(이상 2회), 하주석(1회)이 번갈아가면서 승부에 마침표를 찍었다.

6월 21일 청주 LG전에서 송광민은 상대 마무리 정찬헌과 무려 11구까지 가는 긴 승부 끝에 중월 스리런 홈런으로 끝내는 드라마를 썼다. 6월 30일 대전 롯데전에선 3-5로 뒤진 9회 2사 1, 2루에서 지시완이 손승락에게 역전 결승 끝내기 스리런 홈런을 폭발하며 열광의 도가니로 만들었다. 8월 2일 대전 두산전에선 정근우가 2-3으로 뒤진 9회 2사 2, 3루에서 김재윤에게 역전 끝내기 스리런 홈런을 터뜨렸다. 한 해에 끝내기 스리런 홈런만 3방이나 나온 것이다.

호잉과 함께 타선에서 빼놓을 수 없는 타자는 이성열이었다. 개인 한 시즌 최다 34개의 홈런에 102타점을 올리며 한화 중심 타선을 이끌었다. 상대 팀들이 호잉과 승부를 피할 수 없었던 것도 그 뒤에 이성열이 있었기 때문이다.

8월 12일 대전 KT전에서 3회 2사 2, 3루에서 호잉이 고의4구로 나가자 이성열은 만루 홈런으로 응답했다. 한화 국내 타자로는 첫 30홈런을 돌파한 이성열은 호잉과 함께 30홈런 듀오로 활약했다.

시즌 중반부터 주장직을 맡아 선수단을 이끌며 '안경 선배'로 불렸다. LG, 두산, 넥센을 거치며 미완의 대기였던 이성열은 4번째 팀 한화에서 34세의 늦은 나이에 전성기를 맞이하며 리더십도 발휘했다.

"그동안 어려웠던 선수 생활에 보답을 받는 것 같아 좋다"며 스포트라이트를 즐겼다. 한용덕 감독도 "야구를 대하는 절실함, 고참으로서 책임감이 보인다. 인터뷰를 할 때 본인뿐만 아니라 주변을 챙기는 모습을 보면 나도 보고 배워야 할 정도"라며 고마워했다.

9월 28일 대전 두산전 승리로 한화는 남은 8경기에 관계없이 포스트시즌 진출을 확정했다. 2008년부터 2017년까지 이어진 순위 '5886899678' 암흑기를 끊고 마침내 가을야구 초대장을 받은 것이다.

9월 29일 광주 KIA전을 앞두고 만난 한용덕 감독은 "그동안 너무 못해서 팬분들께 너무 죄송했다. 기다려주신 팬들께 가을야구를 보여드릴 수 있게 되어 감회가 새롭다"며 "내가 한 건 별로 없다. 우리 선수, 코칭스태프, 직원 모두가 각자의 자리에서 잘해줬다. 팬들의 열화와 같은 성원을 업고 혼연일체로 하나가 되었기 때문에 해낼 수 있었다"라고 공을 돌렸다.

시즌 최종전인 10월 13일 대전 NC전 승리로 정규 리그 3위를 확정한 뒤 한용덕 감독은 11년 만의 포스트시즌 출정식에서 "사랑하는 팬 여러분들의 열정적인 응원으로 저희가 드디어 해냈습니다. 11년 만에 가을야구, 감사합니다"라고 말했다. 홍창화 응원단장은 "항상 최강한화를 외쳐주셔서 감사합니다. 지금까지 기다린 시간이 헛되지 않았습니다"라며 감격했다.

'최강한화' 육성 응원 속에서 12분간 축하 폭죽이 터졌다. 마치 우승이라도 한 것처럼 밤하늘을 수놓는 폭죽쇼에 한화 관계자는 "우리도 이런 날이 왔다. 11년 만의 포스트시즌인데 이 정도로 성대하게 할 말하지 않은가"라며 감격에 겨운 표정이었다.

시즌 순위 3위(77승 67패) / **승률** .535 / **PS** 진출(준플레이프 넥센전 1승 3패)

팀 ERA 2위(4.93) / **최소 실책** 5위(99개) / **타율** 8위(.275) / **OPS** 9위(.763)

투수 WAR	타자 WAR
샘슨(3.58)	호잉(4.71)
송은범(2.77)	강경학(2.07)
이태양(2.57)	이성열(2.01)
박상원(2.37)	이용규(1.73)
김재영(2.11)	송광민(1.31)

11년 만의 가을야구, 단 4경기의 축제

　한화의 가을야구 상대는 와일드카드 1차전을 잡은 넥센이었다. 2018년 10월 19일 준플레이오프 1차전이 대전 한화생명이글스파크에서 열렸다. 2007년 10월 17일 두산과의 플레이오프 3차전 이후 무려 4,020일 만에 대전에서 치르는 가을야구 경기.
　1만 2,400석 관중석에는 장미꽃이 한 송이씩 꽂혀 있었다. 장미꽃 선물의 주인공은 김승연 회장으로 총비용은 약 4천만 원. 그룹 총수에겐 큰돈이 아니었을 수 있으나 액수를 떠나 오랜 시간 기다려온 이글스 팬들을 향한 진심이었다.
　한화 구단은 "김승연 회장이 열띤 응원에도 불구하고 오랫동안 포스트시즌에 진출하지 못해 이글스 팬들에게 마음의 빚을 갖고 있었다. 김승연 회장의 뜻에 따라 11년을 기다려준 이글스 팬들에게 조금이나마 감사의 마음을 전하는 장미꽃 선물을 하게 되었다"라고 설명했다.

김승연 회장은 "앞으로도 이글스를 통해 더 많은 사람이 야구를 즐기며 행복해지길 바란다. 팬들의 응원, 기대에 부응할 수 있도록 야구단에 더 많은 관심을 갖겠다"라고 약속했다.

김승연 회장이 직관한 1차전에서 한화는 2-3으로 아깝게 졌다. 너무 오랜만에 가을야구를 해서 그런지 선수들이 들떴고 과욕이 화를 불렀다. 투수들은 3점으로 잘 막았지만 야수들이 차

2018년도 준플레이오프 1차전, 회장님의 장미꽃.

분하지 못했다. 7회 2사 2루에서 하주석의 3루 땅볼 때 2루 주자 양성우가 3루를 지나 홈을 노리다 런다운에 걸리면서 이닝이 끝났다. 8회 1사 만루에선 이용규가 초구에 3루 쪽에 높이 뜨는 인필드 플라이를 치며 기회를 날렸다. 득점권에서 15타수 3안타, 잔루 13개로 답답한 경기를 했다.

이튿날 대전에서 계속된 2차전도 5-7로 역전패하며 벼랑 끝에 몰렸다. 경기 시작부터 5타자 연속 삼진을 잡으며 기세를 올리던 샘슨이 4회 2루수 정은원의 포구 실책 이후 임병욱에게 역전 스리런 홈런을 맞았다. 4회 이용규의 2타점 적시타로 재역전했지만, 5회 박상원이 또 임병욱에게 스리런 홈런을 허용했다. 7~8회 불펜이 1점씩 추가로 내주면서 경기가 넘어갔다. 2차전도 잔루 10개로 타선의 연결이 원활하지 않았다. 경기 후 한용덕 감독은 "할 말이 없다. 주자를 모아놓고 큰 게 안 나왔고, 한 선수에게 홈런 2개를 맞은 게 패인이다"라고 했다.

충격적인 홈 2연패를 당했지만 팬들은 구장을 바로 떠나지 않았다. 선수들의 퇴근길에 팬들이 있었다. "힘내세요" "괜찮아요"라며 격려의 목소리를 냈다.

하루 쉬고 장소를 서울로 옮겼다. 10월 22일 고척스카이돔에서 열린 3차전에서 한화는 반격에 나섰다. 벼랑 끝 상황에서 선발로 나선 장민재가 4회까지 한 점도 주지 않는 깜짝 호투로 분위기를 가져왔다. 5회 1사 2루에서 불펜을 쏟아부으며 접전을 이어갔고, 9회 마지막 공격에서 김태균이 해결사로 나섰다. 1차전에서 대타로 헛스윙 삼진을 당한 뒤 2차전에 아예 결장했던 김태균은 3차전에서 5번 지명타자로 첫 선발 출장했다. 3-3 동점으로 맞선 9회 1사 1루에서 바뀐 투수 이보근의 초구를 밀어쳐 우중간을 가르는 1타점 2루타로 결승타를 터뜨렸다.

2007년 10월 12일 대전에서 열린 삼성과의 준플레이오프 3차전 5-3 승리 이후 4,028일 만에 맛본 가을야구 승리. 11년 전 그날에 이어 또 김태균이 결승타를 쳤다. 김태균은 "우리가 허무하게 끝날 팀이 아니라는 걸 보여주고 싶었다. 2연패 후에도 격려해주신 팬들을 보면서 많은 생각을 했다"라고 말했다.

8회 1사 1, 2루 위기 상황에 투입되어 9회까지 책임지며 승리투수가 된 정우람도 "우리 선수들이 오랜만에 포스트시즌을 하다 보니 처음에 긴장한 면이 있었다"며 "팔이 부서지지 않는 한 남은 2경기도 다 나가야 한다"라고 의욕을 불태웠다.

그러나 다음 날 4차전으로 한화의 가을야구는 끝났다. 깜짝 선발로 투입된 신인 좌완 박주호가 4회 1사까지 노히트 호투를 펼쳤지만 4회 첫 실점한 뒤 교체되었고, 타자들도 넥센 신인 안우진의 압도적인 구위에 완전히 눌렸다. 1점 차 뒤진 8회 무사 1,2루 위기에서 정우람을 쓰지 않고 영건 김범수를 택했지만 2실점하며 경기가 완전히 넘어갔다. 2-5로 패하면서 시리즈 전적 1승 3패로 11년 기다린 가을야구가 4경기 만에 종료되었다.

경기 후 한화의 3루 덕아웃에는 적막감이 감돌았다. 선수단과 미팅을 한 한용덕 감독이 "더 올라갔어야 했는데"라며 아쉬워하자 박종훈 단장이 말없이 어깨를 두드렸다. 선수단은 뒤늦게 클럽하우스 식당에서 저녁을 먹었지만 어느 누구도 말을 하지 않았다. 장민재는 "이번에 스타가 되었다"는 구단 관계자의 덕담에도 "팀이 졌는데 무슨 의미가 있겠요"라며 아쉬워했다. 추가 실점의 빌미를 제공한 박상원은 눈물을 펑펑 쏟았다. 호잉을 비롯해 동료 선수들이 박상원을 토닥이며 위로했다.

선수 대표로 주장 이성열이 담당 기자들과 만났다. "선수들 모두 지금 당장은 마음이 힘들 것이다. 어떤 말도 들리지 않을 것이다. 본인들이 잘 추수르고 잘 쉬어야 한다. 시간이 지나면 아픔은 잊힐 거다. 내년에는 더 높은 곳에서 가을야구를 하겠다"라고 말했다.

한용덕 감독은 "선수들에게 오늘을 잘 기억해야 한다고 말했다. 지금 끝난 게 끝난 게 아니라 새로운 시작이라고 했다. 팀을 더 잘 만들어 내년에는 조금 더 높은 곳에서 팬들께 좋은 모습을 보여드리겠다"라고 시즌 마지막 인터뷰를 마쳤다.

가을야구의 여운이 가시기도 전에 한화는 다음을 위한 스텝을 밟았다. 10명의 선수들을 방출한 뒤 베테랑 박정진과 배영수에게 은퇴식을 제안하며 선수단 재편 작업에 들어갔고, 11월에는 일본 미야자키에서 마무리훈련을 했다.

그 사이 외국인 투수를 둘 다 바꾸는 승부수를 던졌다. 탈삼진 1위 샘슨, 가을야구 1선발 데이비드 헤일과의 재계약을 모두 포기하면서 워윅 서폴드, 채드 벨을 영입했다. 기존 투수 중 한 명은 보험용으로 남겨둘 법도 했지만 한용덕 감독은 "고민을 많이 했지만 지금 팀 방향이 안주보다 도전이다"라고 밝혔다.

반대로 외부 FA 영입은 단념했다. 양의지라는 초대형 포수가 FA 시장에 나와 있었고, 구단은 경쟁에 나설 준비가 되어 있었지만 한용덕 감독은 영입을 요청하지 않았다. 한용덕 감독은 "올해 (최)재훈이, (지)성준이가 해준 게 너무 아까웠다. (양)의지가 오면 이 선수들이 죽는다. 우리는 장기적으로 팀을 단단하게 만드는 과정에 있다. 이 선수들과 함께 내부적으로 더 육성해야 한다는 생각이 들었다. 의지가 오면 좋겠지만 기존에 의욕을 갖고 열심히 하던 선수들의 기를 꺾을 수 없었다. 우리 팀의 미래를 보면 (FA 영입은) 큰 그림이 아니다"며 "나무가 아닌 숲을 보고 싶다. 팀이 장기적으로 더 단단해지려면 내부적으로 시간을 갖고 더 육성해야 한다"라고 말했다.

감독이라면 누구나 좋은 선수를 한 명이라도 더 데려오고 싶어 한다. 1군 감독 출신 박종훈 단장도 "저런 감독은 처음 본다"라고 말할 정도였다. 한용덕 감독은 오로지 팀의 미래를 보고 개인의 욕심을 내려놓았다. 프랜차이즈 스타 출신 감독으로 팀에 대한 애정이 없으면 불가능한 결정이었다.

작은 불씨가
연이어 폭탄이 되다

 2018년은 성공적인 시즌이었지만 내부적으로는 불안 요소가 조금씩 싹 트고 있었다. 기대 이상의 성적이 났지만 한화의 기본적인 방향은 젊은 팀이 되는 것이었다. 박종훈 단장과 한용덕 단장에게 주어진 임무가 그랬다.

 한화는 2014~2016년 외부 7명, 내부 6명 포함 13명의 FA 선수들에게 총액 465억 원의 거액을 쓰며 단기간 집중 투자했지만 성과가 나오지 않았다.

 단기 처방보다 장기 시스템 확립이 필요하다는 걸 느꼈고, 중장기적 시선 아래 기초 다지기가 필요했다. 한화는 세대 교체를 해야 했고, 고참 선수들과의 불화는 피할 수 없는 과정이자 파열음이었다. 젊은 선수들이 시즌 초반부터 치고 올라오면서 1군 전력에서 일찌감치 배제된 고참들이 있었다. 중심에서 밀려난 그들로선 팀의 변화를 이해하면서도 달가울 리 없었다.

2군에 있던 일부 고참들은 트레이드를 요청하는 등 퓨처스 분위기도 어수선했다. 2018년 시즌 막판에 주전 3루수 송광민이 문책성 2군행을 당하면서 문제가 표면화되었다.

한용덕 감독은 6월 중순 송광민에게 임시 주장을 맡기며 "선수단 리더는 너"라고 리더십을 주문했다. 고참들이 부상과 부진으로 2군에 내려간 상황에서 팀의 중심을 잡아줄 선수로 공수에서 맹활약하던 송광민을 기대했다. 그러나 이후에도 2군 고참들을 찾는 그의 모습이 못마땅했다. 몸은 1군에 있었지만 2군에서 고생 중인 고참들을 대변하고 있었다.

이후 2번의 부상 과정에서 오해가 쌓이며 일이 커졌다. 취재진과의 인터뷰에서 공개적으로 한용덕 감독이 "열심히 하는 선수들이 있다. 시즌 내내 이어온 원칙과 기조를 무너뜨릴 수 없다"며 아예 포스트시즌 엔트리에서 제외할 가능성도 시사했다. 이후 송광민이 몇 차례 찾아와 진심으로 반성의 뜻을 나타냈고, 한용덕 감독도 "자식 같은 선수를 죽일 수 없다"며 품었다.

송광민 문제는 잘 넘어갔지만 불씨는 남아 있었다. 한용덕 감독과 고참 선수들의 관계가 썩 매끄럽지 않았다. 한용덕 감독은 직설 화법을 구사하는데, 만나서 하는 대화가 아니라 언론 기사나 텍스트로 전달될 때의 '워딩'이 몇몇 선수들에게 서운하게 다가갔다. 그런 뉘앙스로 말한 게 아니었는데 표면 그대로 받아들일 수밖에 없었던 선수들이 오해하는 일들이 몇 차례 반복되었다.

2019년 시즌을 앞두고 2번의 대형 사건이 터진다. 2019년 스프링캠프를 앞두고 권혁이 구단에 방출을 요청한 것이다. 1군 캠프 명단에서 제외된 권혁은 자신이 전력 외가 되었다고 판단했다. FA 4년 계약 기간이 끝나면서 일반 연봉 계약을 해야 했지만 대폭 삭감된 제안을 받은 뒤였다.

권혁은 "돈 때문에 이러는 게 아니다. 한화에 올 때도 그랬지만 난 돈에 연연하지 않는다. 돈 이전에 운동선수다. 돈보다 운동선수로서 다른 중요한 가치들이 있다. 뛸 수 있는 환경에서 많은 경기에 나갈 수 있는 기회를 받고 싶은 마음이다. 지금 한화에선 그 기회가 없을 것 같아 요청한 것이다"라고 말했다.

합의점을 찾기 위한 협상 과정에 있었지만 외부로 알려졌고, 결국 2월 1일 캠프 첫날 자유계약선수로 풀어주기로 결정했다. 트레이드로 다른 팀에 보내고 선수를 받는 방법도 있었지만 한용덕 감독은 "선수 본인이 원했고 대승적인 차원에서 풀어줬다"며 "2군 캠프 배정이 전력 외를 의미하는 건 아닌데 선수가 받아들이지 못하면 어쩔 수 없다. 선수의 마음이 떠난 상황에서 억지로 한다고 해서 될 것 같진 않았다"라고 말했다.

권혁은 한화를 떠나 두산으로 이적했다. 그해 두산에서 마지막 우승 반지를 손에 넣었으니 선수 본인에겐 잘된 일이었지만, 구단으로선 좋지 않은 선례를 남긴 것이었다. 팀의 자산을 아무런 조건 없이 내려놓았으니 전력 손실이기도 했고, 다른 선수들에게 미칠 영향도 있었다. 권혁과 찜찜하게 이별한 지 얼마 지나지 않아 3월 시범 경기에선 이용규가 구단에 똑같이 방출을 요청했다. 시즌을 앞두고 연이어 '방출 요청' 폭탄이 터지면서 구단이 그야말로 발칵 뒤집혔다.

이용규는 3월 15일 대전 SK전 시범 경기를 마친 뒤 구단에 정식으로 트레이드를 요청했다. 불과 2개월 전 FA 재계약을 맺고 팀에 남은 주전 외야수가 개막을 일주일 남겨놓고 팀을 떠나겠다고 선언한 것이다. 한밤중 언론을 통해 알려진 이 소식은 2019년 한화 팀 전체를 흔든 대형 사건이었다.

권혁의 경우 새 시즌 연봉 계약을 맺지 않은 상태였고 확실한 1군 전력이 아니었다는 점에서 비교적 쉽게 풀어줬지만, 이용규는 사안이 달랐다. FA 계약 첫해로 복잡한 계약 문제가 얽혀 있었다. 외야 전향에 나선 정근우에게 자신의 자리였던 중견수 자리를 내주며 9번 타자로 입지가 축소되긴 했지만, 주전 좌익수로 쓰려던 선수였다. 한용덕 감독은 "생각지도 않은 일이 터졌다. 선수는 선수의 본분을, 감독은 감독의 본분을 다해야 한다"는 짧고 굵은 말로 심경을 나타냈다.

일주일 내내 이용규 건으로 야구 뉴스가 도배되다시피 했다. 희망과 기대를 갖고 시작해야 할 시기에 이용규 문제로 선수단 분위기도 뒤숭숭했다.

3월 22일 시즌 개막을 하루 앞두고 한화는 이용규에게 팀 내 최고 징계 수위인 무기한 참가활동정지를 결정했다. 트레이드를 요청한 시기와 방식이 팀은 물론 리그의 질서를 어지럽히고 품위를 심각하게 훼손하는 행위라는 이유를 들었다. 현장 리더십에 금이 간 상태에서 어설픈 징계로는 감독의 위신이 흔들릴 수 있었다. 쉽게 봉합될 수 있는 사안이 아니었다.

평생 중견수로 뛴 이용규를 좌익수로 옮기려 한 건 정근우 때문이었다. 더는 2루수로 뛰기 어려웠던 정근우의 타격을 살리고자 한용덕 감독은 외야 전향을 준비시켰다. 스프링캠프 때 내야 글러브, 외야 글러브, 1루 미트까지 다 챙겨온 정근우는 "자존심을 내려놓는 건 전혀 어렵지 않았다, 쉬웠다. 프로에 자존심이 어디 있나. 당연히 실력이 먼저다. 작년에 2루수로 성적을 내지 못했기 때문에 내 실력을 인정하고 받아들였다. 감독님이 주문하시는 것에 맞춰 움직여야 한다. 어느 자리든 맡을 수 있도록 준비 잘하겠다"라고 말했다. 한용덕 감독도 "워낙 머리 회전이 빠른 선수라 내가 말하기도 전에 준비해 왔더라. 팀 방향에 맞춰 건강한 생각을 갖고 있다. 그런 마음가짐과 자세가 후배들에게 좋은 본보기가 된다"며 고마워했다.

그래서 찾은 자리가 중견수였다. 좌익수는 타구가 휘면서 움직이는 게 많아 외야수 경험이 많지 않은 정근우가 더 어려워했다. 좌우로 커버해야 할 범위는 더 넓지만 중견수에서 타구 처리가 그나마 편했다. 정근우가 중견수로 옮기면서 이용규가 좌익수로 이동했다.

그렇게 좌익수 이용규, 중견수 정근우, 우익수 호잉으로 이뤄진 외야진이 한용덕 감독의 당초 구상이었지만 방출 요청과 함께 없던 일이 되어버렸다. 8월 31일 징계에서 해제된 이용규는 시즌 전체를 결장했다. 한편 중견수 적응에 어려움을 겪으며 타격 성적도 떨어진 정근우는 시즌 후 2차 드래프트에서 LG에 지명되어 한화를 떠났다.

2019년은 류현진이 아시아 투수 최초로 메이저리그 평균자책점 1위를 차지하며 내셔널리그 사이영상 2위에 오른 역사적인 해였다. 류현진 취재 때문에 2번이나 미국에 장기 출장을 가는 바람에 그해 한화는 풀로 커버하지 못했다. 하지만 시즌 전부터 이미 연이은 방출 요청 사건으로 시작부터 꼬인 해였다.

구단 최초로 외국인 투수 2명이 동반 10승을 거뒀지만 구원 평균자책점 10위로 최강이라던 불펜이 1년 만에 붕괴되었고, 타선은 꼴찌 롯데 다음이었다. '중견수 정근우' 카드가 실패로 돌아가며 이용규가 빠진 여파로 외야 수비 약화가 두드러졌다.

결국 58승 86패로 4할대 승률(.403)에 턱걸이하며 최종 순위

9위로 마쳤다. 롯데가 아니었으면 다시 꼴찌였다. 1년 전 3위의 여운이 가시기도 전에 익숙한 하위권으로 주저앉았다.

추락의 원인을 제공한 이용규는 9월 1일 대전 KT전을 앞두고 감독실을 찾아 한용덕 감독과 악수를 나누며 사과했다. 자존심 강하고 좀처럼 굽히지 않는 강직한 성격인 이용규는 취재진 앞에서 여러 차례 사과를 반복하며 고개를 숙였다.

"팀에 너무나도 큰 잘못을 한 걸 알고 있다. 전적으로 제 잘못이다. 죄송한 마음이 크고, 그라운드 안팎에서 성숙하고 모범이 될 수 있도록 하겠다. 기회를 다시 주신 만큼 보답할 수 있도록 노력하겠다"라고 말한 이용규는 트레이드를 요청한 이유에 대해 "내가 경솔했던 부분이다. 당시에 나만 감정적으로 생각하지 않았나 싶다. (팀을 떠난 기간) 야구를 안 봤다고 하면 거짓말이다. 팀이 어려운 상황에서 내 책임이 큰 것 같아 미안함 마음이 많았다"라고 재차 사과했다.

한용덕 감독도 "(이)용규가 항상 머릿속에 들어 있었다. 여러 상황이 있었지만 같은 야구인으로서 선수한테 만회할 기회를 줘야 했다. 나부터 반성했고 이번 일로 많이 배웠다. 함부로 말하면 안 된다는 걸 느꼈다"라고 책임을 나눴다.

시즌 순위 9위(58승 86패) **승률** .403 / **PS** 탈락

팀 ERA 9위(4.80) / **최소 실책** 8위(106개) / **타율** 8위(.256) / **OPS** 9위(.686)

투수 WAR	타자 WAR
채드벨(4.91)	최재훈(4.11)
서폴드(4.85)	호잉(3.80)
정우람(2.82)	정은원(1.56)
장민재(1.08)	이성열(1.51)
김이환(0.80)	김태균(1.32)

단장 정민철,
깜짝 방문 류현진

    2019년 10월 8일, 미국 워싱턴 D.C 내셔널스파크에 있었다. 류현진의 LA 다저스와 워싱턴 내셔널스의 디비전시리즈 4차전이 한창 진행되던 중 한화 구단으로부터 보도자료 한 통이 왔다. 제10대 단장으로 정민철 MBC스포츠플러스 야구 해설위원을 선임했다는 내용이었다. 구단 영구결번 출신 레전드 투수 정민철 단장의 친정 팀 복귀였다. 2014년 투수코치를 끝으로 한화를 떠난 뒤 5년 만에 프런트의 수장으로 돌아오면서 '중장기적 강팀 도약'이라는 미션을 받았다.

    디비전시리즈 4차전을 마친 뒤 만난 류현진도 정민철 단장 선임 소식을 방금 듣고선 놀란 표정이었다. 다저스가 패하면서 클럽하우스 분위기가 무거웠지만 정민철 단장 이야기에 류현진은 "나도 방금 들었다"며 옅은 미소를 보였다.

정민철 단장은 한마디로 '좋은 사람'이었다. 2011년 하와이 스프링캠프 때 처음 대화를 나눈 정민철 당시 코치가 "알로하"라는 하와이식 인사를 건네며 건치 미소를 짓던 모습이 강렬했다. 악수를 건네는데 손이 그렇게 큰 사람은 처음 봤다. 알고 보니 소문난 야구계 왕손이었다. 그 손으로 대포알 같은 강속구와 낙차 큰 커브를 구사한 그는 1990년대 최고 투수로 한 시대를 풍미했지만 스타 의식이 없었다. 수려한 외모 못지않게 뛰어난 언변과 개그맨 뺨치는 재치가 대단했다. 끊이지 않는 팬서비스 미담까지, 야구계에서 가장 모범이 될 만한 존재였다.

2019년 부임한 한화 이글스 정민철 단장.

야구계 속설로 사람 좋으면 꼴찌라는 말이 있다. 사람 좋기로 소문난 정민철 단장이 냉정하게 판단하고 때로는 비정해야 할 단장 자리에 앉았으니 우려의 시선도 없지 않았다.

하지만 그건 바깥에서 보는 일종의 편견이었다. 투수코치 시절 정민철 단장은 선수들과 형들처럼 편하게 어울리면서도 쓴소리를 할 때는 할 줄 아는 양면성 있는 지도자였다.

10월 16일 서산에서 선수단과 상견례하며 단장으로서 첫걸음을 내딛은 정민철 단장은 "바깥에서 비쳐지는 제 이미지가 유한데 전혀 그렇지 않다. 주장 경험도 있고 냉정한 편이다. 걱정하시는 분들도 있지만 내가 해야 할 책무가 있다. 가슴 아파도 팀을 위해 결정할 일은 과감하게 할 것이다"며 "단장이기 때문에 레전드로서 화려함은 아무런 필요가 없다. 서포트하는 위치에 있고 묵묵하고 조용하게 현장을 지원하겠다"라고 취임사를 밝혔다.

그로부터 한 달이 조금 흐른 11월 19일, 류현진이 한화 마무리캠프가 진행 중이던 서산 훈련장을 깜짝 방문했다. 머리를 노랗게 물들인 류현진은 그해 다저스에서 역사적인 시즌을 마치고 FA 자격을 얻은 상황이었다. 여러모로 눈길을 끄는 행보였다.

눈발이 날리는 궂은 날씨에도 류현진은 서울에서 서산으로 2시간 이동해서 내려온 뒤 선수단과 모처럼 해후했다. 예정에 없었던 방문으로 모두가 놀랐다. 정민철 단장은 류현진을 반갑

게 맞이하며 "얼마면 되겠니. (에이전트) 스캇 보라스 오라고 해라"는 농담으로 주변을 웃음 바다로 만들었다.

팀을 떠난 사이 꽤 많은 게 바뀌어 있었다. 류현진과 함께 뛴 한화 선배가 별로 없었다. 몇 안 되는 투수 선배인 안영명이 "어이 뚱보!"라며 류현진을 반겼다. "머리 멋있네, 미국 사람 같다"는 농담에 류현진도 픽 하고 웃으며 안영명의 품에 안겼다. 서산 훈련장 곳곳을 둘러본 류현진은 "처음 봤는데 선수들이 운동만 할 수 있게 잘 만들어 놓은 것 같다. 오랜만에 본 사람들이 많은데 반갑다"라고 말했다.

정민철 단장은 훈련장을 한 바퀴 돈 류현진에게 "네가 지은 거야"라고 말했다. 한용덕 감독도 "여기 서산은 현진이의 산물"이라고 표현했다. 그냥 하는 말이 아니었다.

2012년 시즌 후 포스팅으로 메이저리그에 진출한 류현진은 한화에 2,573만 7,737.33달러를 안겼다. 당시 환율로 약 280억 원에 달하는 거액을 다저스로부터 받았다. 세법에 따라 22% 세금을 내고 약 220억 원이 한화 구단의 통장에 들어왔다.

그 돈으로 한화는 대전 홈구장 리모델링부터 FA 선수 영입, 서산 훈련장 개선 비용 등으로 썼다. 280억 원은 지금까지도 깨지지 않은 한국인 선수 포스팅 최고액이다. 2018년 7월 포스팅 시스템이 개정된 이후 구단이 가져가는 이적료 비율이 낮아졌고, 류현진의 280억 원은 앞으로 깨지지 않을 가능성이 높다.

▶ 정민철 단장, 류현진 선수, 한용덕 감독의 특별한 만남.

2시간 남짓 짧은 시간 있다 갔지만 많은 여운을 남겼다. 류현진을 처음 본 젊은 선수들이 신기해하며 그에게 사인을 받고자 줄을 서기도 했다.

한용덕 감독은 "현진이 얼굴을 보는 것만으로도 어린 선수들한테는 분명 큰 동기 부여가 될 것이다. 현진이 던지는 걸 보면 우리 선수들이 많이 배워야 한다. 메이저리그에선 평균 구속이 떨어지는 편이지만 타자와 수싸움, 제구력, 변화구 완급 조절로 충분히 통한다는 걸 보여줬다. 우리 선수들도 이를 염두에 두고 연습한다면 누구나 류현진이 될 수 있다"라고 말했다. 물론 한용덕 감독은 "현진이는 난사람"이라며 특별한 존재임을 인정했지만 그날 서산 방문은 여러모로 의미가 있었다.

류현진은 언젠가 한화로 돌아올 터였다. 류현진 스스로도 기회가 될 때마다 공개적으로 "한화는 내가 돌아가야 할 곳이다. 100% 돌아간다. 몇 년만 좀 더 기다려 주십시오"라고 말하곤 했다. 선수 말년부터 코치 시절까지 류현진과 오래 함께한 정민철 단장은 "선임 발표가 난 뒤 (류)현진이에게서 연락이 왔다. '오~'라는 말밖에 안 하더라. 제가 단장으로 있을 때 오면"이라며 "지금 당장은 비현실적이지만 마무리는 우리 팀에서 해야 할 선수"라고 말했다. 그해 연말 류현진은 토론토 블루제이스와 4년 8천만 달러에 FA 계약하며 새로운 도전에 나섰다.

FA 영입 실패와
18연패가 남긴 상처

    정민철 단장과의 첫 만남에서 한용덕 감독은 FA 영입을 요청했다. 2018년 3위의 기쁨도 잠시, 2019년 9위로 떨어지며 냉정한 팀 전력의 현실을 확인한 뒤였다. 주전 선수가 부진하거나 다쳤을 때 메워줄 대체 전력이 부족했다.

    "전쟁터에 나갔지만 총알의 부족함을 느꼈다. (포지션) 중복이 되더라도 (전력을) 쌓아놓고 시작했으면 한다"라고 말했던 한용덕 감독이었지만, 끝내 FA 선물은 없었다.

    새해 통화를 나눈 한용덕 감독은 "제 목이 그런가 봐요"라며 웃은 뒤 "팀을 3년째 이끌면서 한 번 정도는 (FA 영입이) 있지 않을까 생각했다. 원래 계획대로라면 이번에 하기로 했지만 상황이 바뀌었다. 아쉽지만 있는 전력으로 잘해보겠다"라고 말했다.

2020년 시즌을 앞두고 한화는 내부 FA 선수 정우람, 윤규진, 김태균, 이성열과 재계약한 뒤 방출 선수로 김문호, 최승준을 영입했다. 롯데와 트레이드로 선발 투수 장시환을 데려왔지만 포수 유망주 지성준을 내주는 출혈도 있었다. 외국인 선수 3명과 전원 재계약했지만 눈에 띄는 전력 보강은 없었다. 징계를 마치고 돌아와 선수단 투표로 주장에 선출된 이용규의 복귀가 가장 큰 전력 상승 요인. 냉정하게, 꼴찌 전력이었다.

코로나19 팬데믹으로 메이저리그 시즌이 무기한 연기되자 KBO 리그에 관심을 보인 ESPN이 2020년 순위를 예상하며 한화를 10위로 꼽았다. '서폴드 한 명만으로는 충분하지 않다'는 ESPN의 한줄평은 곧 사실이 되었다.

5월 5일 문학 SK전에서 서폴드가 완봉승을 거두며 11년 만에 공식 개막전 승리로 기분 좋게 시작했지만 마운드가 급격히 흔들렸다. 또 다른 외국인 투수 채드 벨이 팔꿈치 통증으로 개막 로테이션에 들어오지 못했고, 중간 불펜이 고비를 넘지 못한 채 역전패를 반복했다. 유격수 하주석과 오선진의 동반 부상으로 내야마저 크게 헐거워졌다. 외국인 타자 호잉마저 바깥쪽 변화구 약점이 집중 공략당하며 깊은 침체에 빠졌고, 타선 전체가 물먹은 솜처럼 가라앉았다. 리그 정상급 마무리 정우람이 있었지만 8~9회 리드 상황을 잡지 못하며 개점 휴업이 길어졌다.

5월 23일 창원 NC전 0-3 패배를 시작으로 한화는 기나긴 연패 터널에 빠졌다. 5월 26~28일 대전 LG전, 29~31일 문학 SK전, 6월 2~4일 대전 키움전, 5~7일 대전 NC전, 9~11일 사직 롯데전, 12일 대전 두산전까지 무려 18연패를 당하며 꼴찌로 추락했다.

　1985년 원년 팀 삼미 슈퍼스타즈가 갖고 있던 KBO 리그 역대 한 시즌 최다 18연패 기록을 35년 만에 소환했다. 1985년은 KBO 리그 출범 4번째 시즌으로 선수 수급이 원활하지 않아 팀별 전력 불균형이 심할 때였다.

　1982년 원년 제6구단으로 뒤늦게 참가한 삼미는 어느 팀도 원하지 않던 인천을 연고로 했고, 삼미특수강에서 직장인 야구를 뛰던 감사용을 창단 멤버로 영입할 만큼 선수층이 얇았다. 모기업마저 경영난을 겪은 삼미는 18연패 이후 얼마 지나지 않아 청보로 매각되며 1985년 전기리그를 끝으로 사라졌다. 그런 삼미와 같은 18연패라니, 한화의 부진은 너무 심각했다. 현대야구에서 일어나선 안 될 대참사였다.

　거듭된 연패 속에 할 말은 잃은 한용덕 감독은 취재진과의 자리를 피하기 시작했다. 6월 3일 대전 키움전을 앞두고 주장 이용규가 취재진 앞에 나섰다. 당시 9연패 중이었고, 이용규는 "우선 팬 여러분께 실망스러운 모습을 보여드려 죄송하다. 주장으로서 역할을 잘해야 하는데 제가 부족한 면이 있는 것 같다.

팬들에게도, 선수들에게도 미안한 마음이다"며 고개를 숙였다. 하지만 그 이후에도 연패는 좀처럼 끊기지 않았다.

6월 5일 대전 NC전에선 3회 종료 후 전광판에 박찬호의 응원 영상이 뜨기도 했다. 한화 후배들이 안쓰러웠던 박찬호가 구단을 통해 먼저 응원 영상을 제안했다.

"한화 이글스 후배님들, 요즘 많이 힘들죠? 너무 잘하려고만 하지 말고 부족한 것들을 하나씩 다져주시고, 잘했던 기억들을 계속 상기하면서 다시 한 번 독수리의 날개를 펼 수 있는 도전을 하길 바랍니다. 한화 이글스 파이팅"이라는 박찬호의 진심 어린 응원 메시지에도 불구하고 한화는 그날 2-13으로 대패했다.

이날 경기 전 한용덕 감독은 평소와 달랐다. 유니폼을 입고 펑고 배트를 든 채 1루 관중석 맨 꼭대기에 올라가 한참 동안 그라운드를 내려다봤다. 심상치 않은 분위기가 느껴졌고, 그 다음 달인 6일 NC전을 앞두고 장종훈 수석코치 포함 4명의 코치들이 1군 엔트리에서 사라졌다. 엔트리에 등록되지 않았지만 1군과 동행한 박정진 불펜코치까지 한꺼번에 5명의 코치들이 제외되었다.

분위기 쇄신을 위한 코치 보직 이동은 흔하지만 희한한 건 등록된 코치가 없다는 것이었다. 추후 논의한 뒤 코치 추가 등록을 예고했지만 정상적인 상황이 아니었다. 야구인들은 "이런 경우는 처음 본다. 말도 안 되는 일이다"며 황당해했다. 출근하자

마자 귀가 조치된 코치들도 영문을 몰라 어찌할 바를 몰랐다.

투타 주요 보직 코치 없이 경기를 치러야 했다. 투수코치 없이 경기를 하면서 한용덕 감독이 직접 투수 교체를 위해 마운드에 올라갔다. 불펜에선 정우람이 전화를 받고 코치 역할을 해야 했다. 경기 후 4명의 코치들이 1군에 합류하기로 했다는 구단의 발표가 나왔지만 일반적인 프로세스에서 한참 벗어난 촌극으로 현장과 프런트의 엇박자, 불협화음이 만천하에 드러났다.

다음 날인 7일 한용덕 감독은 모처럼 취재진을 만났다. 코칭스태프 보직 변경과 관련한 질문이 반복되었다. "드릴 말씀이 없다"라고 답한 한용덕 감독은 비슷한 질문에 "따로 말씀드리고 싶은 게 없다"라는 말만 반복했다.

"말씀 안 하시면 억측이 나올 수도 있다"는 한 기자의 말에도 끝내 "드릴 말씀이 없다"라고 했다. 대신 그는 "우리 팀은 앞으로도 계속 야구를 해야 한다. 내년에도 내후년에도 해야 한다. 지금 처져 있긴 하지만 미래를 보고 변화를 줘야 한다. 분위기 전환도 해야 하고 여러 가지가 있을 것이다"라고 말했다. 시즌 초반부터 윗선의 코치진 변경에 대한 압박이 있었지만 한용덕 감독은 말을 아낀 채 스스로 모든 걸 떠안고 갔다.

그날 경기도 한화는 2-8로 졌고, 구단 역대 최다 타이 14연패를 기록했다. 경기가 끝난 뒤 얼마 안 지나 한용덕 감독의 자진 사퇴가 발표되었다. 시즌 개막 30경기밖에 치르지 않은 시점

2020년도
최원호 감독과 정민철 단장.

이었으나 7승 23패(승률 .233)로 성적이 너무 좋지 않았고, 일찍 레임덕이 찾아온 한용덕 감독도 더 이상 버틸 수 없었다.

한화의 10년 암흑기를 깼지만 중도 하차하면서 감독 잔혹사를 피할 수 없었다. 2018년 3위, 2019년 9위로 1년 사이 천당과 지옥을 오가며 한용덕 감독은 극심한 스트레스에 시달렸다.

"길게 보고 팀을 만들려고 했지만 성적이 안 좋으니 힘들더라. 압박감이 생각한 것보다 훨씬 컸다"라고 털어놓기도 했다. '30년 한화맨'의 사명감으로 세대 교체를 각오했지만 성적 부진 앞에선 바람 앞 등불 신세였다. 계약 마지막 해를 앞두고 FA 시장에 나온 '3할 타자' 김선빈 영입을 요청했지만 이뤄지지 않은 게 아쉽게 되었다.

최원호 2군 감독이 감독대행을 맡아 수습에 나섰지만 쉽지 않았다. 1군 지휘봉을 잡자마자 10명의 선수들을 2군에 내려보내는 충격 요법 속에 젊은 선수들을 대거 기용했지만, 4경기를 추가로 더 지면서 결국 18연패 불명예 기록을 쓰고 말았다. 18연패 기간 43득점을 올리는 동안 무려 151실점을 허용하면서 득실점 마진이 -108에 달했다. 경기당 6점 차이로 18연패 기간 대등하게 싸운 경기도 거의 없었다.

6월 13일 대전 두산전도 3-4로 뒤지면서 리그 최초 19연패 위기감이 고조되었다. 하지만 3회 한화 공격 때 우천으로 경기가 중단되었고, 14일 오후 2시 서스펜디드 경기로 미뤄졌다. 앞서 2회 두산 공격 때도 폭우로 1시간 16분이나 중단된 경기가 3회 비로 다시 멈추더니 30분 뒤 서스펜디드가 결정되었다. 두산 선발 유희곤이 43구를 던진 뒤라 다음 날 등판이 어려웠고, 한화로선 나쁘지 않은 비가 되었다.

14일 낮에 재개된 경기에서 한화는 8회 마무리 정우람이 동점을 허용하며 블론세이브를 범했지만 9회 노태형의 끝내기 안타로 7-6 승리를 거뒀다. 노태형의 타구가 좌익수 앞으로 빠진 순간 기자실에서도 박수 소리가 나왔다. 양 팀 관계자들이 모두 있는 기자실에선 특정 팀을 응원하는 게 금기시되지만, 이날만

2020년도 18연패에서 탈출하는 한화 이글스.

큼은 누구도 신경 쓰지 않았다.

무려 23일 만에 승리한 한화 선수들은 환호했다. 7년 차 무명 내야수 노태형의 방망이가 18연패를 끊은 게 화제가 되었다. 난세의 영웅이 된 그는 "야구선수로서 꿈꿔온 순간이 현실로 다가온 게 믿기지 않는다"며 감격했다.

18연패를 탈출한 뒤 홀가분해진 영향이었을까. 서스펜디드 경기가 끝난 뒤 열린 14일 기존 편성된 경기에서도 한화가 3-2로 승리했다. 하루에 2승을 거두며 분위기 반전 계기를 마련했다. 그날 경기 직후 한화는 구단 차원에서 사과문을 띄웠다.

임직원 명의로 올린 사과문에서 한화는 '길고 긴 연패로부터 벗어나게 되었으나 그동안 부진으로 인해 팬 여러분께 죄송스러운 마음을 금할 길이 없습니다. 저희는 현재 상황에 대한 모든 책임을 통감하며 빠른 시일 내 팀의 정상화를 위한 재정비와 쇄신 방안을 마련하겠습니다. 팬 여러분께 보답할 수 있는 유일한 길은 끝까지 포기하지 않고 앞을 향해 계속 나아가는 거라고 생각하며 뼈를 깎는 각오로 위기를 극복할 수 있도록 최선을 다하겠습니다'라며 고개를 숙였다.

이별의 연속,
김태균의 은퇴할 결심

분골쇄신을 외쳤지만 만신창이가 된 팀이 단기간 회복될 리 없었다. 그렇다고 손을 놓고 있을 수도 없었다. 정민철 단장은 투수코치 시절 애지중지하며 키운 이태양을 트레이드 카드로 쓰기로 결심했다.

6월 18일 투수 이태양을 SK에 주고 외야수 노수광을 받는 트레이드를 단행했다. 침체된 타선에 활력을 불어넣고자 애제자를 보낸 정민철 단장은 "(이)태양이가 그만큼 가치를 인정받았기 때문에 (트레이드 카드로) 선택된 것이다. 팀을 옮긴 뒤 새로운 환경에서 더 좋은 모습을 보여주길 바란다"라고 말했다. 이태양은 "11년 동안 뛴 팀이라 쉽게 발길이 떨어지지 않더라. 선수들과 인사를 나누고 나니 눈물이 멈추지 않았다. 단장님은 공과 사가 확실한 분이다"라고 말했다.

트레이드가 처음이라 눈물을 펑펑 쏟은 이태양과 달리 3번째 트레이드로 돌고 돌아 처음 입단한 한화에 온 노수광은 덤덤했다. "꿈을 가졌던 팀에 돌아왔으니 다시 시작한다는 마음으로 하겠다. 한화에 와서 기분이 좋다"라고 차분하게 말하는 노수광의 표정이나 말투에선 큰 감흥이 느껴지지 않았다.

이어 6월 22일에는 호잉을 방출하고, 브랜든 반즈를 대체 외국인 타자로 영입했다. 극심한 타격 부진에 시달리던 호잉의 방출은 예견된 수순이었지만 막상 떠난다고 하니 팬들도 마음이 좋지 않았다. 선수들과 구단 사람들도 무척이나 아쉬워했다.

호잉은 2018년 한화의 가을야구를 이끈 주역으로 어린 선수들의 멘토 역할을 자처하며 젠틀한 매너까지 갖춘 한화 사람들이 모두 좋아했다. 호잉의 통역이었던 김지환 씨는 "한 번도 불평불만이나 싫은 소리를 한 적이 없을 만큼 인성이 좋았고, 팀을 위한 마음도 특별한 선수였다. 이런 외국인 선수를 또 볼 수 있을지 모르겠다"라고 말했다.

대전에서 둘째 딸을 낳을 정도로 호잉의 가족들도 한국 생활을 무척이나 마음에 들어 했다. 방출 통보를 받은 뒤 일주일 정도 대전에 남아 신변 정리를 한 호잉을 출국하기 전에 만났다. 시즌 중 떠나는 외국인 선수를 붙잡고 인터뷰한 건 처음이었다.

호잉은 "내가 조금 더 잘했더라면 이런 상황이 안 되었을 텐데, 그래도 3년간 한화에서 야구하며 즐거웠다. 야구는 비즈니스이고, 이 역시 야구의 일부분이다. 기대에 부응하지 못해 팀에 미안한 마음이 크다. 18연패를 끊을 때는 길고 어두운 터널을 빠져나온 기분이었다. (코로나19로 인한) 무관중이라 팬 없이 야구를 한 것도 힘들었다. 야구 선수로서 에너지를 받지 못했다"며 "미국에서 나는 메이저리그, 마이너리그를 오가는 선수였다. 한화는 내게 처음으로 풀타임 시즌을 뛸 수 있게 기회를 준 팀이었다. 내게 경기를 맡기고, 모든 플레이를 할 수 있게 도와줬다. 잊을 수 없는 팀이다. 야구를 하면서 이렇게 과분하게 사랑을 받을 수 있었다는 것에 감사하다. 정말 행복한 시간이었다"라고 작별 인사를 건네며 웃었다.

이별과 만남의 연속. 인생만사 회자정리 거자필반이라 했다. 18연패 후폭풍 속에 한화에선 이별 통보가 이어졌다. 그리고 스스로 팀을 떠나기로 결심한 이들도 있었다.

7월에 투수 송창식이 먼저 은퇴를 선언했다. "팀이 암흑기일 때 많이 던졌다. 팀 성적과 별개로 한화 이글스 자체를 좋아해주시는 팬분들이 정말 많은 것 같다. 그런 팬분들이 있어 지금의 한화가 있고, 나도 그 힘으로 많은 경기에 나가 던질 수 있었다"라고 작별 인사를 했다.

비슷한 시기에 김태균도 은퇴를 고민하고 있었다. 김태균은

▶ 2020년도 은퇴하는 김태균 선수.

8월 15일 대전 삼성전을 끝으로 1군에서 자취를 감췄다. 왼쪽 팔꿈치 충돌 증후군으로 서산 재활군으로 내려간 뒤 2달이 지나도록 복귀 소식이 없었다. 팀이 다시 꼴찌로 추락하며 새 판을 짜야 할 상황에서 김태균은 중대 결심을 했다. 10월 21일 김태균의 은퇴 선언이 발표되었다.

김태균은 이미 시즌 전부터 은퇴를 머릿속에 넣고 있었다. 1월 23일 한화와 1년 총액 10억 원으로 FA 재계약을 체결했는데, 스스로 1년 단기 계약을 제안하고 연봉도 10억 원에서 5억 원으로 깎아 사인했다.

김태균은 "1년 계약이 괜찮은 것 같다. 지난 2년을 아쉽게 보냈고, 스스로 뭔가 안정적인 것보다 동기 부여를 하고 싶었다.

2년이든 3년이든 기간이 보장되는 것도 좋지만 내가 앞으로 얼마나 더 오래 야구를 할 수 있겠나. 마무리를 잘해야 할 시기다. 계약 기간을 보장받아 편하게 야구하는 것도 스스로에게 긴장감을 주고 싶었다. 예전의 김태균으로 돌아가 실력으로 재평가받으면 된다. 팬들에게도 아직 살아 있다는 걸 보여드리겠다"라고 각오를 다졌다.

그러나 부상 악재 속에 에이징 커브가 급격하게 찾아온 김태균은 2020년 커리어 로우를 찍었고, 완전히 새로 시작해야 할 팀의 상황과 맞물려 결단을 내렸다. 틈이 날 때마다 후배들에게 자신의 용품과 장비를 아낌없이 선물하고 음식도 사먹이며 기를 복돋아준 김태균은 더 이상 팀에 부담이 되지 않고자 스스로 배트를 내려 놓았다.

10월 22일 대전 한화생명이글스파크 홍보관에서 은퇴 기자회견을 가진 그는 "안녕하십니까, 한화 이글스 김태균입니다"라고 인사말을 하곤 눈시울을 붉혔다. 손수건으로 흐르는 눈물을 닦으며 감정을 추스르는가 싶더니 이내 "죄송합니다"라고 말한 뒤 고개를 떨궈 2분가량 울었다.

김태균은 "항상 시즌 전에는 팬분들께 '좋은 성적으로 보답하겠다' '팬들과 기쁨을 나누고 싶다'라고 인터뷰했다. 팬들에게 희망을 드렸는데 그 약속을 한 번도 지키지 못해서, 정말 팬들에게 죄송하다"며 울컥했다. 이어 "남은 인생에서도 평생의 한으로 남을 것 같다. 우리 좋은 후배들이 제 한을 풀어줄 것이다. 머지않아 강팀이 될 거라는 희망을 갖게 되었다. 그런 선수들에게 기회가 더 줘야 한다고 생각했다. 후배들이 제 꿈을 이뤄주길 바라는 마음에서 은퇴를 결정했다"라고 말했다.

    너무 급작스러운 은퇴 결정이라는 반응이 있었지만 김태균은 마지막까지 팀을 생각했다. 가능성 있어 보이는 후배들이 2군행 통보를 받고 자신의 방을 찾아 인사하러 올 때마다 마음이 편치 않았다. 서산에서 재활을 하는 동안 한여름에도 땡볕에서 고생하는 후배들을 보면서 마음을 굳혔다.

    김태균은 "선수라면 시작만큼 마무리가 중요하다. 누구나 멋있게 마무리하는 걸 꿈꾸지만 각자 상황이라는 게 있다. 제 상황에선 최선의 결정이었고, 우리 팀 상황상 제가 빨리 결정해주는 게 좋을 거라 생각했다"라고 담담하게 이야기했다.

    김태균은 한화의 자존심이었다. 깊은 암흑기에서 홀로 고독한 날갯짓을 펼치며 분투했다. 야구를 하면서 행복한 순간보다 그러지 않은 순간이 더 많았을 정도로 주변 기대치가 컸고, 거기에 맞춰야 한다는 압박감이 심했다. 앞뒤로 보호해줄 타자가 없어 상대 팀으로부터 집중 견제를 받으며 약 팀의 4번 타자로 버텼다. 한화를 상대하지 않으면서 쌓아올린 기록들은 더 높은 평가를 받아야 했다.

    한화 이글스의 레전드로 남을 김태균의 통산 성적은 2021년

은퇴 경기 포함 19시즌 2,015경기 타율 .320(6,900타수 2,209안타) 311홈런 1,358타점 출루율 .421 장타율 .516 OPS .937.

통산 3천 타석 이상 기준 역대 출루율 3위, OPS 4위, 타율 5위, 타점 7위, 안타 8위, 장타율 11위, 홈런 13위. 정확성과 힘, 선구안을 모두 갖춘 완성형 타자였지만 일본을 다녀온 뒤에는 '똑딱이'라는 소리를 들을 정도로 홈런이 줄었다. 하지만 타선이 약한 한화 팀 사정상 무작정 홈런 스윙만 노리는, 개인적인 야구를 할 수 없었다.

홈런을 치려고 마음먹으면 충분히 더 많이 칠 수 있었을 것이다. 2014년의 일이다. 5월까지 그는 44경기에서 홈런 2개에 그쳤다. 타율은 3할대 중반으로 높았지만 4번 타자로서 장타력이 많이 아쉬웠다. 그래서 '타율 .331에도 칭찬받지 못하는 4번 타자'라는 기사를 썼는데 얼마 지나지 않아 김태균은 연타석 홈런을 쳤다.

경기 후 인터뷰할 때 며칠 전 기사가 마음에 걸렸지만 홈런이 적은 것에 대해 김태균은 "맞는 말인데, 4번 타자가 홈런을 너무 못 치긴 했지"라고 빙긋이 웃으며 쿨하게 대답했다.

한화의 자존심이었지만 그는 자존심만 내세우는 그런 선수가 아니었다. 쿨하게 인정할 건 인정하고 다음 스텝을 밟을 줄 아는 그런 선수였다. 그래서 은퇴 결정도 미련 없이 할 수 있었을 것이다.

김태균이 은퇴 기자회견을 한 그날, 한화는 KIA에 4-10으로 패하며 7연패와 함께 창단 첫 10위 꼴찌가 확정되었다. 꼴찌 확정 다음 날 6명의 선수가 방출되었고, 시즌 종료 후에도 11명의 선수가 대규모로 방출되었다.

주전 중견수 이용규부터 한화 원클럽맨이었던 송광민, 최진행, 안영명, 윤규진 등 베테랑 선수들이 대거 팀을 떠났다. 김태균이 은퇴한 마당에 나머지 베테랑 선수들이 자리를 지키긴 어려웠다.

한화에서만 15년을 뛰고 은퇴를 결정한 송광민은 "단장님에게 구단 방향에 대한 이야기를 듣고 충분히 공감했다. 예상하고 있었고 한 번은 겪어야 할 일이었다. 한 팀에서 오래 했다. 꾸준히 야구할 수 있게 기회를 준 구단과 좋지 않은 성적에도 늘 응원해주신 팬들께 감사하다. 함께할 수 있어서 행복했다"며 "후배들이 좋은 환경 속에서 잘했으면 좋겠다. 어디를 가든 한화를 응원하는 마음은 변치 않을 것이다"라고 작별 인사를 건넸다.

선수들뿐만 아니라 코치들도 9명이나 재계약 불가 통보를 받았다. 그중에는 영구결번 레전드 송진우, 장종훈 코치도 있었다. 정민철 단장은 선수 시절 영광의 시간을 함께했던 선배들을 내보내는 비정한 결정을 내렸다. "가슴 아파도 팀을 위해 결정해야 할 일은 과감하게 하겠다"던 단장 취임 때 했던 말을 그대로 지켰다.

온정주의를 버리고 '악역'을 자처하며 재창단에 가까운 재편 작업에 나선 정민철 단장은 "속상하지만 어쩔 수 없다. 우리는 변화에 드라이브를 걸어야 한다. 기존 사람들과 같이 도전했지만 쭉 하위권에 맴돌았다. 그게 한계라면 노선을 바꾸는 게 맞다. 단기간에 내린 결정은 아니다"며 "개인적으로는 가장 힘든 시간을 보내고 있다"는 말로 인간적인 고뇌도 드러냈다.

떠나는 레전드들도 책임을 통감했다. 송진우 코치는 "팀 성적이 안 나면 새롭게 시작해야 한다. 그렇다면 정리하는 게 맞다. 팀이 어려운 데는 코치들의 책임도 분명히 있다. 분위기 쇄신을 위해 팀이 필요한 결정을 한 것이다"며 받아들였다. 장종훈 코치도 "팀이 잘되길 바라는 마음으로 했는데 그게 참 쉽지 않다. 어려운 상황이라 안타깝지만 잘 수습했으면 좋겠다. 앞으로 강팀이 되었으면 한다"며 "주변에서 정민철 단장을 많이 도와주시길 바란다"는 말을 하고 떠났다.

6년 전에 이어 2번째로 한화를 떠나게 된 레전드들은 마지막까지 품격을 잃지 않았다.

시즌 순위 10위(46승 95패 3무) / **승률** .326 / **PS** 탈락(꼴찌)

팀 ERA 9위(5.28) / **최소 실책** 6위(100개) / **타율** 10위(.245) / **OPS** 10위(.658)

투수 WAR	타자 WAR
김민우(3.02)	최재훈(2.96)
서폴드(2.02)	반즈(1.39)
강재민(2.02)	이용규(1.22)
장시환(1.87)	정진호(1.09)
윤대경(1.39)	정은원(1.06)

그때 미처
못다 한 이야기

셋

    2018년은 지금 생각해도 꿈만 같은 해였다. 매일매일 도파민이 폭발하던 시즌이었지만, 돌이켜보면 그 기간이 너무 짧았다. 다음 해부터 다시 원래의 한화로 돌아왔고, 암흑기가 계속 이어졌다.

    2020년 18연패를 할 때는 체감상 한 달 내내 지는 것 같았다. 실제 18연패 기간은 총 22일이었다. 코로나19로 인한 무관중 시절, 텅 빈 야구장에서의 18연패는 더더욱 비현실적으로 느껴졌다. 공허한 느낌마저 들었다. 프랜차이즈 스타였던 한용덕 감독은 팬들한테 제대로 인사도 못하고 떠나야 했다.

    시즌 후에는 더 많은 사람들이 팀을 떠났다. 오랜

시간 청춘을 바친 팀을 나가게 되었으니 그 심정이 오죽했을까 싶다.

　솔직하게 섭섭함을 드러낸 이들도 있었고 애써 이해하고 받아들이는 이들도 있었지만, 생각은 같았다. "한화는 바뀌어야 한다"는 것이었다.

　그 시기 팀을 떠난 선수 중 한 명이 송광민이었다. 15년을 한화에 몸담았던 그는 "예상하고 있었고, 언젠가 한 번 겪어야 할 일이었다. 한 팀에서 오래 했다. 꾸준히 야구할 수 있게 기회를 준 구단과 좋지 않은 성적에도 늘 응원해주신 팬들께 감사하다. 함께할 수 있어서 행복했다. 후배들이 좋은 환경 속에서 잘했으면 좋겠다. 어디를 가도 한화를 응원하는 마음은 변치 않을 것이다"라고 작별 인사를 건넸다. 방출 후에도 구단의 감사의 의미를 담아 떡을 돌리며 진심을 표했다.

　은퇴 후에는 대전에서 자신의 이름을 걸고 지역 아마추어 선수들을 위한 야구 전문 트레이닝 센터를 운영했다. "앞으로 우리 지역에서 더 좋은 선수들이 많이 나올 수 있게 힘을 보태고 싶다"던 그는 현재 충남중 코치로 후진 양성에 힘쓰고 있다.

외국인 사령탑 수베로와 실패할 자유

최원호 감독대행 체제로 2020년 114경기를 치른 한화는 시즌 후 새로운 감독을 찾아 나섰다. 명망 높은 거물급 감독부터 다른 팀의 경험 많은 코치, 외국인 감독까지 후보로 거론되었다. 처음에 가능성이 낮아 보였던 외국인 감독으로 무게추가 기운 건 박찬혁 신임 대표이사가 선임된 뒤였다.

박정규 전 대표이사가 성적 부진과 팀 내 코로나19 확진자 발생 및 대처에 대한 책임을 지고 9월 초 사임하면서 2개월 동안 대표이사 자리가 공석이었는데, 2015~2017년 마케팅 팀장을 지냈던 박찬혁 대표이사가 그 자리에 온 것이다. 브랜드, 마케팅 전문가로 마케팅 팀장 시절 '나는 이글스다' 광고로 선수단의 투혼과 팬들의 열정을 강렬한 불꽃 이미지로 형상화해 한화가 전국구 인기 구단으로 도약하는 데 힘을 보탰다.

1972년생으로 만 48세, 구단 최초 40대 대표이사라는 점이 상징적이었다. 그쯤 한화그룹도 3세 경영자들이 중심에 서며 젊은 리더십을 전면에 내세웠고, 새로운 감독도 젊고 혁신적인 인물이 될 것으로 예상되었다.

거물급 감독들이 차기 후보로 이름이 오르내렸지만 전면 리빌딩을 해야 하는 한화는 긴 호흡으로 선수 육성에 인내를 가질 수 있는 감독을 찾았다. 처음에 8명의 후보군이 있었고, 그중 4명으로 압축되었다. 국내 지도자 2명이 최종 후보에 있었지만 박찬혁 대표이사가 선임된 뒤 외국인 감독 쪽으로 방향을 틀었고, 그중 한 명이 바로 카를로스 수베로 전 밀워키 브루어스 주루 및 수비코치였다.

2017년 한화에서 1년을 뛰었던 외국인 투수 카를로스 비야누에바에게 리빌딩을 이끌 만한 지도자를 추천받았다. 당시 밀워키 단장 특별보좌로 지내던 그는 수베로 전 코치를 추천하며 성향과 장점을 알려줬다. 11월 21일 정민철 단장이 미국행 비행기에 올랐고, 수베로 전 코치와 직접 만났다.

11월 27일 수베로 감독이 제12대 사령탑으로 공식 선임되었다. 마이너리그 감독으로 15시즌을 이끈 육성 전문가로 중장기적 리빌딩에 나선 한화의 적임자로 판단되었다. 밀워키 코치 시절에는 데이터를 기반으로 한 밀워키의 리빌딩 성공 과정에서 한 축을 담당하기도 했다.

수베로 감독이 선임된 날, 마무리캠프 종료와 함께 감독대행 업무를 끝내고 퓨처스 감독으로 돌아간 최원호 대행은 "저뿐만 아니라 선수들도 새로운 경험을 할 수 있는 기회다. 구단에서 큰 마음을 먹고 어렵게 데리고 오신 감독님이다. 선수들도, 코치들도 많은 걸 빼먹어야 한다"라고 기대했다.

정민철 단장은 "국내의 훌륭한 분들도 염두에 두고 면접을 했지만 다양한 시각으로 바라보기 위해 해외 쪽으로 넓혔다. 직접 만나 보니 준비가 많이 된 분이었다. 우리 구단이 무엇을 원하고 어떤 방향을 잡고 있는지 물어봤다. 제가 면접을 보고 왔다고 해도 과언이 아닐 정도"라며 수베로 감독 열정에 놀라워했다.

말로만 하는 리빌딩이 아니라 진짜로 판을 완전히 갈아엎은 한화는 미국에서 잔뼈 굵은 코칭스태프를 구성했다. 수베로 감독을 보좌할 코치로 마이너리그 감독 21년 경력의 대럴 케네디 수석코치, 메이저리그 올스타 출신 호세 로사도 투수코치, 샌디에이고 파드리스 최연소 메인 타격코치 출신의 조니 워싱턴 타격코치가 선임되었다. 투타 주요 핵심 보직이 모두 외국인들로 꽉 짜여진 것이다.

외국인 지도자들은 선수들에 대한 편견과 선입견 없이 백지상태로 공평하게 평가할 수 있다. 선수들과 수평적 관계 형성도

2021년도 새로 선임된 수베로 감독.

가능하다. 경험 부족한 젊은 선수들이 많은 팀 구성상 잠재력을 끌어낼 수 있을 것으로 기대되었다.

수베로 감독은 한국에 오기 전 구단으로부터 영상으로 된 전력 분석 자료를 넘겨받아 미리 한화 선수들을 체크했다. 구단은 어떤 자료가 필요한지 물었고, 수베로 감독은 "부정적인 것들은 필요 없다. 선수들의 장점만 정리해서 달라"고 주문했다.

"선수들을 만나기 전부터 단점을 보고 싶지 않다. 단점은 내가 직접 보고 난 뒤에 판단하겠다"는 게 수베로 감독의 말이었다. FA 시장에서 중견수 정수빈 영입이 불발되었지만 영상을 본 수베로 감독은 "팀에 재능 있는 선수들이 많아 보인다"며 개의치 않았다.

수베로 감독은 2021년 1월 26일 대전 한화생명이글스파크에서 취임식을 가졌다. 코로나19 시국이라 기자회견은 비대면 화상으로 진행되었다. 수베로 감독은 '신념(Conviction)'이라는 단어와 함께 '실패할 자유(Freedom to fail)'라는 말을 꺼냈다.

페이스북 창업자인 마크 저커버그가 2017년 하버드대학 졸업 연설에서 했던 말로 이 문구는 2021년 한화 선수단의 클럽하우스에도 크게 붙었다. 수베로 감독의 야구 철학으로, 매 순간 크고 작은 실패가 반복되는 야구의 특성상 실패를 두려워해선 안 된다는 메시지였다.

수베로 감독은 "야구는 불확실성과 압박감이 매일 쌓이는 스포츠다. 인생과 마찬가지로 매일 물음표가 존재하는 스포츠이기 때문에 항상 준비되어 있어야 한다. 실패를 두려워하지 않아야 발전하고 나아갈 수 있다"라고 강조했다.

수년간의 부진한 성적으로 실패에 대한 두려움이 어느 팀보다 큰 한화로선 이런 의식 변화가 절실했다. 2월 1일 경남 거제에서 열린 스프링캠프에서 선수단과 처음 마주한 수베로 감독은 "실패할 자유를 보장할 테니 신념을 갖고 뛰어달라. 당장 결과가 좋지 않아도 피해가지 않고 같은 상황에서 다른 결과를 내고 싶어 하는 선수가 신념 있는 선수"라고 목소리를 높였다.

수베로 감독은 열정이 넘쳤다. 코로나19 영향으로 국내에서 치러진 스프링캠프에 살을 에는 듯한 칼바람이 불었지만 수베로 감독의 열정은 추위를 녹일 정도였다. 주루 플레이를 지도할 때는 직접 몸을 날리며 시범을 보이기도 했다.

선수들도 새로운 분위기 속에서 희망의 꿈을 키웠다. 주전과 1군으로 정해진 선수가 별로 없었고, 선수들에겐 누구나 그 자리에 들어갈 수 있는 동기 부여가 생겼다. 강추위에도 한화 캠프에는 어느 때보다 활력이 넘쳤다.

2월 28일 대전으로 옮겨져 치른 2차 스프링캠프에선 '미스터 LG' 박용택 KBSN스포츠 해설위원이 취재 차 방문했다. 은퇴 이후 해설위원으로 첫걸음을 내딛은 박용택 위원은 "선수들이 코칭스태프에 하나라도 뭔가 더 보여주고 싶어 하는 마음이 보인다. 팀에 어린 선수들이 많아졌고, 이전 모습을 잘 모르는 외국인 코치들이 주요 보직에 있다 보니 새로운 시각으로 선수들을 평가할 수 있다. 말 그대로 제로 베이스 상태에서 훈련에 임하는 선수들의 텐션 자체가 확실히 달라 보인다. 캠프에선 경쟁 이야기가 나오면 선수들 마음속에는 어느 정도 정해진 자리가 있다. 그런데 지금 한화는 그런 게 아예 없는 것 같다. 다른 팀들과 다른 유일한 분위기다. 수베로 감독도 일반적인 외국인 감독들과 달리 선수를 붙잡고 10~20분씩 '티칭'을 한다"며 새로운 한화에 대한 느낌을 말했다.

그럼에도 불구하고 한화의 예상 순위로는 10위, 냉정한 전망이 나왔다. 박용택 위원은 "전문가들은 선수 구성이나 전년도 성적을 기반으로 예상할 수밖에 없다. 냉정하게 평가를 해야 하는 위치고, 솔직히 지금 한화 전력만 본다면 최하위가 맞다"라고 말했다. 박용택 위원뿐만 아니라 다른 해설가들의 전망도 다르지 않았다.

시범 경기에서 극단적 수비 시프트로 화제를 일으키며 1위(6승 1패)로 돌풍을 일으켰지만 객관적인 전력상 한화가 10위를 벗어나긴 대단히 어려워 보였다. 구단도 이를 인지하고 있었고, 성적보다 육성에 초점을 맞춰 준비했다.

2021년, 진짜 리빌딩의 첫걸음

    2021년 한화의 개막전 선발 투수는 김민우였다. 외국인 투수가 둘이나 있었지만 김민우를 개막전 선발로 낙점했다. 리빌딩의 일환이었다. 개막전을 이틀 앞두고 대전에서 야간 훈련을 마치고 만난 수베로 감독은 "가능하면 개막전 선발은 한국인 투수가 해야 한다는 게 내 생각이다. 외국인 투수는 매년 누군가 오고 떠날 수 있지만 한국인 투수는 그렇지 않다. 김민우가 한화의 1선발이라는 걸 보여주고 싶었다. 그에게 책임감과 동기를 부여하고자 개막전 선발로 결정했다"라고 밝혔다.

    당장의 승리를 위해서라면 외국인 투수들을 선발로 쓰는 게 승산이 높았지만 3년 계약으로 리빌딩을 각오한 수베로 감독은 조금 더 길게 봤다.

비로 하루 미뤄져 4월 4일 수원 KT위즈파크에서 열린 KT와의 시즌 개막전에서 김민우는 5이닝 2실점으로 잘 던졌다. 타선이 터지지 않았고 9회 김범수가 배정대에게 끝내기 안타를 맞고 2-3으로 패했지만, 수베로 감독의 야구 색깔이 진하게 드러난 경기였다. 당겨치기를 하는 좌타자 강백호가 나올 때마다 유격수가 반대편으로 넘어가 우측 외야에 서고 3루수가 유격수 자리에 위치하며 3루를 아예 비워놓는 극단적인 수비 시프트를 펼쳤다. 강백호는 수비가 없는 곳으로 밀어쳐 안타 2개를 기록했지만 전부 단타였고, 수베로 감독은 "홈런 타자에게 단타 4개는 충분히 내줄 수 있다"며 파격 시프트를 시즌 내내 밀어붙였다.

상대 타자는 물론 아웃카운트와 주자 상황, 볼카운트에 따라 수비 시프트 위치가 계속 조정되었다. 선수들끼리 위치를 놓고 소통을 하다 보니 그라운드 안에서도 시끌시끌했다.

수베로 감독의 파격 야구를 바라보는 외부 시선도 시끌시끌했다. 4월 10일 대전 두산전에서 수베로 감독은 1-14로 뒤진 9회 내야수 강경학과 외야수 정진호를 연이어 마운드에 올렸다. 승부가 완전히 넘어간 경기에서 불펜 소모를 막기 위한 것으로 미국 메이저리그에선 흔한 일이지만, 우리나라 정서에는 꽤 낯설었다. 순수 야수 2명이 한 이닝에 나란히 등판한 것도 리그 최초의 일이었다.

당시 경기를 중계하던 안경현 SBS스포츠 해설위원은 "올스타전이 아니다. 프로는 경기가 끝날 때까지 최선을 다해야 한다. 과연 입장료를 내고 이런 경기를 봐야 하나 싶은 생각이 든다. 저 같으면 안 본다"라고 수위 높은 발언으로 직격하기도 했다. 다음 날 수베로 감독은 "점수 차이가 많이 난 상황에서 불펜을 아껴야 했다. 평범하다고 생각한 일이 이렇게 화제가 될 줄 몰랐다"라고 당황스러워했다.

문화 차이가 있었다. 시즌 초반 수베로 감독은 덕아웃 내 감독 자리를 두고도 심판들과 의견 충돌을 빚었다. 보통 감독들과 달리 수베로 감독은 경기 내내 덕아웃 끝과 끝을 오가며 활발하게 움직이는 스타일이었다. 경기 중에도 선수들과 적극적으로 교감하는 게 미국 시절부터 수베로 감독 스타일이었지만, 심판들이 경기가 진행되는 중 감독 위치 확인이 어렵다는 이유로 제지하기도 했다.

6월 23일 대구 삼성전에선 로사도 코치가 투수를 교체하고자 마운드에 오르다 퇴장당했다. 포수 최재훈을 보며 손가락으로 동그라미 모양을 그린 로사도 코치가 무슨 말을 했고, 공을 전달하고자 마운드로 가던 이민호 심판이 퇴장을 명령했다.

마이크를 잡은 이민호 심판은 "로사도 코치가 투수 교체를 하러 올라오는 도중 '볼 판정 똑바로 보라'는 비신사적인 발언을 해서 퇴장 조치를 했다"라고 장내의 관중에게 알렸다. 로사도 코치는 최재훈에게 4구째 빠진 볼이 스트라이크였는지 물어봤다고 해명하며 욕설은 하지 않았다고 주장했다.

워싱턴 타격코치가 1루 덕아웃 바 위에 종이컵을 올린 걸 두고 이용혁 1루심과 신경전을 벌이기도 했다. 경기 후 심판실에서 만난 이민호 심판은 "투수 통보 의무를 지키지 않고 로사도 코치가 '엄파이어 스트라이크존'이라며 불만을 표시했다. 그 다음 스페인어로 무슨 말을 했는데 똑바로 보라는 뜻 같았다"라고 밝혔다. 이용혁 심판은 "경기 중이기 때문에 흰색 종이컵을 치워줄 걸 요청했다. 케네디 코치는 치웠는데 워싱턴 코치가 불만 가득한 제스처를 취하더라. 일을 크게 만들 수도 없고 답답한 면이 있다"며 한화 외국인 코치들과 소통이 되지 않는다고 토로했다.

9월 26일 잠실 두산전에선 한화 덕아웃 소음을 둘러싼 문제로 강석천 두산 수석코치가 한화 덕아웃을 향해 내뱉은 "베네수엘라 가서 야구하라 그래"라는 말이 인종차별 논란으로 확대되기도 했다. 강석천 코치와 두산 구단이 사과하며 일단락되었지만, 사건의 본질인 덕아웃 소음은 시즌 내내 한화를 상대하는 팀들 사이에서 일종의 방해 작전으로 여겨져 불만이 쌓였다.

상대 팀 감독들은 "오해를 살 수 있는 부분은 안 해야 한다. 문화 차이가 있겠지만 선수들이 경기에 집중해야 하는데 외적으로 방해받는다면 심판이 제지시켜야 한다"라고 입을 모았다. 수베로 감독도 "그동안 내가 해온 야구 스타일과 맞지 않기 때문에 나온 실수다. 그 부분은 인정한다"라고 사과하며 "사인을 알려주거나 어떤 의도를 갖고 소리를 낸 건 아니다. KBO 리그를 무시하는 것도 아니고, 한국 문화를 뛰어넘는 무엇을 하려고 한 것도 아니다"라고 사과의 뜻을 전했다.

KIA와 꼴찌 싸움을 하던 시즌 막바지에는 수베로 감독이 일부 한화 팬들로부터 고의 패배를 종용하는 메시지를 받았다고 털어놓아 논란이 되었다.

2021년 꼴찌는 2023년 신인 드래프트에서 전체 1순위 지명권을 가질 수 있는데 당시 덕수고 2학년 투수 심준석이 괴물로 뜨고 있을 때였다. 팬들 사이에서 '9위보다 10위가 낫다'는 이야기가 계속 나왔고, 수베로 감독 SNS에는 "경기에 져라"는 다이렉트 메시지가 쏟아졌다. 이에 수베로 감독은 "고의로 경기를 지는 건 있을 수 없는 일이다. 그런 의견에 전혀 동의하지 않는다. 지금 선수들이 잘해주고 있고, 리빌딩 과정에서 이기는 습관을 들이는 것도 중요하다. 프로는 매 순간 승리를 위해 노력해야 한다"며 '탱킹(Tanking)'은 있을 수 없다고 목소리를 높였다.

일부러 진 건 아니지만 그해 한화는 결국 또 꼴찌를 했다. 9위 KIA에 8경기 뒤진 꼴찌였다. 고의 패배 종용이 무색할 정도로 전력의 차이를 실감했다. 하지만 말로만 하는 어설픈 리빌딩이 아니라 진짜 허허벌판에서 새로 시작한 리빌딩이었고, 결과보다 내용이 중요한 시즌이었다.

시즌 전 압도적인 10위 후보로 꼽혔고, 6월 23일부터 10위 자리를 벗어나지 못했지만 맥없이 끝난 시즌은 아니었다. 젊은 선수들의 성장세를 확인하며 투타에서 리빌딩 기둥을 세운 의미 있는 시즌이었다. 과정 면에선 성공이라 평가할 만했다.

투수 쪽에선 선발 김민우가 2010년 류현진 이후 11년 만에 14승을 거두며 토종 에이스로 성장했고, 강재민이라는 불펜 필승조도 발굴했다. 야수 쪽에서도 2루수 정은원, 유격수 하주석, 3루수 노시환으로 내야를 세팅했다. 노시환은 홈런 18개를 치며 4번 타자로서 잠재력이 터지기 시작했고, 하주석은 수비 시프트 핵심으로 10홈런 23도루로 공수주에서 활약했다. 정은원은 21세의 나이로 역대 최연소 100볼넷(105개)을 기록할 만큼 극강의 선구안을 앞세워 2루수 골든글러브를 받았다. 시즌 중 군 복무를 마치고 돌아온 김태연까지 맹타를 휘두르면서 20대 젊은 피들이 한화의 전면에 등장했다.

타자들의 동반 성장에는 워싱턴 코치가 있었다. 메이저리그에서도 타격 지도에 있어 인정받는 능력자였던 그는 한화에서도 스트라이크존 컨트롤, 출루율 상승, 인플레이 타구 생산에 중점을 둔 지도 방식을 펼쳤다. 유인구에 쉽게 따라나가던 하주석과 노시환도 공을 참으면서 '개안'에 가까운 변화를 이끌어냈다. 볼넷 비율이 전년도 10위(8.4%)에서 1위(11.5%)로 확 바뀌었다.

한국말로 "가운데, 가운데"를 외치며 타자 각자 자신만의 존

2021년도 젊은 타자들의 동반 성장을 이끈 워싱턴 코치.

을 설정하고, 그 안에 들어오는 공만 강하게 치는 타격 접근법을 세뇌시키듯 반복시켰다. 선수들에게 강요하지 않고 먼저 다가올 때까지 기다리면서 격의 없는 소통을 했다.

최재훈은 "처음에는 워싱턴 코치님과 잘 안 맞는다는 느낌도 있었는데 많이 얘기하면서 좋아졌다"고 고마워했다. 그해 2번 타순을 맡기도 한 최재훈은 개인 최고 출루율(.405)을 기록했다.

10월 14일 대전에서 마무리훈련 때 워싱턴 코치는 한화 선수단과 작별 인사를 했다. 시카고 컵스 타격코치로 메이저리그 복귀가 결정된 워싱턴 코치는 처음에는 웃으며 인사했지만 이내 울컥했다. 정은원의 눈물을 보고선 감정이 올라온 것이다.

1년이라는 짧은 시간에도 정이 깊게 들었다.

워싱턴 코치는 "여러분이 앞으로 보여줄 능력은 무궁무진하다. 여러분의 승리를 위해 나는 미국에서도 '가운데'를 외치겠다"라고 말했다. 주장 하주석은 '가운데 잊지 않을게'라고 적힌 특별 유니폼에 선수들의 사인을 가득 담아 선물했다.

투수 쪽에선 로사도 코치의 관리가 돋보였다. 로사도 코치는 9월 29일 시즌 막판 취재진에 투수 관리 철학을 담은 자료를 서면으로 전달했다. A4 용지 3장 분량의 내용이었다.

9월 25일 잠실 두산전에서 4.2이닝 1실점으로 던지며 데뷔 첫 승을 눈앞에 둔 신인 투수 김기중을 투구 수 79구에 교체하고, 시즌 70이닝을 넘긴 투수 김범수를 1군 엔트리에서 제외하는 등 한화는 철저하게 투수 관리를 하고 있었다.

뉴욕 양키스 피칭 코디네이터로 근무할 때 투수의 급성, 만성 부상 비율과 원인에 대한 내부 연구에 참여한 바 있는 로사도 코치는 단순한 투구 수, 이닝 수가 아니라 신체 역학적 관점에서 관리하고 있다고 밝혔다.

다양한 무게의 고무공을 활용한 '플라이오 케어 루틴'이라는 팔 관리 훈련법을 도입해 부상 예방에 집중했다. 수베로 감독 재임 기간 한화는 외국인 선수들을 제외하고 투수 쪽에서 큰 부상자가 없었다. 치열한 순위 싸움을 하지 않았지만 그 흔한 혹사 논란도 없었다는 건 높이 평가받아야 할 부분이다.

시즌 순위 10위(49승 83패 12무) / **승률** .371 / **PS** 탈락(꼴찌)

팀 ERA 7위(4.65) / **최소 실책** 9위(120개) / **타율** 10위(.237) / **OPS** 9위(.675)

투수 WAR	타자 WAR
킹험(4.59)	최재훈(4.91)
김민우(4.40)	정은원(4.45)
카펜터(3.25)	노시환(4.18)
강재민(2.22)	하주석(2.93)
윤대경(1.71)	김태연(2.26)

FA 철수와 주장 난동, 불안한 시작

성공적인 리빌딩의 첫발을 떼면서 오프 시즌 한화에 대한 관심이 고조되었다. 시즌 막판부터 FA 시장에서 한화가 큰손이 될 거라는 소문이 파다했다. 어느 팀의 관계자는 "한화가 돈이 많다고 하더라. FA는 돈 많이 주는 곳으로 갈 수밖에 없다"며 한화의 FA 영입을 의심하지 않았다. 한화도 부정하지 않았다.

한 관계자는 만약을 전제로 "김재환이랑 박건우, 둘 중 누구를 잡는 게 좋을까요?"라며 의견을 묻기도 했다. 두산에서 FA로 풀리는 특급 외야수 둘 중 한 명은 무조건 이적할 것으로 예상될 때였다. 고민도 하지 않고 "당연히 박건우죠"라고 대답하자 그 관계자도 고개를 끄덕이며 팀에 꼭 필요한 선수라고 동조했다.

그 어느 때보다 외야수 자원들이 넘치는 FA 시장이라 박건우가 아니더라도 한화의 니즈를 충족시킬 매물들이 여럿 있었다. 리빌딩 과정에서 내야진 세팅은 완료했지만 외야진 성장이 미진했던 한화에 FA 외야수 영입은 선택이 아닌 필수로 여겨졌다.

FA 시장이 열리자마자 한화는 내부 포수 최재훈을 4년 54억 원에 눌러앉혔다. 개장 2일 차에 빠르게 계약이 이뤄진 것만큼 예상보다 큰 금액에 모두가 놀랐다. '오버 페이'라는 말도 나왔지만 정민철 단장은 "최재훈이 보여준 경쟁력과 포수 자원을 육성하는 데 오랜 시간이 걸리는 점을 감안해 5년 계약했다"라고 밝혔다. B등급 FA로 운신의 폭을 넓힐 수 있는 최재훈이었지만 "처음부터 FA 등급은 제게 중요하지 않았다. 팬분들이 제게 주신 사랑은 S급 그 이상이다"며 "한화에 왔을 때 10년 이상 이곳에서 함께하겠다고 약속한 걸 지킬 수 있어 좋다"라고 말했다.

2017년 4월 트레이드로 두산에서 온 최재훈은 한화의 오랫동안 이어진 젊은 포수 가뭄을 한 번에 해소한 선수였다. 두산 시절 양의지의 그늘에 가려 백업으로 머물렀지만 한화에 와서 주전의 한을 풀었다. 안정된 수비와 투수 리드, 빼어난 출루 능력을 앞세워 한화 안방을 든든히 지켰다. 트레이드 직후 '10년 주전 포수'를 목표로 했는데 5년 FA 계약으로 한화에서 10년을 뛸 수 있는 기간을 보장받았다.

최재훈을 발 빠르게 잡았지만 한화가 다음 스텝을 밟는다는 소식이 들리지 않았다. 그 사이 다른 팀들이 하나둘씩 FA 영입을 발표했다. 외야수들이 연쇄 이동하면서 FA 시장이 활발하게 움직였지만, 정작 한화는 '정중동'이었다. 한화 관계자는 "내부적으로 치열하게 고민하고 있다. 힘든 시간을 각오하고 진행해온 계획이 있다. FA 영입과 기존 계획의 균형을 잘 맞춰야 한다"며 FA 영입에 한 발 물러서는 듯한 코멘트를 했다.

장기적 관점에서 진행 중인 단계적 리빌딩 대형 FA 영입으로 방향성이 확 바뀌는 걸 우려했다. 2014~2016년 단기 성적에 집중한 나머지 세대 교체까지 실패하며 투자 효과도, 미래 희망도 잃어버린 아픔을 반복하지 않겠다는 의미였다. 결국 12월 중순 한화는 FA 시장에서 '철수'를 선언했다. 여러 대형 투자 건이 맞물려 있던 그룹의 우선 순위에서 야구단이 밀려나는 등 복잡한 내부 사정이 있었지만, 대외적으로 알릴 순 없었다.

FA 영입을 잔뜩 기대했던 한화 팬심이 들끓었다. 변죽만 울리고 빈손으로 끝난 상황을 쉽게 받아들이지 못했다. 한화에 꼭 필요한 외야수가 6명이나 나왔는데, 제대로 된 오퍼 없이 허무하게 끝냈으니 팬심이 폭발하지 않을 수 없었다. 성난 팬들이 그룹 본사에 트럭 시위를 할 정도로 여론이 악화되었다. 한화는 구단 임직원 일동 명의로 사과문을 올렸다.

"한화 이글스에 대한 애정을 보내주시는 팬 여러분께 감사와 함께 송구하다는 말씀을 전합니다. 따뜻한 응원과 발전적인 질책을 보내주시는 모든 팬 여러분들을 소중하게 생각하고 있으며 구단의 육성 기조에 따른 기다림과 인내의 시간을 함께해주신 여러분의 응원, 잊지 않겠습니다. 우리의 방식도 팬 여러분과 함께할 때 의미가 있습니다. 한화 이글스 팬 여러분께 다시 박수를 받을 수 있도록 우리의 과제들을 하나씩 풀어가겠습니다."

그러나 한 번 꼬인 실타래는 쉽게 풀리지 않았다. 2022년은 처음부터 뭔가 단단히 꼬였다. 2022년 2월 1일 거제 하청스포츠타운에서 시작된 한화의 스프링캠프에는 수베로 감독이 없었다. 여권 기한이 만료되어 재발급을 받았는데 고국 베네수엘라의 현지 사정으로 여권을 배송받지 못해 미국에서 발이 묶인 것이다. 케네디 코치가 감독대행으로 선수단을 이끌었지만 감독 없는 캠프는 아무래도 밀도가 떨어질 수밖에 없었다. 류현진이 메이저리그 직장 폐쇄로 친정 팀 한화와 거제에서 함께 훈련하며 분위기를 띄웠지만 활기가 느껴지지 않았.

지난 겨울 FA 빈손 여파인지 구단도 착 가라앉았고, 감독 없는 선수들의 붕 떠서 집중력이 떨어져 보였다. 주장 하주석이 캠프 첫날 "FA 보강은 없었지만 여기 있는 우리들이 충분히 잘할 수 있다. 다들 최약체라고 말하지만 우리가 본때를 보여주자"며 선수들의 전투력을 끌어올리려 했지만 1년 전처럼 새로운 희망 속에서 시작하는 분위기가 아니었다.

2월 17일 수베로 감독의 입국이 확정되었고, 코로나19 시국이라 일주일 자가 격리를 거쳐 2월 25일 대전에서 시작된 2차 스프링캠프부터 합류했다. 조금 늦게 선수들 앞에 선 수베로 감독은 "작년에 우리가 많이 들은 말이 리빌딩이다. 이제 리빌딩 야구는 아니다. 올해는 이기는 야구를 하자"라고 주문했다.

리빌딩이라는 단어를 폐기하면서 이기는 야구를 외쳤지만 총알 없이 전쟁터에 나서는 장수처럼 보였다. 우려는 현실로 나타났다. 개막 6연패로 시작한 한화는 4월 26일 대전 키움전에도 6회까지 상대 선발 안우진에게 11삼진을 당하며 끌려다녔지만 불펜을 공략하면서 5-2로 역전승했다. 7회 결승타를 친 임종찬이 2루에서 주먹을 불끈 쥐며 환호했다.

이날 경기 후 정민철 단장은 한화 담당 기자들과 간담회를 가졌다. 회식 자리에선 결승타 주인공 "임종찬을 위하여"라는 건배사도 나왔다. 하지만 얼마 지나지 않아 임종찬은 돌연 입대했다. 2021년 수베로 감독이 오며 개막부터 100타석 기회를 받아 가능성을 어느 정도 보여줬지만 한계에 부딪쳤다. 2022년에도 비슷한 흐름이 이어졌고, 스스로 돌파구를 위해 입대를 결정한 것이다.

임종찬은 "몸과 정신을 모두 리셋하겠다는 마음으로 군생활을 잘하고 돌아오겠다"며 잠시 팀을 떠났다. 리빌딩은 선수에게 기회만 준다고 해서 쑥쑥 크는 그런 게 아니었다.

한화는 5월에 9연패를 당했다. 5월 26일 대전 두산전에선

3-24, 무려 21점 차의 굴욕적인 패배도 있었다. 류현진 취재를 위해 미국으로 떠나 LA 공항에 도착했을 때 휴대폰으로 결과를 보곤 잘못 본 줄 알았다. 보고도 믿기지 않는 스코어였다.

류현진은 5월 27일 LA 에인절스전에서 5이닝 2실점으로 오타니 쇼헤이와 선발 맞대결에서 이겼지만, 6월 2일 시카고 화이트삭스전에서 4이닝 3실점으로 일찍 내려갔다. 4월에 이어 팔뚝 통증이 재발하면서 스스로 교체를 요청했다. 경기 후 류현진은 추가 휴식을 갖지 않고 등판한 걸 두고 "오늘 경기 전까진 후회하지 않았는데 지금은 조금 후회된다"라고 말했다. 메이저리그 출장을 올 때마다 류현진과 한화 이야기를 종종 하곤 했는데 그때는 그럴 기회가 없었다. 류현진은 그 경기를 끝으로 팔꿈치 인대접합수술, 이른바 '토미 존 수술'을 받으면서 시즌 아웃되었다.

류현진을 보러 미국에 갔는데 샌디에이고 파드리스에서 뛰던 김하성을 더 많이 보고 귀국했다. 돌아와서 한화를 보니 하주석 때문에 난리가 나 있었다. 하주석은 6월 16일 대전 롯데전에서 8회 심판 볼 판정에 과격하게 불만을 나타내다 퇴장을 당했다. 이후 덕아웃에 강하게 헬멧을 집어던졌는데 그게 하필 팅겨져 나오면서 웨스 클레멘스 수석코치의 뒤통수를 맞히는 불상사가 벌어졌다. 이튿날 1군 엔트리에서 말소된 하주석은 KBO로부터 10경기 출장 정지 징계까지 받아야 했다.

하주석은 시즌 전에도 과격한 행동으로 논란이 된 바 있다.

한화의 2021년 시즌을 담은 다큐멘터리 '클럽하우스'에서 하주석은 덕아웃 뒤편에서 배트를 부수며 화를 주체하지 못하는 모습이 나왔다. 수베로 감독이 "우리가 5-0으로 이기고 있다. 우리가 지고 있는 게 아니다. 네가 안타를 몇 개 치든 상관 없다. 네가 리더라면 이런 짓은 하지 말아야지. 팀이 이기고 있는데 왜 이러는 거야. 마지막 경고야"라고 소리치며 강하게 질책하는 장면이 편집 없이 그대로 노출되었다. 과격한 이미지가 생긴 상황에서 헬멧 난동 사건은 하주석을 더 궁지로 몰아넣었다.

2022년도 하주석 선수.

2012년 2차 1라운드 전체 1순위로 입단한 하주석은 한화가 키운 유망주였다. 먼 미래 메이저리거가 되겠다던 꿈 많은 청년이었다. 2016년부터 주전 유격수로 자리잡아 대체 불가 전력으로 활약했지만, 기대치가 워낙 높았고 기복이 심한 타격으로 팬들을 들었다 놨다 했다. 고참 선수들이 대거 떠나면서 27세의 젊은 나이에 주장 완장을 찼지만 너무 무거운 짐이었다.

　　경기 중 감정 컨트롤이 되지 않는 스타일이었지만 평소 하주석은 수더분했다. 인사성도 밝아 구단 사람들부터 기자들한테까지 두루두루 인기가 많았다. 그러나 다큐멘터리 영상에 헬멧 난동 사건까지 더해져 하주석의 이미지는 완전 엉망이 되었다.

　　징계를 마치고 7월 5일 대전 NC전을 앞두고 돌아온 하주석은 "잘못된 행동이었다. 반성 많이 했다. 의도한 건 아니지만 일어난 일이고, 변명하지 않겠다. 팬분들께 항상 좋은 모습 보이면서 더 열심히 하겠다"며 말했다. 그날 2회 첫 타석에 들어서면서 3번이나 90도로 허리 숙여 팬들에게 사과했다. 그리고 나서 초구에 기습 번트를 대며 내야 안타로 출루했다.

　　하주석 사건을 전후로 한화는 10연패를 당했다. 이후에도 4번의 6연패가 있었고, 일찌감치 꼴찌가 확정되었다. 시즌 최종전이었던 10월 8일 창원 NC전도 연장 12회 접전 끝에 5-6 끝내기로 졌다. 3년 연속 10위 꼴찌로 96패는 구단 역사상 한 시즌 최다 패였다. 18연패 불명예를 쓴 2020년 95패보다 더 많은 패배였다. 외국인 투수 4명이 모두 부상을 당할 정도로 운이 따르지 않았지만 역대 한 시즌 최다 2위인 134개의 실책으로 자멸한 영향도 컸다.

김인환이 홈런 16개를 터뜨리며 신인왕 후보로 떠올랐지만, 타격 지표는 전부 최하위로 겨우내 FA 영입을 하지 않은 대가를 치렀다. 시즌 막판 1차 지명 신인 파이어볼러 문동주가 최고 시속 158km 강속구를 뿌리며 데뷔 첫 선발승을 거둔 게 몇 안 되는 위안거리였다. 문동주는 10월 3월 대전 SSG전에서 5이닝 8탈삼진 4실점(3자책점)으로 막고 승리했다. 당시 SSG가 승리

2022년도 위안거리 문동주 선수.

하면 정규 시즌 우승을 확정지을 수 있었지만, 한화는 1회부터 5득점을 몰아치며 대전 홈에서 남의 우승 축포를 막았다.

2022년 시즌 막판부터 수베로 감독에 대한 내부 평가가 크게 떨어졌다. 가장 큰 문제는 역시 성적이었다. 아무리 리빌딩을 각오했다고 해도 너무 이기지 못했다. 역전패가 무려 43번이나 있었는데, 그중 5회까지 리드를 잡고도 역전당한 게 11번이나 있었다. 이길 수 있는 경기를 자꾸 놓치는 수베로 감독을 두고 "승부사 기질이 없다"는 지적이 잇따랐다. "이기는 것에 관심이 별로 없어 보인다"는 비판도 나왔다.

리빌딩 특명을 받고 한화에 온 수베로 감독은 신념이 확고했다. 결과에 관계없이 100타석을 보장하기도 하고, 승부처에서 투수를 교체하지 않거나 대타를 쓰지 않으면서 젊은 선수들이 압박감을 견디고 이겨낼 수 있도록 기다렸다. 잘 친 타자도 다음 날 선발에서 제외되는 등 이기는 야구보다 선수 개개인의 성장에 초점을 맞춰 운영했다.

시즌 마지막 날 그는 "2년 전 한화로부터 계약 제안을 받고 대화를 나눌 때 마음속을 뜨겁게 한 단어가 리빌딩이었다. 그 사명감을 지금도 잊지 않았다. 승패 결과로만 리빌딩을 평가하는 건 오산이다. 결과로 평가하는 걸 이해하고 존중하지만 리빌딩에 대한 나의 비전은 확고하다. 선수들이 더 발전하고, 팀이 성장하는 데 모든 걸 쏟아부을 것이다"고 변함없는 소신을 밝혔다.

시즌 순위 10위(46승 96패 2무) **승률** .324 / **PS** 탈락(꼴찌)

팀 ERA 10위(4.83) / **최소 실책** 10위(134개) / **타율** 10위(.245) / **OPS** 10위(.671)

투수 WAR	타자 WAR
김민우(3.36)	터크먼(4.14)
장민재(3.33)	정은원(3.11)
페냐(1.52)	최재훈(2.22)
라미레즈(1.33)	노시환(1.88)
윤산흠(1.06)	김인환(1.09)

자율 야구의 허점, 한밤중 경질 사태

3년 연속 10위, 10위, 10위로 패배에 지친 팬들의 인내심도 바닥이 났고, 구단 내부에서도 "이대로는 안 된다"는 의견이 우세했다. 일부에선 "이럴 거면 왜 리빌딩을 했는지 모르겠다"는 자조 섞인 목소리도 있었다. 3년 리빌딩을 각오하고 수베로 감독을 데려왔는데 2년 만에 성적 부진을 이유로 감독 교체를 검토하는 게 바람직하지 않다는 의견도 타당했다.

하지만 단순히 결과만 놓고 감독 교체론이 불거진 게 아니었다. 수베로 감독식 자율 야구의 허점이 드러났고, 선수단의 해이해진 기강을 바로 세우기 위해선 변화를 줘야 한다는 주장에 힘이 실렸다.

수베로 감독의 수평적 리더십은 첫해 신선한 바람을 일으켰지만 2년째에는 성적 부진과 함께 힘을 잃었다. 팀 분위기를 다잡아줄 고참 선수가 별로 없는 상황에서 자율 야구는 결국 방임으로 흘렀다. 젊은 선수들이 자신도 모르게 느슨해졌다. 시즌 초반부터 과체중 이슈가 불거졌고, 훈련 시간에 지각해 그날 경기에서 제외된 선수도 있었다. 리빌딩의 기둥이 되었다고 믿었던 젊은 선수들의 성적이 하나같이 뚝 떨어졌다.

한 고참 선수는 "팀 분위기가 어수선하다. 야구가 젊은 선수들로만 되는 게 아니다. 힘든 상황에선 베테랑들이 이끌어줘야 하는데, 지금 (노)시환이를 보면 안타깝다. 시환이가 못 치면 팀이 점수가 안 난다. 그걸 본인도 안다. 그러니까 자기 스윙을 못 한다. 자꾸 밀어치고, 줄루하려고만 하는 것이다. 어린 선수들은 실수도 하면서 크는데, 지금 우리 팀에선 그게 안 된다"며 "선수들이 훈련을 할 때도 생각 없이 그냥 하는 게 보인다. 무엇을 어떻게 해야 할지 플랜이 제대로 나와 있어야 하는데, 그런 것 없이 다들 우왕좌왕하고 있다. 팀이 걱정된다. 빨리 방향을 잡아야 한다"라고 답답함과 우려를 표하기도 했다.

한화는 계약 기간이 1년 남은 수베로 감독 교체를 시도했지만, 최종 단계에서 모종의 이유로 불발되었다. 그 대신 단장이 바뀌었다. 정민철 단장의 3년 계약 기간이 끝나면서 손혁 전력강화 코디네이터가 새로운 단장으로 선임되었다.

이 같은 인사를 단행한 박찬혁 대표이사는 "정민철 단장을 인간적으로 존중한다. 많이 참아줬다. 하지 않은 일로 욕을 먹을 때도 있었지만 단 한 번도 남 핑계를 대지 않았다, 멋있더라. 야구도 차원이 다른 레벨로 잘했고, 퍼펙트 게임이 깨졌을 때도 실수한 포수 핑계를 안 댔다. 처음 경험하는 프런트 생활에서도 그런 마인드가 유효했다, 진짜 멋있었다"며 고마워했다.

3년 내내 고통스러운 리빌딩의 시간을 버텨내며 때로는 악역과 욕받이 역할을 자처한 단장에 대한 존중이었다. 대대적인 선수단 재편으로 팀 리빌딩의 초석을 다지는 역할을 했다. 영구결번 레전드로서 팀에 대한 애정이 없었으면 불가능했을 궂은 일들을 하고 물러났다.

키움 감독 출신인 손혁 단장은 디테일에 강한 인물로 평가되었다. 박찬혁 대표이사는 "어떤 사안이 하나 있으면 8가지 안으로 준비할 만큼 꼼꼼하다"라고 했다. 해설위원 시절에 잠깐 본 손혁 단장은 항상 뭔가를 메모하고 다녔다.

2013년 류현진 취재 때 LA 다저스타디움 프레스룸에서 경기를 보던 손혁 단장은 어느 깐깐한 베테랑 기자로부터 단어 사용에 있어 지적을 받은 적이 있었다. 손혁 당시 해설위원이 "보이지 않는 실책"이라고 말한 걸 두고서 "보이지 않는 실책이 어딨나, 다 보이는데. 기록되지 않은 실책이라고 해야지"라는 날선 말에 "오, 그렇네요" 하고 수긍하며 메모했다.

단장이 된 그는 발 빠르게 움직였다. FA 시장에서 '최대어' 양의지 영입전에 나서며 플랜 B로 외야수 채은성까지 투트랙으로 준비했다. 양의지 영입을 위해 박찬혁 대표이사까지 직접 협상 테이블에 앉았다.

1년 전 FA 빈손에 책임감을 느낀 박찬혁 대표이사는 시즌 중반부터 FA 영입과 관련해 그룹과 직접 소통하면서 준비했다. 대기업 구조상 복잡한 절차가 있었지만 계열사 곳곳을 찾아 넉넉한 자금을 확보했고, FA 영입을 위한 전력보강 TF팀을 꾸려 투트랙 협상을 직접 주도했다.

11월 18일 서울 모처에서 양의지를 만나 준비한 영상 자료도 보여주면서 구단의 비전을 어필했다. 친정 팀 두산의 러브콜을 받고 있던 양의지는 한화의 진정성 있는 제안에 감명받았다. 두산 관계자도 "양의지가 한화 제안에 많이 놀랐다고 하더라. 앞으로 진짜 강팀이 될 것 같다는 이야기를 했다"라고 귀띔했다. 하지만 양의지는 두산 복귀를 결심했고, 11월 21일 밤 늦게 손혁 단장에게 전화를 걸어 "마지막까지 고민했지만 죄송하다"며 정중하게 거절의 뜻을 전달했다.

이에 손혁 단장은 빠르게 채은성에게 총력을 기울였고, 11월 22일 6년 최대 90억 원의 FA 계약이 발표되었다. 육성 선수 출신으로 FA 대박을 친 채은성은 LG에서부터 성실함과 선한 인상, 묵묵한 책임감으로 좋은 평판이 자자한 선수였다. 이런 점도 한화가 채은성에게 거액을 안긴 이유였다.

    FA 계약 직후 만난 채은성은 "첫 홈런도 여기서 기록하고, 대전에서 좋은 기억들이 많다. 한화에서 좋은 조건으로 불러주신 만큼, 그 안에 다 책임감이 있다고 생각한다. 한화에 젊고 활발한 후배들이 많은데 같이 재밌는 야구를 하겠다"라고 소감을 밝혔다.

    7년 만에 이뤄진 한화의 외부 FA 영입에 팬들도 모처럼 환호했다. 이에 그치지 않고 손혁 단장은 투수 이태양, 내야수 오선진까지 외부 FA 영입 3명 한도를 꽉 채웠다.

    이태양과 오선진 모두 한화에서 다른 팀으로 트레이드된 뒤 FA로 다시 돌아왔다. 특히 이태양은 NC의 더 높은 금액의 오퍼를 뿌리치고 한화를 선택했다. "한화에서 데뷔했고, 어릴 때부터 피땀 눈물을 흘린 시간이 있었다. 한화에 좋은 추억이 많고, 가족들도 대전에 있다. (돈을) 조금 덜 받더라도 한화에 돌아올 수 있는 기회를 놓치기 싫었다. 집에 돌아온 것처럼 편하다"는 게 이태양의 말이었다.

    그 중간에 하주석의 음주운전 사건이 터지면서 플랜이 꼬이긴 했다. 하주석은 11월 19일 대전 동구 모처에서 음주 단속에 적발되어 면허 정지 처분을 받았다. 대전에서 마무리훈련 기간에 벌어진 일이라 더욱 충격적이었다. 그 전날 수베로 감독이 추가 수비 훈련을 자청하는 하주석을 보고 "알아서 먼저 뭔가 하는 게 리더의 자세다. 하주석은 항상 더 나아지기 위해 노력하는 선수이자 리더"라고 칭찬한 게 무색해진 사건이었다.

하주석이 70경기 출장 정지를 당하면서 한화는 급하게 전천후 내야수 오선진을 영입했다. 2021년 6월 이성곤과 트레이드되어 삼성으로 떠나며 눈물을 펑펑 흘렸던 오선진은 "이렇게 다시 올 줄 알았으면 그때 그렇게 울지 않았을 텐데. 지금은 눈물이 나지 않는다"며 멋쩍게 웃었다.

FA 3명으로 끝나지 않고 2023년 2월에는 사인&트레이드로 베테랑 외야수 이명기까지 데려왔다. 즉시 전력들을 가득 채우면서 수베로 감독의 계약 마지막 시즌이 다가왔다.

2월 20일 미국 애리조나주 스코츠데일 스프링캠프에서 만난 수베로 감독은 "2년간 기존 선수들이 받을 수 있는 기회는 다 받았다. 이제부턴 스스로 기회를 찾아 자리를 잡아야 한다. 지난 2년과 같은 구도로 흘러가진 않을 것이다"며 경쟁을 부추겼다. 앞서 2년간 리빌딩을 위해 김민우를 개막전 선발로 썼지만 이번에는 승리에 초점을 맞춰 1선발 버치 스미스를 내세웠다.

탈꼴찌를 넘어 5강 경쟁에 대한 기대감으로 한껏 부풀어 오른 시즌이었으나, 개막전부터 큰 사고가 터졌다. 시범 경기에서 강력한 구위를 뿜어내던 1선발 스미스가 4월 1일 고척 키움전 개막전에서 2.2이닝 60구만 던지고 자진 강판한 것이다.

어깨 통증을 느낀 스미스는 검진 결과 근육에 미세 손상이 있었지만, 투구하는 데 큰 지장이 없다는 소견을 받았다. 하지만 커리어 내내 부상이 따라다녔던 스미스는 조심스러웠다. 주사 치료를 받은 뒤 캐치볼 단계에서 더 나아가지 못했고, 한화는 빠르게 그를 방출했다.

순식간에 1선발을 잃은 한화는 외국인 타자 브라이언 오그레디마저 심각한 부진에 빠지며 순식간에 10위로 떨어졌다. 수베로 감독에 대한 평가도 점점 악화되었다. 개막 한 달도 안 되어 마무리 투수를 장시환에서 김범수, 그리고 다시 강재민으로 바꾸며 혼란을 빚었다. 실험적인 선수 기용이 이어지며 수베로 감독으로는 이기는 야구를 할 수 없다는 결론에 이르렀다.

5월 11일 대전 삼성전에서 한화는 스미스의 대체 외국인 투수 리카르도 산체스의 4이닝 무실점 호투를 발판 삼아 4-0으로 승리했다. 그날 경기가 끝난 후 인터뷰를 위해 1루 덕아웃으로 내려가는데 박찬혁 대표이사와 손혁 단장이 정장 차림을 하고 감독실로 들어가는 뒷모습을 봤다. '올 게 왔구나' 싶었다.

그날 밤 수베로 감독은 경질되었다. 최원호 2군 감독이 새 사령탑으로 전격 선임되었다. 최근 6경기 5승 1패로 반등하면서 탈꼴찌한 시점이라 팬들은 너무나 급작스럽고 의외라는 반응이었지만, 예견된 일이었다. 4월 말 6연패 기간 감독 교체 작업이 진행되었고, 당일 오후 그룹의 재가가 떨어졌다. 수베로 감독에겐 부득이하게 경기가 끝난 밤 9시에 알려야 했다.

손혁 단장은 "경기를 이기고 나서 알리는 게 쉬운 일은 아니지만, 결정된 이상 직접 바로 얘기하는 게 맞다고 생각했다. 수베로 감독님으로 계속 가면 내년에도 새 감독이 처음부터 팀을 세팅해야 하는 상황이 될 수 있었다. 수베로 감독님은 여러 선수들을 다양하게 쓰고 싶어 했지만, 우리는 이제 타순이나 불펜 보직이 어느 정도 세팅되어야 한다"며 "외국인 선수들의 부상과 부진으로 팀 전력이 많이 약화된 점은 수베로 감독님께 죄송하게 생각한다. 어떤 감독이 왔어도 못 버틸 어려운 자리를 맡으셔서 2년간 꿋꿋하게 역할을 해주셨다. 소신 있게 리빌딩하셨고, 선수들을 부상 없이 관리해줬다. 한 베이스 더 가는 주루도 이식시켜줬다. 이런 부분들은 우리가 앞으로도 잘 이어나가야 한다"라고 수베로 감독 경질 이유와 그가 남긴 유산을 이야기했다.

수베로 감독이 경질되기 며칠 전이었다. 5월 7일 대전 KT전을 앞두고 내린 비 때문에 그날 인터뷰는 덕아웃이 아니라 감독실에서 진행되었다. 선수 현황판 화이트 보드에는 그가 늘 강조한 '신념'이라는 단어가 한글로 삐뚤삐뚤하게 쓰여 있었다. 그는 본인이 직접 쓴 거라며 호탕하게 웃었다. 화이트 보드 아래에는 2가지 그래프가 종이로 프린트되어 붙어 있었다.

하나는 일직선으로 우상향하는 그래프였고, 또 다른 건 구불구불 꼬여 있지만 결국 오른쪽 꼭대기로 향하는 그래프였다. 수베로 감독은 "사람들은 성공으로 가는 길이 일직선인 줄 알지만 실제로는 그렇지 않다. 지금 우리는 여기 중간 어딘가에 있지만 분명 올라가고 있다"며 구불구불한 그래프를 가리켰다.

안경을 쓴 채 노트북을 보던 그는 "미국의 많은 사람들이 보는 팻그래프닷컴에 요즘 볼티모어 오리올스, 피츠버그 파이어리츠에 대한 내용이 많이 나온다"며 리빌딩에 성공한 팀들을 거론하더니 "KBO 리그는 미국과 다르다. 수준이 다르다는 의미는 아니다. 메이저리그 40인 로스터를 보면 팀에서 육성시키는 선수 비율이 KBO 리그에 비해 매우 낮다. 26인 로스터 중 12~14명 정도가 자체 육성 선수들이고 나머지는 FA 계약, 트레이드, 룰5 드래프트로 구성된다. 반면 KBO 리그는 신인 드래프트 영향이 절대적이다. 임팩트 있는 트레이드는 굉장히 드물다"라고 KBO 리그에서 리빌딩이 어려운 이유를 말했다.

미국에 비해 선수 풀이 좁고 이동이 제한적인 KBO 리그에선 선수 스카우트와 육성의 중요성이 훨씬 크다. 하지만 이마저 쉽지 않다. "어린 선수들이 실전에 뛸 기회가 많지 않다"라고 말한 수베로 감독은 마이너리그가 5단계 레벨로 체계적인 육성 시스템이 갖춰진 것에 반해 퓨처스리그 하나밖에 없는 KBO 리그 구조상 특별한 재능이 아닌 이상 육성에도 오랜 시간이 걸린다고 설명했다.

미국에선 리빌딩의 성공 사례가 많지만 환경과 구조가 다른 한국에서 리빌딩은 허황된 꿈이었다. 10개 구단 단일 리그 체제로 외국인 선수들 활약에 따라 매년 성적의 변동 폭이 큰 KBO 리그에서 3년 이상 바닥을 기는 건 이유 불문하고 용납할 수 없는 일이었다. 기나긴 암흑기 내내 리빌딩, 리빌딩, 리빌딩을 외쳤던 한화로서도 이 단어를 계속 쓰는 게 이제 민망할 지경이었다.

수베로 감독은 인천으로 원정 이동을 해야 하는 선수단과 서둘러 작별 인사했다. 전혀 눈치를 채지 못한 선수단도 놀랐고, 몇몇 선수들은 눈물을 흘리며 충격 속에 인천행 버스에 올라탔다. 5월 13일 미국으로 돌아간 수베로 감독은 "모든 일에는 씨앗을 심는 사람과 거둬들이는 사람이 따로 있다. 내 역할은 묵묵히 씨앗을 심는 것이었다. 그동안 여러 팀에서 많은 이별이 있었지만 이번만큼 마음이 아프진 않았다. 선수들에겐 '매번 꼴찌를 하고, 똑같이 방식으로 지는 것에 분해할 줄도 알아야 한다'는 말을 해줬다"며 "한화 팬들은 17점 차로 지고 있어도 밀어내기 볼넷으로 1점을 내면 노래를 틀고 경사가 난 것처럼 진심으로 기뻐한다. 경기가 끝나고 두세 시간이 지나서도 야구장에 남아 기다리며 수고했다는 말을 해줬다. 한화 팬들의 진심 어린 사랑을 잊지 못할 것이다"라고 말했다.

이어 그는 "장담하는데 앞으로 한화는 좋은 팀이 될 것이다. 한화 팬들이 웃을 날이 머지않았다"는 확신에 찬 예언을 하고 웃는 얼굴로 한국을 떠났다.

최원호 감독의 특명, 신성들의 폭풍 성장

수베로 감독을 통해 리빌딩이 불가능하다는 걸 확인한 한화는 '이기는 야구'로의 세팅을 선언했다. 2022년 시즌 후 박찬혁 대표이사는 "2년간 리빌딩 과정으로 어금니 꽉 깨물고 참는 시기를 보냈다. 내년(2023년)까진 셋업하는 시기로 가고, 2024~2025년에는 당연히 달려야 한다. 리빌딩 과정에서 우리가 아무리 발버둥치고 노력했어도 앞으로 1~2년 사이에 증명하지 못하면 욕먹을 수밖에 없다. 2025년에는 우승할 것이다"라고 말했다.

2021~2022년 2년간은 리빌딩 기간으로 성적을 포기했지만 2023년 탈꼴찌를 넘어 5강 경쟁, 2024년 포스트시즌 진

출, 2025년 한국시리즈 우승이라는 단계별 로드맵을 그렸다. 2025년 대전 신구장 개장에 맞춰 '대권'을 노렸고, 2024년부터는 경쟁력 있는 강팀으로 올라서야 했다. 이를 위해선 2023년을 그냥 흘려보낼 수 없었다. 수베로 감독으로 끝까지 가면 한화의 장기 로드맵이 흔들릴 수 있다는 판단 아래 감독을 바꿨다.

수베로 감독과 결별한 한화는 최원호 2군 감독을 1군 사령탑으로 승격했다. 예견된 수순이었다. 2019년 11월 한화에 2군 사령탑으로 온 최원호 감독은 2020년 1군 감독대행을 맡아 무너진 팀을 어느 정도 수습한 뒤 2군으로 돌아가 육성 능력을 인정받았다.

2022년 퓨처스리그 역대 최다 14연승 기록과 함께 우승을 이끌었고, 2군 감독으로는 이례적으로 3년 장기 계약을 맺었다. 이때부터 차기 감독 1순위로 꼽혔고, 수베로 감독이 시즌 중 낙마하면서 예상보다 조금 이른 시점에 1군 지휘봉을 잡았다. 시기만 빨라졌을 뿐 언젠가 이뤄질 일이었다.

최원호 감독은 '공부하는 야구인'으로 유명했다. LG 투수 출신으로 선수 은퇴 후 코치를 거쳐 단국대 체육학 석사, 운동역학 박사 학위를 받아 서울대, 단국대에서 외래 교수로 강단에 섰다. 피칭 연구소를 설립했고, KBO 기술위원과 국가대표팀 코치 등 활발한 활동으로 이론과 실기를 모두 겸비한 '준비된 지도자'로 평가되었다. 해설위원으로도 해박한 야구 지식과 언변에 부드러운 목소리와 정확한 딕션으로 팬들의 선호도가 높았다.

평소 해설에 호감을 느끼고 있던 사람이 한화로 온다고 하니 더욱 관심이 갔다. 인터뷰에서 하나를 물으면 2~3개를 논리적으로 막힘 없이 술술 대답할 만큼 스마트한 인물이었다. 기사로 옮겨 쓸 때도 정제할 필요가 없을 정도로 깔끔한 워딩이었다.

감독대행 시절에도 이런 모습은 그대로였다. 데이터에 입각해 타순을 짰고, 평소 로망이라고 표현한 6인 선발 로테이션을 현실성이 떨어진다는 이유로 포기할 만큼 합리적이었다. 감독대행으로 1군 지휘 경험이 있고, 2군에서 2년 넘게 보내며 내부 선수들을 깊게 파악하고 있는 최원호 감독이야말로 한화의 비상을 이끌 적임자로 보였다.

씨알 굵은 유망주들이 많은 한화 감독 자리를 탐냈던 이들이 아쉬워했다는 후문이 들렸지만, 한화는 이미 최원호 감독 체제를 준비하고 있었다.

야밤에 감독 선임이 발표되면서 최원호 감독의 소감은 자정을 넘어 전화 통화로 들었다. 그는 "먼저 지금까지 열심히 팀을 이끌어주신 수베로 감독님의 노고에 감사드린다. 수베로 감독님께서 많은 선수들에게 다양한 경험을 하게 해주셨다. 코칭스태프와 논의해서 선수들의 그런 경험이 팀에 잘 정착해나갈 수 있는 야구를 해야 할 것 같다"라고 말했다.

전임자에 대한 예우를 갖췄지만 그 다음 감독은 필히 전임 감독과 다른 야구를 할 수밖에 없다. 5월 12일 인천 SSG랜더스 필드에서 치러진 SSG전을 앞두고 최원호 감독은 박찬혁 대표이사가 말했던 '이기는 야구 셋업'을 말했다.

"구단에선 '내년 시즌부터 이기는 야구를 해야 한다. 그러면 올해 세팅을 할 필요가 있다'라고 했다. 고정 라인업, 주전과 백업 경계, 투수의 경우에는 마무리 포함 3명의 필승조 구성 등 세팅이 필요하다. 수비 시프트도 이제는 투수 동의를 얻고 하려고 한다"며 수베로 감독과는 다른 야구를 하겠다고 선언했다.

상징적인 장면이 있었다. 5월 14일 문학 SSG전에서 정은원이 도루 실패로 문책성 교체를 당했다. 3회 1사 1, 2루에서 3루를 노렸으나 아웃되었고, 다음 이닝 수비를 앞두고 교체되었다. 불과 일주일 전인 5월 7일 대전 KT전에서 5회 1사 1, 2루에서 기습적인 3루 도루를 성공한 바 있었지만 이번에는 실패였.

최원호 감독은 "수베로 감독님이 계실 때는 아웃이 되더라도 상황에 관계없이 뛸 수 있는 그린 라이트를 주셨다. 하지만 뛰어야 할 상황과 안 되는 상황이 있다"며 "우리 타선을 볼 때 노시환, 채은성 앞에서 정말 100% 확실하다고 판단되지 않으면 도루를 조금 자제할 필요가 있다. 노시환과 채은성이 해결하지 못하면 점수를 내기 쉽지 않다"라고 말했다. 강타자가 많지 않은 한화 타선 구성상 불필요한 아웃카운트 소모를 줄여야 했다.

여기에 '특타'가 부활했다. 수베로 감독 시절 훈련량이 부족하다는 내부 평가가 있었고, 최원호 감독 체제에선 대전 홈에선 경기 후에, 원정에선 경기 전 인근 학교에서 특타를 진행했다. 당일 선발 라인업에 들지 않은 4~5명의 젊은 선수들이 특타 대상으로 자청해 참여하는 선수들도 있었다.

최원호 감독은 "20대 초반 대학생 나이 선수들은 분위기에 많이 휩쓸린다. 뭔가 하는 분위기를 만들면 자연스럽게 따라 한다. 2군에 있을 때도 나이 제한을 걸어 25세 이하 선수는 의무적으로 특타를 하게 했다. 경험이 없는 젊은 선수들을 자율로 놔두는 건 방치가 될 수 있다. 루틴과 노하우가 정립될 때까진 선수들을 좋은 길로 안내해주는 게 스태프의 역할이다"라고 말했다.

트렌드에도 밝은 최원호 감독은 타순도 보통 감독들과 달랐다. "요즘은 애런 저지(뉴욕 양키스), 마이크 트라웃(LA 에인절스)도 2번 치는 시대"라면서 중심 타자 노시환을 2번 타순에 전진 배치하기도 했다. 2번 타순에서 4경기 15타수 무안타로 실험은 끝났지만, 현대 야구 이론을 실전에 적용하는 데 거리낌이 없었다.

타율이 떨어지지만 볼넷을 잘 고르는 이진영을 1번 타자로 쓰고, 2번에 장타력이 있는 김인환을 쓰면서 상대 투수를 압박했다. 전통적인 1~2번 타자는 아니었고 팀 구성상 고육책이기도 했지만, 최원호 감독은 "2번에 장타력 있는 타자가 있으면 상대 팀 입장에서 깝깝해진다. 경기 중후반 찬스를 봐도 꼭 2번에 걸린다. 7~9번에서 찬스 만들고 1~2번에서 끝나는 경우가 많다. 3~4번 타자는 들어가지도 못한다. 잘 치는 선수들이 한 타순이라도 앞에 오는 게 좋다"는 이론을 펼쳤다.

취임 첫날 예고한 대로 최원호 감독은 박상원을 마무리로 고정하며 주현상을 필승조로 중용해 불펜 승리조를 만들었다. 문동주가 최고 시속 160km를 뿌리며 엄청난 잠재력을 터뜨리기 시작했고, 대체 외국인 투수 산체스가 안정을 보이며 선발진도 잘 굴러가기 시작했다. 그러자 연승 가도를 탔다. 6월 21일 대전 KIA전부터 6월 30일 대구 삼성전까지 7연승을 질주했다.

18년 만에 7연승한 날, 박찬혁 대표이사가 그라운드에 내려가 선수단에게 감사 인사를 하며 최원호 감독에게 꽃다발과 와인을 선물하며 분위기를 띄웠다. 다음 날 삼성전도 이기면서 18년 만의 8연승이 이어졌다.

2005년 한화의 8연승을 이끈 김인식 감독에게 전화를 걸어 상승세를 어떻게 보는지 물었다. 김인식 감독은 "수베로 감독이 선수를 전체적으로 활용하려고 애썼다면 최원호 감독은 그 수를 줄여서 이기는 쪽으로 운영하는 것에 차이가 있다. 투수 운영도 다르다"며 "전력상으로 지금 한화가 2005년보다 더 낫다고 본다. 투수가 상위 클래스"라고 전망했다.

전반기를 공동 4위 NC, 롯데에 불과 3경기 뒤진 8위로 마쳤지만 후반기 들어 힘이 쭉 빠졌다. 결국 방망이가 문제였다. 오그레디를 방출하고 데려온 닉 윌리엄스도 팀 타선을 바꿀 만한

2023년도 노시환 선수.

파급력은 없었다. 무승부가 리그 최다 6번으로, 투수들이 잘 막아도 점수를 내지 못해 이기지 못한 게 반복되었다. 선발 김민우가 어깨 삼각근 부분 파열로 이탈하면서 마운드도 시즌 후반으로 갈수록 힘이 떨어졌다. 항저우 아시안게임에 뽑힌 문동주가 9월 3일 잠실 LG전을 끝으로 관리 차원에서 시즌을 조기 마감하며 한화는 내년을 준비했다.

후반기 8연패, 6연패가 이어지며 꼴찌 추락 공포가 엄습했지만 최종 순위 9위로 탈꼴찌했다. 최원호 감독은 "감독대행으로 100경기 넘게 했지만 정식 감독은 처음이다. 그때와 다른 콘셉트로 운영하며 시행착오를 많이 겪었다. 그래도 전력을 극대화

할 수 있는 틀은 어느 정도 잡은 것 같다"라고 시즌을 총평했다.

최원호 감독이 말한 틀이란 4번 타자 노시환과 선발 문동주였다. 노시환은 시즌 마지막 날 안타 1개가 부족해 3할 타율에는 아깝게 실패했지만 홈런왕(31개)에 등극하며 101타점으로 2개 타이틀을 따냈다. 한화 출신 홈런왕은 1990~1992년 3년 연속 차지한 장종훈, 2008년 김태균에 이어 노시환이 3번째. 그것도 23세 젊은 나이에 해낸 위업이었다. 문동주는 23경기에서 118.2이닝을 던지며 8승 8패 평균자책점 3.72 탈삼진 95개를 기록하며 잠재력을 터뜨렸다. 1987년 이정훈, 2001년 김태균, 2006년 류현진에 이어 한화 소속 4번째 신인왕이 되었다.

한화가 리빌딩 과정에서 건져낸 투타 최고의 수확이었고, 아시안게임 금메달을 통해 병역 혜택까지 받았다. 한화의 리빌딩에 순풍을 달았다.

두 선수는 처음 볼 때부터 뭔가 기운이 달랐다. 2019년 2차 1라운드 전체 3순위로 온 노시환, 2022년 전국 1차 지명으로 온 문동주 모두 야구 재능은 익히 들었지만 첫인상이 더욱 강렬했던 건 밝은 기운 때문이었다. 쭈뼛쭈뼛하거나 빼는 게 없었다.

노시환은 "부산에서 태어나고 자랐지만 이제부터 저는 대전인이에요"라며 19세 신인답지 않은 너스레를 떨었다. 문동주는 입단 첫해 어깨 관리 차원에서 1군 캠프에 가지 않고 2군 서산에서 준비했는데도 취재진이 계속 찾아 인터뷰를 했다. 2군에 있는 상화에서 반복되는 인터뷰가 귀찮을 법도 했지만 "저 괜찮아요. 시간 많으니까 편하게 다 물어보세요"라며 밝게 웃었다.

오랜 시간 성적 부진으로 인한 영향인지 젊은 선수들도 기를 펴지 못하는 느낌이 있었는데, 두 선수는 달랐다. 입단 후에도 밝은 기운을 쭉 이어갔고, 야구를 잘할 수밖에 없는 마인드를 갖고 있었다.

둘은 아시안게임에 이어 같은 해 11월 일본 도쿄에서 열린 아시아프로야구챔피언십(APBC)에도 참가했다. 노시환은 4번 타자로 활약하며 이바타 히로카즈 일본 감독으로부터 "일본에 와도 톱클래스"라는 인정을 받았다. 문동주도 호주전에서 5.2이닝 동안 102구를 던지며 2실점으로 승리 발판을 마련했다. 5회까지 84구를 던지고 내려갈 줄 알았는데 6회 올라와 18구를 더 던졌다. 류중일 한국 감독은 "많이 던지게 해서 개인적으로 미안하다"라고 말했다.

APBC를 준우승으로 마치며 한 해 모든 야구 일정을 마친 두 선수를 믹스트존에서 만났다. 노시환은 "야구 인생에서 가장 기억에 남을 시즌이 될 듯하다. 이번 시즌을 바탕으로 한층 더 성장할 수 있도록 하겠다. 내년에 더 좋은 성적을 내고 싶다"라고 말했다. 문동주도 "아시안게임을 앞두고 쉬었다가 던졌고, 이번에 다시 한 달 정도 쉬었다가 던지는 게 쉽지 않았다. 솔직히 많이 힘든데 시즌 끝났으니까, 잘 쉬어야죠"라며 웃었다.

시즌 순위 9위(58승 80패 6무) / **승률** .420 / **PS** 탈락

팀 ERA 8위(4.38) / **최소 실책** 5위(109개) / **타율** 10위(.241) / **OPS** 10위(.674)

투수 WAR	타자 WAR
페냐(4.28)	노시환(6.53)
문동주(3.08)	최재훈(3.23)
산체스(2.59)	이진영(2.44)
주현상(2.44)	채은성(1.79)
이태양(1.78)	이도윤(1.64)

12년 만에 돌아온 괴물 류현진

도쿄에서 APBC를 마치고 기자단 회식이 있었다. 한두 잔씩 마시다 거나하게 취했다. 술 기운이 가시지 않은 채 아침 일찍 택시를 타고 공항으로 갔고, 미야자키행 비행기에 올랐다. 녹초가 된 상태로 훈련장에 도착하자마자 바로 일거리가 생겼다.

FA 안치홍 영입이 발표된 것이었다. 롯데에서 나오는 FA 둘 중 한 명은 잡을 거라고 들어 짐작은 하고 있었다. 샐러리캡에 압박이 있는 롯데가 안치홍과 전준우, 내부 FA 두 명은 다 잡기 어려운 상황이었다. 한화가 그 틈을 파고들었다.

10월 말 이미 한화 관계자는 "전준우는 타격이 검증된 선수다. 나이가 많긴 하지만 게임 체인저가 가능한 타격이다. 안치홍도 경기를 읽는 능력이 좋다. 2루수라서 정은원, 문현빈과 포지션이 겹치긴 하지만 둘 다 아직 군 문제가 해결되지 않았다. 안치홍은 그 시간을 벌어줄 수 있다. 포지션 구분하지 않고 영입을 시도할 것이다"라고 말했다. 타선 보강이 필요했던 한화로선 포지션 중복을 가릴 처지가 아니었다.

안치홍 영입은 화제성이 오래 가지 않았다. 이틀 뒤인 11월 22일 열린 KBO 2차 드래프트 때문이었다. 1라운드 전체 2순위 지명권을 갖고 있던 한화는 SSG에서 풀린 내야수 최주환을 노리고 있었다. 최주환의 포지션도 2루수였지만 한화는 잘 칠 수 있는 타자가 필요했다.

최원호 감독도 "2차 드래프트까지만 잘 마무리하면 얼추 그림이 잡힌다. 타순을 쫙 펼쳤을 때 그런 맛이 있어야 한다"며 "내년에는 ABS로 타고투저가 될 것이다. 좌우로 존이 좁아지면 타자들이 유리해진다"라고 말했다. 타선 강화를 키워드로 봤고, 최주환을 마지막 퍼즐로 여겼다. 포지션 교통 정리는 어떻게든 하면 되니 일단 칠 수 있는 타자들을 모으고 봐야 했다.

변수는 전체 1순위 지명권을 가진 키움이었는데 리빌딩으로 노선을 튼 팀이라 30대 베테랑 최주환을 지명하진 않을 것으로 예상되었다. "설마 키움이 최주환을 뽑겠어?"라는 이야기를 주고받았는데 이틀 뒤 설마 했던 일이 일어났다. 키움이 예상을 깨고 전체 1순위로 최주환을 지명한 것이다.

이것만으로도 놀라운 일이었는데 한화가 더 놀라운 지명을 했다. 4라운드 전체 22순위로 맨 마지막 순번에 김강민을 지명한 것이다. 처음에 김강민의 이름을 보곤 동명이인이 있나 싶었다. 하지만 KBO 리그에 김강민이라는 이름의 선수는 또 없었다. SSG 외야수 김강민이 유일했다. 전신 SK 시절부터 23년을 뛰면서 '짐승'이라고 불렸던 그 선수가 맞았다.

우승만 5번으로 인천 야구의 상징적 존재였던 41세 노장 선수가 2차 드래프트로 빠져나갈 줄 누구도 몰랐다. SSG 팬들이 충격에 휩싸였고, 구단을 성토하며 난리가 났다.

하지만 미야자키에서 훈련을 마친 뒤 만난 최원호 감독은 태연했다. "4~5라운드에 내야, 외야 백업 자원으로 베테랑 선수들을 뽑기로 했다. 2차 드래프트 명단을 받은 뒤 외야에서 경험이 많은 김강민이 우리 팀에 필요하다고 봤다"라고 지명 이유를 밝혔다. SSG에서 함께했던 정경배 수석코치도 김강민의 몸 상태를 잘 알고 있었고, 현역 연장이 충분히 가능하다는 의견을 전했다. 중견수 자원이 부족하고 젊은 외야수들 성장이 미진한 상황에서 김강민이 경기 중후반 점수를 지켜야 할 때 수비를 해주고, 뒤에서 후배들에게 노하우를 알려주는 효과를 기대한 것이다.

생각보다 파장이 너무 컸고 김강민도 숙고의 시간을 가졌다. 김강민을 별도의 은퇴 예정 및 논의 표시 없이 35인 보호선수명단에서 풀어버린 SSG의 일 처리가 도마 위에 오르면서 손혁 단장도 난처해했다. 원인 제공은 SSG가 했지만 누구도 예상치 못한 선택을 하면서 한화가 암묵적인 관례를 깬 것 아니냐는 일부 소수 의견도 있었다. 손혁 단장은 "제가 잘못한 건가요? 우리가 지명할 수 있는 권리 있는 것 아닙니까"라며 김강민이 필요해서 뽑았다고 했다.

11월 24일 김강민은 대전의 한화 구단 사무실을 찾아 손혁 단장과 1시간 30분 동안 대화를 나눈 뒤 현역 연장을 결정했다. 한화는 김강민을 보류선수명단에 넣어 KBO에 제출했다.

김강민은 한화 구단을 통해 "23년 동안 원클럽맨으로 야구를 하며 많이 행복했습니다. 신세만 지고 떠나는 것 같아 죄송한 마음입니다. 보내주신 사랑과 소중한 추억들을 잘 간직하며 새로운 팀에서 다시 힘을 내보려 합니다. 그동안 정말 감사했습니다"라는 작별 인사를 SSG 팬들에게 건넸다.

안치홍에 김강민까지 오며 전력 보강이 이뤄졌지만 그걸로 끝이 아닌 분위기였다. 최원호 감독은 "류현진은 안 오겠지?"라며 농담처럼 말했다. 그쯤 한화는 류현진의 복귀 시나리오도 그리고 있었다.

1년 2개월 재활을 마친 류현진은 그해 8월 2일 토론토에서 볼티모어 오리올스 상대로 복귀전을 가졌다. 그날 로저스 센터에는 손혁 단장도 있었다. 당시 KBO 10개 구단 단장들이 워크샵으로 미국을 방문했는데 손혁 단장은 바로 귀국하지 않았다.

출장을 연장해 토론토로 이동했고, 류현진을 직접 만나 식사 자리도 가졌다. 토론토와 4년 계약이 끝나는 류현진의 한화 복귀를 위한 빌드업이었다.

하지만 류현진이 부상 복귀 후 기대 이상의 투구로 경쟁력을 보여주며 한국 복귀는 조금 더 미뤄질 것 같았다. 메이저리그 FA 시장에서 선발 투수 수요가 끊이지 않았고, 류현진의 가치도 충분했다. 그런데 좀처럼 계약한다는 소식이 들려오지 않았다. 두 아이의 아버지인 류현진이 가족 거주 환경을 고려해 대도시 연고 팀을 원하고, 시즌 중 기존 선수를 트레이드하지 않을 우승 전력의 팀을 원하며, 1년 단기 계약을 원한다는 등 여러 루머만 들렸다.

그 와중에 류현진이 12월 연내로 한화 구단에 큰 틀에서 자신의 거취를 알리겠다는 뜻을 표한 게 확인되었다. 류현진은 자신의 결정이 늦어지는 게 한화의 오프 시즌에 영향을 미칠까 걱정했다. 처음에는 12월 15일 중순쯤이라고 했다가 해를 넘기기 전까진 메이저리그 잔류 여부를 결정하겠다는 뜻을 전했다. 친정 팀에 부담을 주지 않겠다는 의미였다.

한화는 류현진의 결정을 재촉하지 않았다. 한화 관계자는 "오기만 한다면야 우리는 언제든 좋다. 2월이든 3월이든 기다리겠다"라고 말했다. 상황에 따라 급변하는 게 FA 시장이기 때문에 류현진이 서두르지 않고 심사숙고해 결정할 수 있도록 기다녔다. 손혁 단장은 겨울에 한국에서도 류현진과 식사를 했고, 3~4일에 한 번씩 전화 통화하며 상황을 계속 살폈다.

2024년 새해가 되어서도 류현진이 원하는 최적의 오퍼가 없었고, 1월 중순부터 한화는 본격적인 류현진 복귀 프로젝트를 가동했다. 호주 멜버른에서 1차 스프링캠프가 시작된 뒤에도 프런트의 시선은 미국 쪽으로 향해 있었다.

그때 미국 애리조나에 있었다. 메이저리거가 된 이정후를 취재하기 위해서였다. 몸은 이정후와 한국인 메이저리거들을 따라가고 있지만, 한화와 류현진에 신경이 계속 쓰였다. 2월 20일 샌디에이고 캠프지가 있는 피오리아를 찾았을 때 한국인 선수 김하성과 고우석도 류현진의 한국 복귀 소식을 알고 있었다.

김하성은 먼저 취재진을 보곤 "현진이 형이 한국에 가신다니 아쉽다. 메이저리그에서 1~2년은 더 하실 수 있는데, 우리 팀에 왔으면 (고)우석이한테 특히 좋았을 것이다"라고 말했다. 샌디에이고는 류현진에게 다년 계약을 제시한 팀이었다. 당시 미국에 첫발을 내딛은 투수 고우석은 "선배님이 우리 팀에 올 수 있다는 기사를 봤는데 한국에 가신다는 얘기가 나오더라. 왔으면 좋았을 텐데"라며 못내 아쉬워했다. 곧장 스코츠데일로 이동해 만난 이정후는 "선배님 결정이시니까 어떤 결정이든 응원한다. 선배님과는 한국에서도 대결한 적이 없는데 여기서도 그렇게 되었다"며 투타 맞대결이 불발된 게 아쉬운 눈치였다.

2월 22일 애리조나 스코츠데일의 LG 스프링캠프를 찾았을 때도 류현진 얘기가 안 나올 수 없었다. 전년도 LG를 통합 우승으로 이끌며 29년의 한을 푼 염경엽 감독은 한화를 잔뜩 경계했다. 그는 "KBO 리그는 선발 4명을 제대로 갖춘 팀이 거의 없다. 류현진이 돌아오면서 한화 선발진은 랭킹 2위 안에 들어가지 않나 싶다. 우리보다 셀 수 있다"라고 경계하면서 "한화는 젊은 투수들이 10개 구단에서 '왕'이다. 성장할 수 있는 투수들의 뎁스도 '왕'이다. 류현진의 복귀가 그 선수들의 성장 확률을 높이는, 엄청난 영향력을 미칠 것이다. 베테랑이 많은 팀이라면 그 정도까진 아니겠지만 한화는 키워야 할 투수들이 많다. 앞으로 우리나라를 대표할 수 있는 특A급 투수들이 가장 많은 팀이 한화다. 육성에는 좋은 감독과 코치들도 있어야 하지만, 이를 받쳐줄 수 있는 고참이 더 중요할 수 있다. 류현진이 왔으니 한화에는 엄청난 플러스이자 알파"라며 한화가 가진 젊은 투수력과 류현진 효과를 부러워했다. 2022년 전국 1차 지명으로 문동주를 뽑은 데 이어 2023~2024년 전면 드래프트 1라운드 전체 1순위로 김서현과 황준서까지, 고교 최고 투수들을 3년 내리 품은 한화의 미래 폭발력을 어마어마하게 높게 봤다.

차명석 LG 단장도 "류현진이 오면서 한화도 우승 후보가 된 것 같다. 안치홍도 데려왔고 전력 보강을 잘했다. 신인 황준서도 좋다고 한다"며 우승 도전에 있어 걸림돌이 될 수 있다고 봤다.

그날 한국 시간으로 오전 11시 40분 류현진의 복귀가 공식 발표되었다. 8년 최대 170억 원의 조건이었다. 금액보다 놀라운 게 8년이라는 기간이었다. 샐러리캡 여유 공간이 있긴 했지만 류현진이라는 덩치 큰 선수를 맞추기에는 턱없이 부족했다. 샐러리캡 1회 초과가 불가피해 보였지만 옵트 아웃 8년으로 기간을 최대한 늘려 샐러리캡 위반을 피하는 묘수를 발휘했다. 류현진의 통 큰 양보가 있었기에 가능한 계약이었다.

8년 170억 원은 연평균으로 21억 2,500만 원, 당시 환율로 약 160만 달러 수준이었다. 미국에 남았더라면 1년 1천만 달러 수준의 계약도 가능했던 류현진이었지만, 한화 복귀를 위해 금전적 욕심을 내려놓았다. 옵트 아웃 없이 2031년까지 8년 계약 기간을 꽉 채우면 무려 44세까지 선수 생활을 하는 계약으로 친정 팀에 복귀했다.

3월 5일 스코츠데일에서 류현진의 에이전트였던 스캇 보라스를 만났다. 자신의 고객 맷 채프먼의 샌프란시스코 입단식에 참석한 보라스는 취재진과 인터뷰 중 한국으로 돌아간 류현진에 대한 질문을 받았다. 그는 "류현진은 한국에서 매우 긴 계약을 받았다. 여기선 아주 짧은 옵션만 있었고, 그래서 그는 집에 돌아가기로 결정했다"며 "이 계약에는 유연성이 있기 때문에 류현진의 메이저리그 커리어가 끝난 게 아닐 수도 있다. 두고 보자"는 말로 류현진에게 미련이 남은 듯한 모습을 보였다.

류현진은 힘이 있을 때 한화로 돌아오겠다는 약속을 지켰다. 2013년 1월 5일 한화 구단이 마련한 메이저리그 진출 기념 특별 환송회 때 그는 "한화는 지금의 나를 만들어준 팀이다. 한화가 아닌 다른 팀에 갔다면 이런 자리에 감히 있지도 못할 것이다. 많은 걸 준 구단이고, 앞으로 계속 보답해야 할 팀이다. 우승 한 번 못하고 떠나서 죄송하다. 나중에 돌아오면 한국시리즈에서 보답하겠다"라고 약속했다. 그 약속을 잊지 않은 류현진은 충분히 힘이 남아 있을 때 돌아왔다. 류현진이 떠난 11년 동안 한화는 가을야구 한 번에 그치며 꼴찌만 5차례 했다.

멀리서 친정 팀의 고난에 마음 아파했던 류현진의 귀환은 기나긴 암흑기를 끝낼 신의 한 수로 보였다. 2월 23일 한화의 2차 스프링캠프가 차려진 일본 오키나와로 넘어가기 전 인천공항에서 한화 선수로 취재진 앞에 선 류현진은 "해외 진출 전 건강하게 돌아오겠다는 약속을 했고, 그 부분을 지킬 수 있어 굉장히 뜻깊게 생각한다. 다년 계약 오퍼도 있었지만 그걸 수락하면 건강하게 돌아오겠다는 약속을 지키지 못할 것 같았다. 그때가 되면 40살이다. 그래서 다년 계약을 강력하게 거부했다. 메이저리그에 남는다면 1년이었다"며 "메이저리그에 대한 미련은 전혀 없다. 8년 동안 이루고 싶은 목표도 한국시리즈 우승밖에 없다"라고 말했다.

짧았던 봄, 또다시 교체된 감독

한 달간 미국 메이저리그 출장을 마치고 돌아왔을 때 내전은 이미 야구로 후끈 달아올라 있었다. 역시 '류현진 효과'였다. 3월 7일 대전 한화생명이글스파크에서 열린 자체 청백전에 50여 명의 취재진이 몰려 마치 포스트시즌 같은 취재 열기를 뿜어냈다. 3월 8~9일 대전에서 열린 시범 경기 개막 2연전은 유료 입장이었지만 1만 2천 석 전 좌석이 가득 들어찼다.

류현진 복귀로 한화에 대한 기대치가 크게 높아졌고, 홈경기 시즌권 판매량이 전년 대비 250% 증가했다. 류현진의 퇴근길도 연일 인산인해를 이뤘다. 사인을 받기 위한 팬들의 대기줄이 꼬리에 꼬리를 물고 끝이 보이지 않는 인간띠를 이뤘다. 류현진은 시범 경기 때는 물론 정규 시즌에 들어가서도 낮 경기를 마치면 한 시간가량 팬들에게 사인을 하고 퇴근했다.

한화 구단 사람들은 물론 기자들에게도 류현진에게 사인을 받아달라는 '민원'이 끊이지 않았다. 수없이 사인을 해준 류현진에게 또 사인을 요청하는 것 자체가 민폐인 건 잘 알지만 직장인으로서 때로는 거절할 수 없는 부탁이 오기도 했다.

시범 경기 때 류현진에게 가던 길을 멈춰 세워 사인을 요청하니 "아니, 미국에선 이러면 안 되는 거 알잖아"라며 쏘아붙였다. 그래도 몇몇 기자들과 함께 라커룸 가는 길목을 몸으로 막으니 싫지 않은 듯 실실 웃었다.

미국에선 상상할 수 없는 일이었다. 메이저리그에선 기자가 선수에게 사인과 사진 요청을 할 수 없다. 규정상 금지되어 있고, 어기면 페널티를 받는다. 하지만 이제 류현진은 다시 한화 선수. "아이, 여긴 미국이 아니라 한국이잖아요"라며 사인을 재차 부탁하자 류현진도 못 이기는 척 공을 집어들고선 사인을 해줬다. 그만큼 류현진의 인기가 대단했고, 어딜 가나 류현진 이야기가 나오는 그런 나날이었다.

3월 22일 서울 롯데호텔에서 열린 KBO 미디어데이, 최원호 감독은 개막전 선발 투수를 예고하며 "다른 팀에 없는 류현진 선수"라는 말로 큰 환호를 받았다. 주장 채은성은 "5강에 못 들면 고참들이 12월에 태안 앞바다에 가서 입수하겠다"며 이색 공약을 내걸었다. "왜 항상 공약은 실패했을 때만 있는 거냐"는 류현진의 한마디에서 시작된 공약으로 꼭 가을야구에 나가겠다는 결연한 의지 표현이었다. '류현진 효과' 속에 한화에 대한 기대치도 확 올라갔다. 5강은 기본이고, 우승을 넘볼 수 있는 전력이라는 평가도 나왔다.

3월 22일 잠실구장에서 열린 LG와의 시즌 개막전, 선발 투수는 역시 류현진이었다. 12년 만의 국내 복귀전. 하지만 너무 힘이 들어간 영향이었을까. 4회 2루수 문현빈의 포구 실책이 겹쳐 3.2이닝 5실점(2자책점)으로 조기 강판되었고, 한화는 개막전을 2-8로 졌다. 하지만 다음 날 새 외국인 타자 요나단 페라자의 연타석 홈런에 힘입어 8-4 승리를 거두며 첫 승을 신고하더니 문학 SSG전, 대전 KT전을 연이어 싹쓸이하며 7연승을 실수했다. 전년도 1~3위의 강팀들을 상대로 거둔 7연승이라서 더욱 고무적이었다.

펠릭스 페냐, 산체스, 김민우, 문동주, 그리고 신인 황준서까지 선발 투수들이 번갈아가며 안정된 투구를 했고, 페라자가 개막 10경기에서 5할 타율에 5홈런으로 무섭게 몰아치면서 타선을 이끌었다. 개막 10경기 8승 2패로 한화 구단 역사상 최고의 스타트를 끊었다. 깜짝 단독 1위에 오르며 '대전의 봄'이 찾아온 것 같았다.

그러나 대전의 봄은 너무나도 짧았다. 4월 5일 고척 키움전이 추락의 시작이었다. 4-0으로 앞선 5회 잘 던지던 류현진이 갑자기 말도 안 되게 무너졌다. 7연속 안타 포함 5회에만 안타 8개를 맞고 9실점 빅이닝을 허용한 것이다. 한 경기 개인 최다 실점으로, 한 이닝에 9점을 한꺼번에 내준 게 믿기지 않았다.

같은 날 주전 유격수 하주석도 2회 도루를 시도하다 왼쪽 햄스트링 통증을 느꼈고, 파열 의심 소견을 받고 이탈했다. 이날 패배를 시작으로 순식간에 5연패를 당하며 5위로 내려갔다.

4월 11일 잠실 두산전에서 류현진이 6이닝 8탈삼진 무실점으로 국내 복귀 첫 승을 신고하며 5연패를 끊었지만, 이후 다시 3연패에 빠지며 5할 승률 아래로 내려갔다. 4월 20일 대전 삼성전부터 26일 대전 두산전까지 6연패를 당하면서 걷잡을 수 없는 하락세가 이어졌다.

류현진도 흔들렸다. 4월 24일 수원 KT전에서 5이닝 7실점(5자책점)으로 패전을 당했는데 ABS 판정에 평정심을 잃었다. 류현진답지 않게 경기 중 포커페이스가 되지 않았고, 다음 날 취재진을 만나선 ABS에 대해 공개적으로 문제를 제기했다.

부상 악재도 끊이지 않았다. 하주석이 햄스트링으로 이탈한 뒤 선발 김민우가 팔꿈치 수술로 시즌 아웃되었고, 주전 포수 최재훈도 옆구리를 다쳐 잠시 빠졌다. 채은성과 손가락과 허리를 다치며 2번이나 부상자 명단에 올랐다.

설상가상으로 신인왕 문동주도 기복 심한 투구로 2군에 내려갔다. 불펜에서도 필승조 박상원과 김범수가 흔들리며 경기 중후반이 위태로웠다. 타선 침체가 깊어지자 4월 26일 강동우 타격코치가 1군으로 승격되어 분위기를 바꾸며 득점력이 조금씩 상승하기 시작했지만 마운드가 버티지 못했다.

    5월 9일 사직 롯데전에선 5-18 대패를 당했다. 7회 마운드에 올라온 장지수가 8회에만 4연속 적시타 포함 안타 5개를 맞고 7실점으로 난타를 당했다. 선발 투수 페냐가 2이닝 만에 강판되면서 불펜을 소모한 한화로선 어떻게든 주말 3연전을 대비해 투수를 아껴야 했고, 장지수가 8회까지 막아주길 바랐지만

2024년 4월 30일, 류현진의 통산 33번째 KBO 리그 100승 달성.

쉽지 않았다. 무사 만루에서 강판된 장지수가 다음 투수 김규연에게 "미안해"라고 사과한 뒤 덕아웃에서 얼굴을 감싸쥐며 자책하는 모습이 안타까움을 자아냈다.

야구적으로 어쩔 수 없는 기용 방식이었고, 추격조 투수의 숙명이었다. 논란이 될 만한 문제는 아니었는데 장지수의 눈물은 '벌투' 논란으로 비화되었다. 성적이 급락하면서 최원호 감독을 향한 팬심도 날이 갈수록 험해지고 있었다.

5월 15일 대전 NC전에선 1-16, 7회 강우콜드 패배를 당했다. 선발 페냐가 2회 손아섭의 강습 타구에 손목을 맞고 교체되는 악재 속에 올라오는 투수들마다 줄줄이 실점했다. 4회부터 빗줄기가 점점 굵어졌지만 부처님 오신 날 공휴일을 맞아 1만 2천 석을 가득 메운 홈팬들은 쉽게 자리를 뜨지 않았다. 우산을 쓰거나 우의를 착용한 채 자리를 지켰다.

7점 차로 뒤진 5회 종료 후 한화 '찐팬'으로 잘 알려진 배우 차태현 씨가 전광판에 모습을 드러냈다. 한화를 응원하는 예능 프로그램 촬영 차 구장을 찾은 차태현 씨는 마이크를 잡고 "여러분, 우리가 이런 적 하루이틀입니까. 이길 수 있습니다. 끝까지 응원합시다"를 외치면서 큰 환호를 받았다.

그러나 그날도 이기지 못했다. 7회 8실점을 더 내주면서 15점 차로 스코어가 완전히 벌어졌고, 관중들도 하나둘씩 자리를 떴지만 그래도 1루 쪽 응원석은 요지부동이었다. 비를 맞아

가면서도 신나게 응원을 했다. 팀 성적은 안 좋은데 폭우 속에서도 계속되는 응원 소리. '9위 팀의 경이적인 흥행'이라는 기사를 썼는데, 우중충한 날씨 때문인지 그날의 기억은 5월에 어울리지 않는 '스산함'으로 남아 있다.

엎친 데 덮친 격으로 그 다음 날에는 산체스마저 팔꿈치 부상으로 또 2이닝 만에 강판되는 대형 악재가 터졌다. 감독이 어떻게 손쓸 도리가 없는 변수가 계속 발생했다.

5월 23일 대전 LG전을 패한 뒤 결국 10위까지 떨어졌다. 1위에서 10위로 순위가 내려가는 데 49일이 걸렸다. 거칠 것 없던 봄이 찰나의 순간처럼 짧게 지나갔고, 한화 전력의 민낯이 고스란히 드러났다.

신인 투수 황준서, 조동욱, 내야수 황영묵 등 새 얼굴들이 튀어나왔지만 문동주와 노시환이 기복 심한 모습을 보이며 기둥들이 흔들렸다. 불펜 필승조 보직과 1번 타자, 중견수 자리가 계속 바뀌는 시행착오를 거듭하면서 좀처럼 팀이 안정을 찾지 못했다.

이후 24~25일 문학 SSG전을 승리하면서 8위로 올라섰지만 최원호 감독은 결국 성적 부진을 이유로 물러났다. SSG전이 우천 취소된 26일 퇴진이 확정되었고, 27일 공식 발표가 나왔다.

최원호 감독만 물러난 게 아니었다. 박찬혁 대표이사도 자진 사퇴하며 동반 책임을 졌다. 감독 교체만큼 구단 내부에 큰 충격을 안겼다. 구단 자생력과 수익성 향상을 위해 여러 스폰서와 함께 새 비즈니스 모델을 선보인 박찬혁 대표이사는 늘어난 구단 수입을 선수단 지원과 인프라에 재투자하며 팬덤을 강화하는 구조를 만들었다. 구단 역대 최고 매출을 올리며 매진 기록도 세웠지만, 노력이 성적으로 이어지지 않았다.

그는 SNS에 "올 시즌은 성장을 증명해 나가야 하는 출발점으로써 중요한 시기다. 그러나 계획과 달리 시즌 초반 부진으로 기대하셨던 팬분들께 죄송하다. 조직의 대표로서 책임을 통감한다. 이에 반등의 기회를 남겨둔 시점에 이 자리에서 물러나고 한다"라고 사퇴의 변을 밝히며 "이글스와 함께한 시간들은 제 인생에서 가장 강렬한 시기였고, 맹목적인 사랑의 순간들이었기에 앞으로도 마음 깊이 이글스와 함께하겠다"라고 적었다.

주장 채은성도 "선수들한테 너무나 진심이셨고, 물심양면으로 많이 도와주셨다. 그동안 여러 사장님을 뵀지만 박찬혁 사장님 같은 분은 못 봤다. 앞으로도 못 볼 것 같다"며 안타까워했다.

손혁 단장도 동반 사퇴 의사를 밝혔지만 "누군가 남아 상황을 정리해야 할 사람이 필요하다"는 박찬혁 대표이사의 만류로 팀에 남았다.

5월 28일 대전 롯데전을 앞두고 최원호 감독이 구장을 찾아 짐을 빼고 선수단과 마지막 인사를 했다. 인사를 드리고자 감독실에서 잠깐 얼굴을 본 최원호 감독은 홀가분한 표정이었다. 시즌 초반 연승을 달릴 때도 성적에 대한 부담감 때문인지 오히려 편해 보이지 않았는데 이날은 이전에 봤던 그 여유로운 표정이었다. 한 관계자는 "초반에 연승을 달린 게 결과적으로 독이 된 것 같다. 기대치가 너무 높아지면서 최원호 감독도 큰 스트레스를 받았다"라고 귀띔했다.

"나중에 소주 한 잔 하시죠"라며 악수를 건네는 최원호 감독의 옆에는 감독대행을 맡은 정경배 수석코치가 있었다. 둘은 40년 지기 친구 사이로 최원호 감독이 사령탑에 오른 뒤 한화로 다시 불렀다. 친구를 떠나보낸 정경배 대행은 "내가 더 잘해서 도움이 되어야 했다. 40년 지기 친구이기도 하고, 미안한 마음이다. 많이 울었다"며 목이 메인 듯 말을 잇지 못했다. 그는 "밖에서 어떻게 될지 모르겠지만 감독님이 안에선 팀을 잘 만들어 놓으셨다고 생각한다"며 "새로운 감독님이 오시기 전까지 선수들이 동요하지 않게끔 하겠다"라고 말했다.

그때 미처
못다 한 이야기

넷

 그동안 한화 관련 기사를 쓰면서 가장 많이 쓴 단어는 아마도 '리빌딩'일 것이다. 정말 지겹도록 쓰고 또 썼다. 성적이 안 나는 팀들이 면죄부처럼 쓰는 단어인데 한화도 그런 팀이었다. 말로만 반복하던 한화의 진짜 리빌딩은 2020년 시즌이 끝나고 나서 시작되었다.
 정민철 단장이 리빌딩 버튼을 제대로 눌렀다. 5년 장기 계획을 수립하며 판을 완전히 갈아엎었다. 당장 빛을 보기 어려운 결단을 내렸고, 그 시기에 모으고 키운 선수들로 시간이 지나 마침내 팀 전력의 기둥들을 세웠다.
 그런 정민철 단장도 성적이 나지 않자 갈수록 낯빛

이 어두워지고, 말수가 줄었다. 성적에 대한 스트레스가 얼마나 심한지 느낄 수 있었다. 단장 임기를 마치고 해설위원으로 돌아간 그는 "한화가 우승하면 대성통곡할 것 같다"며 여전한 애정을 보이고 있다.

 리빌딩 기간 핵심 선수 중 한 명이 2015년 2차 1라운드 전체 1순위 투수 김민우였다. 신인 때부터 덩치는 산만한데 선한 미소가 눈에 확 들어왔다. 착하기로 소문난 선수였다. 한때 같은 오피스텔에 살았고, 몇 차례 오고 가면서 마주치다 보니 자연스럽게 더 응원했다.

 2021~2022년 2년 연속 개막전 선발로 나서면서 잠재력을 꽃피웠다. 그러나 2023년부터 부상의 늪에 빠졌다. 2024년을 준비하며 겨울에 6주간 미국 야구 아카데미에서 사비를 들여 훈련하는 등 자기 투자를 했지만, 3경기 만에 팔꿈치 부상으로 수술을 받고 시즌 아웃되어 너무 안타까웠다. 재활 중에 만난 그는 "지금 이두 보세요. 웨이트로 찢고 있어요. 몸이 더 좋아졌어요"라며 밝게 웃었다. 재활이 다소 늦어지면서 2025년에는 복귀가 쉽지 않지만, 리빌딩의 선두주자였던 김민우의 건강한 복귀가 벌써 기다려진다.

감독들의 무덤에 찾아온 김경문 감독

 2년 연속으로 시즌 중 감독이 물러났다. 야신이라고 불린 명장도, 프랜차이즈 스타 출신 감독도, 외국인 감독도, 박사 학위를 가진 학구파 감독도 줄줄이 계약 기간을 채우지 못하고 시즌 도중 하차하며 한화는 '감독들의 무덤'이라는 오명을 피하지 못했다. 툭하면 감독을 바꾸고 1년도 기다릴 줄 모르는 이 팀을 대체 누가 살릴 수 있을지 의문이었다.

 한 야구인은 "한화는 사람을 너무 자주 바꾼다. 감독도 그렇고, 사장이나 단장이 오랫동안 구단을 이끌어야 한다. 당장 성적이 안 난다고 압박하면 계속 원래대로 또 돌아가는 것이다. 야구를 좋아하더라도 이쪽 사정을 모르는 사람이 사장으로 오면 전문성을 갖추는 데 2, 3년이 걸린다. 중요한 자리를 맡길 거면 신중하게 결정한 뒤 최소한 5년은 믿고 쭉 가야 한다. 야구 잘하는 팀들 보면 사장, 단장, 감독을 쉽게 안 바꾼다. 한화는 그런 면이 부족하다"라고 꼬집었다.

한화는 암흑기로 접어든 뒤 감독뿐만 아니라 대표이사, 단장도 계속 바뀌었다. 2008년부터 2024년까지 17년간 사장과 감독은 7명, 단장은 6명이 거쳐갔다. 평균 재임 기간이 3년도 안 된다. 감독은 3년을 꽉 채운 사람이 전무했다.

매번 수뇌부가 바뀌니 구단 방향성도 갈피를 잡지 못한 채 '갈짓자'였다. 연속성이라는 게 유지될 리 없었다. 감독이 바뀌면 코치들이 바뀌고, 선수들도 크고 작은 영향을 받아야 했다. 당장 결과를 내지 못하면 판을 갈아엎기 바빴다. 진득하게 기다릴 줄 몰랐다. "한화에 그 어떤 감독이 와도 오래 못 간다. 내년 이맘때 또 다른 감독으로 바뀌겠지"라는 조소도 있었지만 한화로선 할 말이 없었다.

시즌이 한창 진행 중이라 새 감독 후보는 제한적이었다. 소속된 팀이 없는 '야인'들이 유력 후보로 떠올랐고, 국가대표 감독을 지낸 명망 높은 거물 야구인들이 후보로 추려졌다. 그중 한 명이 개인 사정을 이유로 면접을 고사하면서 후보는 사실상 단일화되었다.

또 다른 후보들도 있었지만 2008년 베이징 올림픽 금메달을 이끈 '명장' 김경문 전 국가대표팀 감독의 존재감을 넘을 순 없었다. 그룹 윗선이 내세운 '카리스마가 있고, 야구계 명망이 높은 리더'라는 기준에 충족하는 적임자가 66세의 노장 김경문 감독이었다.

어수선한 팀 상황을 빠르게 수습하면서 성적을 끌어올릴 수 있는 경험자가 필요했고, 연륜과 관록이 있는 김경문 감독은 검증된 카드였다. 이름 끝자를 따서 '달(MOON)' 감독으로 불린 김경문 감독의 한화행을 두고 '대전에 달이 떴다'는 표현을 여러 매체에서 똑같이 썼다.

2024년 김경문 감독 취임식.

6월 2일 대구 삼성전을 마친 뒤 한화는 김경문 감독을 새 사령탑으로 발표했다. 그 다음 날인 3일 오후 대전 한화생명이글스파크에서 취임식이 열렸다. 74번 등번호가 새겨진 오렌지색 유니폼을 입은 김경문 감독은 꽤 상기된 표정이었다.
　2018년 6월 NC 사령탑에서 물러난 뒤 6년 만에 프로야구 현장에 복귀했으니 그 기쁨이 얼마나 컸을까. 유니폼을 입으며 "잘 어울리나요?"라며 웃은 김경문 감독은 "다시 현장에 왔으니 차근차근 실행에 옮기면서 우리 한화 이글스를 강팀으로 만들 수 있도록 최선을 다하겠다"라는 인사말을 했다. 류현진으로부터 축하 꽃다발을 받은 김경문 감독은 첫날부터 '우리 한화'라는 표현을 반복해 쓰면서 하나된 팀을 강조했다.
　기자회견에선 독한 질문들도 나왔다. 유능한 감독들도 실패한 팀이라는 질문에 김경문 감독은 "감독이라면 정말 오랫동안 잘해내고 싶지만 숙명처럼 성적이 안 나면 받아들여야 할 부분이다. 부담감보다는 제가 해야 할 걸 하려고 한다"라고 답했다.
　앞서 두산과 NC에서 시즌 도중 물러난 과거에 대한 질문도 나왔다. 두산에선 2011년 6월 자진 사퇴했고, NC에선 2018년 6월 현장 리더십 교체라는 단어로 포장된 경질을 당한 바 있다. 김경문 감독은 "감독은 성적이 나쁘고 무슨 일이 있다면 팀을 위해 책임질 수도 있어야 한다. 이번에는 끝까지 잘 마무리하고, 제 목표를 꼭 이루고 떠나고 싶다"라고 말했다. 60대 중반 나이를 고려하면 한화가 마지막 기회라는 걸 그도 잘 알고 있었다.

김경문 감독이 말한 '목표'는 다른 게 없었다. 한국시리즈 우승. 2004년 두산에서 감독을 시작해 8시즌을, 9구단 NC 초대 사령탑으로 첫해 2군을 제외하고 2018년까지 6시즌을 지휘했다. 14시즌 통산 896승을 올리며 10번이나 포스트시즌에 진출했다. 한국시리즈에도 무려 4차례 올랐지만, 전부 준우승으로 마지막 한 고비를 넘지 못했다. 2021년 도쿄 올림픽에서 대표팀 감독을 맡았지만 노메달로 끝나면서, 김경문 감독의 지도자 인생은 한국시리즈 우승 없이 마침표를 찍는 분위기였다. 젊은 감독들로 세대 교체가 되면서 2019년부터 5년간 KBO 리그에는 60대 감독이 없었다.

60대 고령에도 김경문 감독은 2022년 미국 LA 다저스 산하 마이너리그 지도자 연수를 받으며 '때'를 기다렸다. 1년 넘게 부름이 없었지만 운명처럼 한화가 그를 찾았다. 우승의 한을 풀 수 있는 기회가 온 것이다.

김경문 감독은 "현장을 떠나 있으면서 여러 생각이 들었다. 아쉬웠던 부분들에 대한 생각이 많았다. 아쉬운 부분은 아실 것이다. 2등이라는 게 저 자신에겐 많은 아픔이었다. 이곳 한화 이글스에서 팬들과 함께 꼭 우승에 도전, 꼭 우승을 하고 싶다"라고 말했다.

과거 김경문 감독은 '카리스마'의 결정체 같은 인물이었다.

2012년, 2015년 NC 담당을 겸하며 지켜봤지만 쉽게 다가설 수 없는 존재였다. 워낙 강성이라고 소문이 났고, 실제로 그랬다. 무섭지만 뒤끝이 없고 화통한 김응용 감독이나 화를 내고 역정을 내지만 속정이 깊은 김성근 감독과는 전혀 다른 카리스마였다.

김경문 감독은 같이 있으면 뭔가 모를 불편함이 있었다. 농담을 하고 웃고 있어도 결코 편하지가 않았다. 그 불편함은 리더십의 요체였다. 굳이 감독이 말을 많이 안 해도 선수들이 알아서 빠릿빠릿하게 움직였다. 한 번 감독 눈 밖에 나면 끝날 수 있다는 걸 선수들도 본능적으로 알고 있었다. 김경문 감독의 팀에는 늘 긴장감이 있었다.

선수 보는 안목이 뛰어난 김경문 감독은 선수를 발굴하고 키울 줄 아는 명장이었다. 선수단 장악력도 확실해 두산과 NC 시절 꾸준히 스타 선수들을 배출하며 팀을 가을야구 안정권으로 올려놓았다.

끊임없이 경쟁을 유도하며 한 치의 흐트러짐도 용납하지 않는 강한 리더십은 그러나 선수들의 연차가 쌓일수록 피로감으로 쌓였다. 우승을 하면 보상을 받고 피로감이 해소될 수 있지만 우승을 못했고, 두산과 NC 시절 마지막 해에는 성적이 수직 하락했다. 이런 피로감은 선수들뿐만 아니라 일부 프런트들도 피부로 느꼈다.

돌아온 김경문 감독의 카리스마는 여전했다. 6월 7일 대전

NC전에서 오랜만에 덕아웃에서 김경문 감독을 만났다. 말없이 쓱 쳐다보며 악수를 건네는데 역시나 불편했다. 인터뷰를 할 때도 평소보다 불편했다. 누가 시킨 것도 아닌데 짝다리를 짚거나 벽에 기대지 않았고 각 잡고 정자세로 했다. 10분가량 그 자세를 유지하니 조금 과장해서 말하면 다리가 후들거렸다.

카리스마는 전혀 죽지 않았지만 선수들과의 소통법은 바뀌어 있었다. 선수들에게 먼저 주먹 인사를 건네고 웃으며 대화를 나누는 등 부드러운 스킨십에 나선 것이다. "나 무서운 사람 아닌데. 그동안 못했던 것 열심히 하고 있다. 선수들 편하게 해주려 한다. 밖에 나가서 있다 보니 내가 너무 이기는 데만 신경을 썼던 것 같다. 이제는 선수들에게 좋은 말도 해주고 스킨십을 하려고 한다. 20대 초반 어린 선수들은 내가 더 어려울 것이다. 더욱 많이 스킨십하겠다. 선수들이 나를 편안하게 생각해야 내가 생각하는 걸 선수들이 잘 이해할 수 있다고 생각한다. 그래도 좋은 야구를 할 수 있다"는 게 김경문 감독의 말이었다.

김경문 감독의 깊은 스킨십 대상 1호는 투수 김서현이었다. 2023년 전체 1순위 신인으로 데뷔해 데뷔전에서부터 최고 시속 160km를 뿌리며 무한한 잠재력을 뽐낸 김서현은 제구 난조로 성장통을 겪고 있었다. 2년 차가 된 2024년에는 팔 각도와 투구폼이 계속 바뀌면서 1, 2군을 오르내렸다. 제구를 잡으려다 장점인 구속까지 떨어지면서 우려를 샀다.

자신감이 바닥이 떨어진 김서현을 김경문 감독이 따로 불렀다. 6월 8일 대전 NC전을 마친 뒤 2군이 있는 서산에 있던 김서현을 대전으로 부른 것이다. 자신이 트레이드될 거라고 걱정하던 김서현은 김경문 감독과 저녁을 먹으며 마음을 다잡았다.

김경문 감독은 "네 나이 때는 단순하게 살아야 한다. 러닝 많이 하고, 웨이트하면서 잘 먹고, 운동 열심히 해서 피곤하면 자고, 그렇게 단순하게 해야 한다. 네가 감독도 아니고, 벌써 그렇게 생각 많을 필요 없다"라고 말했다.

2년 차 20살 어린 선수였지만 기대치가 높았던 만큼 실망감도 컸다. 외부 평가도 그랬지만 스스로 거울을 보면서 "넌 아직 아니다"라고 말할 만큼 실망감이 상당했다. 자존감 높은 김서현의 성향을 파악했는지 김경문 감독은 조용히 그를 불렀다.

자칫 선수 편애로 비쳐질 수 있어 걱정했지만 김서현의 재능은 한화를 넘어 리그 전체의 자산이다. 특별한 관심과 애정, 조언이 필요했다. 김경문 감독은 "감독이 아니라 야구 선배로서 얘기한다. 너의 재능을 많은 팬이 보고 싶어 한다"는 말로 용기를 북돋아주고 김서현을 서산으로 돌려보냈다.

그로부터 얼마 지나지 않아 김서현은 1군에 올라왔고, 여유 있는 상황에서 먼저 투입되었다. 양상문 투수코치가 합류한 후반기에는 한 가지 폼으로 고정하더니 필승조로 폭풍 성장했다.

후반기 첫 경기였던 7월 11일 고척 키움전에서 연장 11회

로니 도슨에게 끝내기 안타를 맞고 주저앉았지만 "잘했다. 고개 숙이지 마라"며 위로했다.

김경문 감독도 "볼볼볼 해서 볼넷을 주고 실점했다면 실망이겠지만 자기 공을 던져서 안타 맞은 것 같고 뭐라 하면 안 된다. 난 칭찬하고 싶다. 잘 던졌다"라고 박수를 보냈다. 이후 13경기 연속 무실점으로 하루가 다르게 좋아졌다.

김서현은 "감독님께서 나이가 있으시지만 친근하게 다가와 주셔서 어렵다는 생각이 들지 않는다. 관심을 보내주시는 만큼 더 잘해야겠다는 생각이 든다"라고 말했다. 김경문 감독의 스킨십이 아니었다면 김서현이 이렇게 빨리 방황을 끝내지 못했을 것이다.

사그라진 돌풍,
정우람의 눈물

　김경문 감독 체제로 바뀌었지만 당장 눈에 띄는 반등은 없었다. 7월 13일 대전 LG전부터 21일 대전 KIA전까지 7연패를 했다. 기록되지 않은 수비 실수들이 나오며 투수력이 흔들렸다.

　김경문 감독은 "어중간하게 방망이 좀 치면서 수비 못하는 게 가장 안 좋다. 우리 한화는 앞으로 타격도 많이 연습해야 하지만 수비를 더 많이 연습해야 한다. 그래야 강팀이 될 수 있다. 수비에서 잡을 수 있는 타구를 놓치고 실수하면 투수가 힘들어진다. 야수 미스 하나로 1이닝을 까먹는다. 불펜을 빨리 써야 하고, 더 많이 던져야 한다. 악순환이다. 앞으로 그런 숙제를 잘해야 진정한 강팀이 될 수 있다"라며 "연습을 많이 해야 한다. 지면서 답을 찾는 건 천만의 말씀이다. 지는 데 제구가 생기고, 방망이가 잘 돌아갈 수 없다. 잘될 수 있어도 그건 잠깐이다. 연습을 많이 해야 한다"라고 말했다. 시즌이 한창 진행 중이었지만 김경문 감독의 시선은 이미 시즌 후 마무리캠프로 향해 있었다.

가을야구에서 멀어졌다고 생각한 그때, 마침내 반등이 시작되었다. 7월 28일 잠실 LG전에서 9-6으로 역전승한 게 시작이었다. 그날 한화는 조금 이질적인 색상의 유니폼을 입었다. 구단 상징인 오렌지나 기존에 쓰던 그레이, 다크그레이가 아닌 파란색이었다. 여름을 상징하는 시원한 블루 색상을 바탕으로 고유 컬러 오렌지는 가슴에 팀명으로 넣어 포인트를 살렸다. 색상도 새롭지만 가볍고 시원한 소재로 기능성을 최대한 살렸다. 기존 유니폼보다 90g 가볍고, 뛰어난 통기성과 자외선 차단 기능을 갖춰 땀을 빠르게 흡수했다.

공교롭게도 이 파란색 유니폼을 입고 한화의 경기력도 살아났다. 7월 30일부터 8월 1일까지 수원 KT전을 싹쓸이했다. 당초 7~8월 원정 경기 때만 입기로 했는데 선수단 요청으로 홈에서도 착용했다. 8월 2일 대전 KIA전까지 5연승을 질주하면서 '푸른 한화' 열풍을 일으켰다. 노시환은 "선수들도 계속 이기니까 블루 유니폼을 입고 싶어 한다. 경기할 때 시원하고 땀도 덜 찬다"라고 만족스러워했다. 블루 유니폼을 입고 21승 13패, 6할대(.618) 승률로 무섭게 치고 올라갔다.

2024년 8월의 한화 이글스 선수들.

    블루 유니폼을 입고 선수들이 동반 상승했다. 부상 여파로 전반기 내내 고전하던 채은성이 8월에 완전히 살아났다. 유망주 꼬리표를 떼지 못하던 외야수 장진혁도 김경문 감독의 전폭적인 믿음 속에 맹타를 휘둘렀다. 신인 황영묵도 3할대 타율과 함께 몸을 사리지 않는 허슬 플레이로 분위기를 끌어올렸다. 전반기에 2번이나 2군에 내려갔던 문동주도 손톱 문제로 봉인하던 포크볼을 꺼내면서 투구 퀄리티가 확 좋아졌다. 산체스의 부상 대체 외국인 투수로 와서 연장 계약에 성공한 라이언 와이스도 날카로운 스위퍼로 에이스급 투구를 펼쳤다. 박상원이 불펜 에이스로 급반등하며 중간 싸움을 책임졌고, 주현상도 마무리로 뒷문을 철통 방어했다. 류현진도 전반기 기복을 딛고 후반기에는 안정감을 유지했다.

투타 밸런스가 완벽하게 맞아떨어지면서 뜨거운 여름을 보냈고, 5강 경쟁에 뛰어들었다. 9월 4일 광주 KIA전에서 10회 장진혁의 과감한 주루로 결승점을 내며 4-3으로 승리, 5위 KT에 1경기 차 6위로 바짝 따라붙었다. 하지만 거기까지였다.

대반격의 핵심이었던 문동주가 어깨에 불편함을 느끼며 선발 로테이션에서 이탈한 것이다. 문동주는 9월 4일 대전 두산전에서 승리한 뒤 "사실 시즌 초반에 등이 조금 안 좋았다"라고 털어놓았다. 쇄골 아래에 자리한 어깨뼈, 견갑골에 불편함이 있어 팔 스윙이 경쾌하지 않았다. 공을 못 던질 정도는 아니었지만 투구 밸런스에 영향을 미치며 제구가 흔들리고, 구위도 구속에 비해 떨어졌다.

견갑골이 회복되면서 후반기에 반등했지만 어깨 쪽에 피로가 쌓였다. 이닝 수나 투구 수만 보면 많은 수치가 아니었으나 지난해 2번이나 국제대회에 참가하며 데미지가 쌓였다. 겨우내 천천히 빌드업했지만 시즌 개막을 앞두고 MLB 월드투어 스페셜게임 선발로 던지면서 무리가 갔다. 어깨에 피로가 누적되었고, 문동주는 9월 11일 1군 엔트리에서 제외되었다. 사실상 시즌 아웃. 김경문 감독은 "(문)동주가 안 아프고 돌아왔으면 좋겠지만 그게 안 됐으니까 잊어야 한다"며 애써 아쉬움을 달랬다.

대체 선발들이 투입되었지만 문동주의 빈자리를 메울 순 없었다. 부상 타이밍이 아쉽긴 했지만 문동주의 탓으로만 돌릴 수 없었다. 이 같은 변수를 대처할 만한 뎁스가 부족했다. 외국인 타자 요나단 페라자도 5월 31일 대구 삼성전에서 외야 수비 중 펜스에 부딪쳐 가슴 부상을 당한 뒤 잃어버린 타격 밸런스를 시즌 끝까지 찾지 못했다.

여름이 끝나며 거칠 것 없던 푸른 한화의 기세도 완전히 꺾였고, 시즌 마지막은 다소 맥없이 끝났다. 최종 순위 8위. 6년 연속 포스트시즌 좌절이었다. 김경문 감독이 지휘봉을 잡은 뒤 42승 44패 1무(승률 .488)로 5할에 근접한 성적을 냈지만 드라마틱한 반전은 일어나지 않았다.

9월 29일 대전에서 NC를 상대로 시즌 최종전을 치렀다. 경기 전 김경문 감독은 "아쉽다. 팬들과 약속을 올해도 지키지 못했다는 게 감독으로서 굉장히 죄송하다"며 "올해 전혀 나쁜 것만 있었던 건 아니다. 시즌은 끝났지만 끝난 게 아니다. 다시 시작하는 마음으로 선수들과 땀 흘려서 내년 3월에 만나야 한다. 더 강한 모습으로 팬들을 만나야겠다는 생각밖에 없다"라고 내년 시즌을 기했다.

이날은 1964년 개장한 대전 한화생명이글스파크에서의 마지막 경기이기도 했다. 과거 대전 한밭운동장 야구장으로 불린 이곳은 김경문 감독 개인적으로도 인연이 깊었다.

공주고 학창 시절부터 프로야구 출범 이후 첫 3년간 OB 베어스가 임시 홈으로 썼던 구장으로 추억이 있지만 김경문 감독에겐 감상에 젖을 시간이 없었다. 취재진이 야구장 이야기를 꺼내자 김경문 감독은 "글쎄, 가슴 속에는 (추억이) 많다. 그건 우리 한화가 잘하고 난 다음에 얘기하겠다"며 말을 아꼈다.

한화의 흥망성쇠를 함께한 대전 한화생명이글스파크의 마지막 주인공은 투수 정우람이었다. 은퇴 경기에 데뷔 첫 선발로 나선 정우람은 NC 1번 타자 최정원에게 우전 안타를 맞고 내려가면서 프로 21년 커리어를 마감했다. 통산 1,005경기는 아시아 단일 리그 투수 최다 경기 출장으로 정우람의 철저한 자기 관리와 꾸준함을 보여주는 대기록이었다.

이날 경기도 한화는 2-7로 패했지만 정우람의 은퇴식은 영구결번 레전드 선수들 못지않게 성대했다. 시작은 SK에서 했지만 한화로 FA 이적해서 은퇴식까지 선물받았다. 수많은 선수가 한화에 FA로 왔지만 은퇴식을 치른 선수는 김민재에 이어 정우람이 2번째. 9년간 통산 404경기에서 135세이브를 거둔 성적도 좋았지만 모범적인 선수 생활로 어려운 팀의 든든한 버팀목이 되어준 게 높이 평가되었다.

경기 전 인터뷰 때부터 정우람은 울컥했다. "되게 슬프다. 제가 2016년 이곳 한화 이글스에 왔다. 많은 관심과 사랑을 받고 대전에 왔다. 은퇴를 결정하고 제일 먼저 생각난 건 9년 동안 한

2024년도 정우람 선수의 은퇴식.

화 팬분들을 많이 기쁘게 해드리지 못해서, 많은 사랑만 받고 가는 것 같아 마음이 안 좋다"라고 말하는 정우람의 두 뺨 위로 눈물이 흘렀다.

은퇴식에서도 양쪽으로 도열한 후배들의 박수 속에 마운드로 걸어간 정우람은 전광판에 뜬 지인들의 축하 메시지를 보면서 하염없이 울었고, 은퇴사를 마친 뒤 후배들을 일일이 언급하면서 당부의 메시지도 전했다.

1년 전 KBO 리그 최초로 1,000경기 출장 기록을 세웠을 때 후배들에게 특별 반지와 명품 신발, 순금 한 돈을 선물로 받을 만큼 정우람은 선수들에게 존경받는 존재였다.

정우람이 그때 트레이드되었더라면 있을 수 없는 은퇴식이었다. 정우람은 2020년 NC로 트레이드될 뻔했다. 당시 한화는 18연패 수렁에 빠지며 일찌감치 꼴찌로 추락했고, 특급 마무리 정우람을 쓸 기회가 많지 않았다.

본격적인 리빌딩으로 전환하면서 정우람이 트레이드 매물로 떠올랐고, 당시 1위를 달리고 있었지만 마무리가 약점이었던 NC가 그를 노렸다. 양 팀의 상황과 니즈가 절묘하게 잘 맞아떨어져 트레이드가 이뤄질 것 같았는데 결국 불발되었다.

카드가 맞지 않기도 했지만 팬들의 여론도 무시할 수 없었다. 당시 '종신 한화 정우람'이라는 릴레이 댓글이 나올 만큼 정우람의 잔류를 원하는 팬심이 우세했다.

트레이드 마감일이 지나며 마음 고생을 끝낸 정우람은 "시간이 약인 것 같다. 트레이드설이 나올 때는 마음이 복잡했는데 지나고 나니 추억이다"라며 "트레이드를 주장하시는 분들도 팀의 미래를 위해, 한화를 사랑하는 마음에서 생각하신 것이다. 한화를 사랑하는 팬들의 마음을 느낄 수 있었다. 앞으로 한화에서 해야 할 일이 많다. 구단에서 좋은 대우를 해준 만큼 충성을 다하겠다"라고 마음을 다잡았다.

그렇게 한화에서 5년의 시간을 더 보낸 그는 은퇴했지만 팀을 떠나지 않았다. 한화 퓨처스 불펜코치로 제2의 야구 인생을 시작했다.

시즌 순위 8위(66승 76패 2무) / **승률** .465 / **PS** 탈락

팀 ERA 5위(4.98) / **최소 실책** 5위(105개) / **타율** 8위(.270) / **OPS** 9위(.745)

투수 WAR	타자 WAR
류현진(4.44)	노시환(2.41)
주현상(3.13)	페라자(2.13)
와이스(2.92)	최재훈(1.82)
문동주(1.77)	황영묵(1.39)
바리아(1.69)	안치홍(1.33)

류현진과 고참들,
겨울 바다에 몸을 던지다

　정우람의 은퇴식을 끝으로 대전 한화생명이글스파크는 팬들과 작별을 고했다. 선수들에겐 끝이 아니었다. 정규 시즌이 끝난 후 3일만 쉬고 다시 이곳에서 훈련이 시작된 것이다. 김경문 감독은 "우리 같이 일찍 끝난 팀은 뭔가 부족하고 약하니까 그런 것 아니겠나. 포스트시즌에 못 올라갔으니 지금부터 준비를 많이 해야 한다"라고 말했다. 시즌이 끝나면 못해도 일주일 정도 휴가가 주어지는데 한화 선수들에겐 딱 3일이었다.

　KT와 두산의 와일드카드 결정전 2차전이 열린 10월 3일 한화 선수들이 다시 구장에 모였다. 풀타임으로 선발 로테이션을 소화한 류현진만 빼고 고참 선수들도 예외 없이 참가했다.

4일 훈련, 1일 휴식 일정으로 일찌감치 2025년 시즌 준비에 들어갔다. 관중석이 텅 비어 있지만 선수들의 기합과 파이팅 소리가 그라운드를 꽉 채웠다. 김경문 감독이 곳곳에서 선수들의 훈련 자세를 유심히 지켜봤다. 이맘때 훈련은 아무래도 긴장감이 떨어지기 마련인데 고참 선수들이 앞장서서 움직였고, 스프링캠프를 방불케 하는 훈련이 이어졌다.

김경문 감독은 '지옥 훈련'이라는 표현에 손사래를 쳤지만 5군데에서 쉴 새 없이 로테이션으로 이뤄지는 타격 훈련의 강도가 높았다. 훈련 시간이 엄청나게 길진 않아도 밀도가 있었다. 수비, 주루, 팀플레이 훈련도 게을리하지 않았다. 고참들부터 신인들까지 합류하면서 그라운드에는 선수들로 차고 넘쳤다.

김경문 감독은 얼마 안 가 마무리캠프가 열리는 일본 미야자키로 먼저 떠났다. 교육 리그를 참관하며 그동안 잘 못 봤던 2군 선수들까지 두루 체크했고, 여기서 몇 명을 남겨 10월 24일부터 선수만 47명이나 되는 대규모 마무리캠프를 진행했다.

주장을 연임하게 된 채은성은 "LG 시절 어릴 때 이후 이렇게 일찍 마무리 훈련을 하는 건 처음이다"며 "2년 연속 가을야구에 못 나간 건 오랜만이다. 가을야구의 짜릿함을 알기 때문에 더욱 아쉽다. 한화 선수들과도 같이 가을야구를 해보고 싶다. 그런 시기가 곧 올 것이다. 어려운 상황에서 이겨낼 수 있는 힘을 모아야 한다. 마무리캠프에서 그런 분위기를 다지는 시간이 될 것이다"라고 이야기했다.

한화가 일찌감치 마무리캠프에 들어간 사이 한국시리즈는 KIA의 12번째 우승으로 끝났다. 10월 28일 광주-기아 챔피언스필드에서 우승 축포를 터뜨리며 기뻐한 KIA 선수 중에는 한화 출신 투수 김도현(개명 전 김이환)과 내야수 변우혁도 있었다. KIA 우승을 이끈 이범호 감독도 한화맨이었다.

KIA의 우승 현장을 보면서 '한화는 언제쯤 우승할 수 있을까'라는 혼자만의 생각이 또 한 번 스쳐갔다. 매년 이맘때 다른 팀들의 치열한 가을야구를 보면서 비슷한 생각을 했고, 빨리 포스트시즌이 끝나길 바랐다.

시즌 후 FA 시장에서 또 한화가 큰손으로 나설 거라는 소문이 파다했다. 어느 누군가 "손혁 단장의 시즌이 돌아왔다"라고 말했다. 손혁 단장은 "최소 한 명은 사야겠죠? 누구를 사야 해요?"라고 묻기도 했다. 답은 이미 정해져 있는 것 같았다.

FA 개장 2일 차였던 11월 7일 한화가 깜짝 소식을 전했다. 4년 최대 50억 원 조건으로 내야수 심우준을 영입한 것이다. 바로 다음 날에는 투수 엄상백을 4년 최대 78억 원에 잡으며 이틀 만에 FA 쇼핑을 빠르게 끝냈다. 엄상백의 경우 투수력 보강 차원에서 필요한 영입이라는 평가가 주를 이뤘지만 심우준 영입을 두고선 말이 나왔다. 아무리 수비가 좋은 유격수라도 통산 타율 .255의 타자에게 지나친 '오버 페이'라는 평가였다.

하지만 김경문 감독이 콕 집어 요청한 선수를 구단이 잡지 않을 수 없었다. 원 소속팀 KT도 그에 못지않게 제안하면서 몸값이 크게 높아졌다. 구단이 느낄 부담을 걱정한 김경문 감독이 "내가 잡아 달라 했다고 해라"는 말을 하기도 했지만 구단에선 그렇게 하지 않았다. 프런트와 현장의 심도 있는 논의로 이뤄진 영입이라고 했다. 김경문 감독은 심우준의 수비, 주루 가치를 10승 투수에 비유할 정도로 믿음을 나타냈다.

심우준과 엄상백은 FA 계약 후 미야자키 마무리캠프로 향했다. 11월까지 KT와 계약된 신분이라 함께 훈련할 순 없었지만, 한화 선수들과 이야기를 나누며 팀에 녹아드는 시간을 가졌다. 그때 한화 훈련을 보는 것만으로도 뭔가 다른 분위기를 느꼈다.

심우준은 "앉아서 훈련을 보기만 하면 졸릴 만도 한데 하나도 안 졸렸다. 베테랑 선배님들도 수비 훈련 때 다이빙하는 걸 보고 바로 분위기를 알아차렸다"라고 말했다.

채은성, 안치홍, 최재훈, 이재원 등 고참 선수들이 주도한 마무리캠프 분위기는 김경문 감독도 "마음을 하나로 잘 모았다"라고 말할 만큼 만족스러웠다.

한화 고참들은 마무리캠프가 끝난 뒤 얼마 안 지나서 또 모였다. 12월 11일 태안 서해 앞바다에 류현진을 필두로 8명의 30대 고참 선수들이 겨울 바다에 입수한 것이다. 시즌 전 5강 실패 공약을 진짜로 지킨 것이다.

12월 중순 한겨울이었는데 얇은 트레이닝복 차림으로 바다에 몸을 담갔다. 이태양은 아예 상의를 탈의했다. '하나 둘 셋'을 외친 뒤 동시에 머리를 차디찬 바닷물에 집어넣었다. 흠뻑 젖은 선수들은 온몸에 한기가 돌았는지 몸을 감싸거나 발을 동동 굴렀다. 몇 초 안 되는 짧은 영상 속에서도 한화 고참들의 진심이 느껴졌다.

SNS에 인증 영상을 올린 류현진은 '팬 여러분과의 약속을 지키러 겨울 바다 다녀왔습니다. 내년에 제대로 더 잘하겠습니다'라는 메시지를 남겼다. 채은성은 "반성 많이 했고, 내년에 잘하자는 마음으로 바다에 들어갔다"라고 했다.

선배들을 보면서 후배들도 큰 자극을 받았다. 김서현은 "선배님들이 진짜로 그렇게 하실 줄은 몰랐다. 후배로서 가볍게 보기만 하고 넘어갈 건 아니다. 무조건 실력이 늘어야겠다는 생각이 들었다"라고 말했다. 그 말을 할 때 안경 너머로 보이는 눈빛이 날카로웠다.

그렇게 해를 넘겨 2025년이 되었다. 1월 22월 호주 멜버른 스프링캠프 출국을 앞두고 대전에서 만난 몇몇 한화 선수들은 외형이 몰라보게 바뀌어 있었다.

포수 최재훈은 그야말로 얼굴이 반쪽이 되었다는 표현이 딱 맞았다. 36세의 적잖은 나이에도 독하게 다이어트를 했다. 겨우내 식단 조절로 무려 13kg을 감량했는데 "포수 오래 하려면 살을 빼야 한다"는 김경문 감독의 한마디에서 시작된 큰 변화였다. 최재훈은 "그동안 몸이 얼마나 무거웠는지 알겠다. 가벼워진 게 느껴진다. 감독님이 오셔서 오랜만에 다시 어린 선수가 된 느낌이다. 초심으로 돌아갔다"며 유니폼 바지 벨트도 몇 칸 줄었다고 자랑했다.

최재훈보다 한 살 더 많은 베테랑 포수 이재원도 체중 감량으로 몸을 가볍게 했다. 4번 타자 노시환도 부상 방지를 위해 쌀밥을 줄이고 고기, 단백질 위주로 먹으며 10kg를 빼고 얼굴이 갸름해진 채로 나타났다.

반대로 살을 찌운 선수도 있었다. 외야수 이원석. 프로필상 177cm, 69kg으로 작은 체구였는데 겨울을 지나고 본 그는 몸이 많이 커져 있었다. 13kg 벌크업 통해 체중을 81kg으로 늘린 것이다. 마무리캠프 때부터 벌크업 프로젝트를 시작해 마무리캠프 때 6kg을 불렸고 오프 시즌 2달간 7kg 더 늘렸다. 3개월 사이 13kg 증량으로 벌크업에 성공했다.

"이렇게 체중을 늘린 게 처음이다"며 멋쩍게 웃은 이원석은 "최근 2달이 살면서 제일 힘들었다. 하루에 6끼를 먹으면서 식단을 했고, 확실히 힘이 붙은 느낌이 든다"라고 말했다. 평생 마른 몸으로 살았고, 입도 짧지만 음식을 계속해서 입에 욱여넣었다. 체력과 피지컬을 키워 야구를 더 잘하고 싶은 마음으로 고통을 감수했다. "하루도 놀지 않고 운동하면서 먹고 자기만 했다"

는 말에서 결연한 의지가 보였다.

마른 체구였던 투수 조동욱도 삶은 달걀 10개에 닭가슴살을 먹으며 체중을 6kg 증량해 체격이 한층 커져 있었다.

선수들의 의식이 크게 바뀌었고, 시즌 준비 과정에서부터 예년과 다른 독한 기운이 느껴졌다. 김경문 감독이 바라던 것이었다. 1월 22일 1차 캠프지 호주 멜버른으로 출국하기 전 인천국제공항에서 취재진을 만난 김경문 감독은 "선수들의 얼굴을 보니까 준비를 잘하고 온 것 같아 기분이 좋다"며 대단히 반색했다. 이어 캠프 첫날에 선수들을 모아놓고 "지금 우리 이 멤버라면 포스트시즌을 넘어 한국시리즈도 갈 수 있는 좋은 멤버다. 자신감 갖고 우리 다 같이 마음을 모아서 한 번 해보자"며 기를 불어넣었다.

1월 30일 호주 멜버른 캠프에서 만난 김경문 감독은 "우리 한화도 이제 잘할 때가 되었다. 작년 마무리캠프 때부터 고참들을 중심으로 잘 움직인 덕분에 팀 분위기는 그때 이미 만들어졌다. 올해는 정말 뭔가 해내야 한다"면서 한화 팬들에 대한 이야기를 먼저 꺼냈다.

"한화 팬분들이 이렇게 많은 줄 진짜 몰랐다. (비시즌에) 서울에서 길을 걸어가다가도 '한화 파이팅입니다'라는 인사를 몇 번이나 받았는지 모르겠다"는 게 김경문 감독의 말이었다. 선수들에게도 같은 말을 하면서 "우리 팬들이 이렇게 기대를 많이 하시는데 이제는 보답해야 할 시즌이 아닌가 싶다"며 목표 의식을 뚜렷하게 심어줬다.

　FA로 처음 올 때부터 우승이나 가을야구를 얘기하지 않고 현실적인 목표치를 제시했던 채은성은 '3위'를 목표로 설정했다. 그는 "LG에 있을 때 5강에 드는 걸 목표로 하던 때가 있었다. 어느 순간부터 항상 5강에 들어가는 팀이 되더니 4위, 3위, 2위 그리고 1위로 우승까지 하더라"며 "마음이야 당장 우승하고 싶고, 최종 목표는 우승이지만 우리도 그런 과정이 필요하다"라고 단계적 상승론을 펼쳤다. 류현진도 "주장 말 잘 들어야 한다. 3등을 목표로 열심히 하겠다"라고 거들었다.

　조심스럽게 한화의 우승 가능성을 이야기한 사람도 있었다. 한화에 캠프 구장과 시설을 제공하며 지원한 호주 멜버른 에이시스 저스틴 후버 단장이었다. 메이저리그 타자 출신으로 5시즌을 뛰었던 그는 한화와의 인연으로 2024년부터 KBO 리그에 관심을 갖고 봤다.

　한화의 캠프 훈련 과정들도 유심히 지켜본 후버 단장은 "올해 한화 투수력이 아주 강할 것 같다. 김경문 감독이 중요시하는 수비 훈련들도 인상적이다. 아마 올해 한화에게서 점수를 내는 게 쉽지 않을 것이다. KBO 리그에서 아마도 가장 까다로운 팀이 되지 않을까 예상해 본다"라고 말했다. 이때까지만 해도 단순 립서비스인 줄 알았는데 나중에 보니 정확한 예언이었다.

10경기 만의 추락, 얼어붙은 대전의 봄

 일본 오키나와를 거쳐 스프링캠프를 마치고 돌아온 한화. 문동주가 이슈의 중심으로 떠올랐다. 겨우내 어깨 재활을 하면서 천천히 조심스럽게 빌드업하는 과정을 밟은 문동주는 선발 투수로서 투구 수를 늘리는 과정이 필요했다. 공을 던지지 않은 시간이 꽤 길었기 때문에 곧바로 5이닝을 던지는 선발로 쓰기에는 부담이 컸고, 초반에 잠시 불펜으로 쓰는 방안도 검토되었다.

 하지만 이 같은 구상이 '문동주의 불펜 전향'으로 와전되면서 논란이 불거졌다. 3월 5일 귀국한 김경문 감독이 "문동주는 선발이다. 긴 이닝을 던지기 위해 처음에는 짧은 이닝을 소화할 수 있지만 문동주의 보직은 선발이다"라고 못박았다.

문동주는 시범 경기에서 최고 시속 160km 강속구를 뿌리며 건재를 알렸다. 3월 11일 문학 SSG전 1이닝 19구에 이어 14일 사직 롯데전 2이닝 29구로 빌드업했다. 롯데전에서도 최고 시속 159km로 건재를 알리며 개막 선발 로테이션 진입이 확정되었다. 김경문 감독은 "작년 좋았을 때보다도 팔 스윙이 더 좋아 보인다"며 안심했다.

문동주가 개막에 맞춰 컨디션을 끌어올린 가운데 한화는 시범 경기를 2위(5승 2패 1무)로 마쳤다. 첫 2경기를 패했지만 5연승으로 마무리했다.

3월 17일 새 오픈한 대전 한화생명볼파크에서 삼성 상대로 첫 공식 경기도 열렸다. 김경문 감독은 "새 야구장 너무 좋다. 좋은 것밖에 없다. 야구만 잘하면 된다"라고 말했다.

5강 유력 후보로 맞이한 2025 시즌, 개막전 첫 단추부터 잘 꿰었다. 3월 22일 수원에서 열린 KT와의 첫 경기를 4-3으로 승리했다. FA 이적생 심우준이 7회 결승 2루타를 터뜨리며 친정 팀을 울렸다.

5년 만에 개막전 승리를 거두며 기대감을 높였지만, 그 다음 날 연장 11회 마무리 주현상이 배정대에게 끝내기를 맞고 졌다. 그 경기를 끝으로 주현상은 마무리 자리에서 내려왔다. 몇 년간 많이 던진 여파인지 시범 경기 때부터 구위가 올라오지 않았고, 김경문 감독은 마무리 교체 결단을 빠르게 내렸다. 김서현을 새로운 마무리로 발탁하며 불펜을 재구성했다.

그러나 타선이 터지지 않았다. 3월 25~26일 잠실 LG전에서 연이어 무득점으로 타선이 침묵했다. 27일 경기도 9회 겨우 1점을 내는 데 만족하며 4연패했다. 새 외국인 타자 에스테반 플로리얼은 9회 우전 안타를 치면서 개막 20경기 17타수 연속 무안타 침묵에서 벗어났다. 플로리얼을 비롯해 타선 전체가 집단 침묵에 빠졌다. 잘 맞은 안타성 타구들을 LG 중견수 박해민이 몸을 날려 줄줄이 다 잡아내면서 한화의 시즌 초반이 꼬였다.

3월 28일 대전 KIA전에서 코디 폰세의 호투를 앞세워 신구장 정규 시즌 첫 경기를 7-2로 승리했다. 그 다음 날에는 8회 대타 안치홍의 결승타와 9회 마무리 김서현의 세이브로 첫 연승에 성공했다. 반등을 하는가 싶었지만 이후 다시 4연패에 빠졌다. 3점, 2점, 2점, 0점. 터지지 않는 타선이 문제였다. 특히 4월 3일 대전 롯데전에선 2-4로 뒤진 9회 2사 만루에서 플로리얼이 김원중의 포크볼에 타이밍을 빼앗겨 투수 앞 땅볼로 맥없이 물러났다. 개막 10경기 만에 3승 7패, 순위가 10위로 떨어졌다.

4월 4일 대구 삼성전도 무득점으로 졌는데 내야수 8회 대타 문현빈이 좌익수로 수비를 들어간 게 눈에 띄었다. 그 다음 날 삼성전을 앞두고 문현빈에 대해 김경문 감독은 "타격이 생각보다 잘 안 맞으니까, 3루수를 하면서 외야도 병행할 것 같다"라고 말했다. 당초 지명타자, 백업 3루수로 시즌을 준비한 문현빈을

2025년도 시즌 초반의 한화 이글스 관중 응원.

외야로 돌리며 침체된 타격을 살리려 했다.

김태연도 1루와 외야를 오갔다. 김경문 감독은 "난 원래 한 포지션만 원하는데 지금 우리는 응급 상황이다"며 고육책을 써야 할 상황이라고 했다.

그날 경기에서 한화는 6회까지 1-5로 뒤졌지만 7-6 역전승을 거뒀다. 6회 중견수 대수비로 나온 문현빈이 8회 우중월 솔로포로 추격의 불씨를 당겼다. 이진영의 투런포가 터지며 기세를 올린 한화는 9회 2사 1, 2루에서 김재윤의 포크볼을 받아쳐 우측 담장을 넘겼다. 데뷔 첫 연타석 홈런으로 승부를 뒤집는 역전 결승 스리런이었다. 경기 후 문현빈은 "여태까지 야구를 하면서 제일 좋은 순간이다. 홈런 치고 나서 '아 됐다' '이제 풀리겠구나' 그런 생각이 들었다"며 기뻐했다.

많은 사람이 이날 문현빈의 연타석 홈런을 한화의 결정적인 터닝 포인트라고 말한다. 워낙 인상적이었던 경기였고 선수들도 이날을 자주 말하고 있으니 틀린 말은 아니지만, 그 다음 날에도 한화는 타선 침묵 속에 0-10 완패를 당했다.

삼성 선발 데니 레예스에게 8회 문현빈이 우전 안타를 치기 전까지 단 한 명의 타자도 1루를 밟지 못한 채 퍼펙트로 무기력하게 끌려다녔다. 잘 맞은 타구가 거의 없을 만큼 타선 침체가 심각했다.

이에 김경문 감독은 주특기 '발야구'로 돌파구를 찾았다. 그렇게 또 하나의 터닝 포인트가 된 경기가 바로 4월 10일 잠실 두산전이었다.

0-0으로 팽팽한 승부에서 6회에만 무려 5개의 도루를 성공시키며 5득점 빅이닝을 몰아쳤다. 1사 1, 2루에서 1루 주자 문현빈이 2루를 훔친 사이 3루 주자 플로리얼이 홈에 파고들면서 더블 스틸로 선취점을 냈다. 이어 문현빈이 3루까지 훔쳤고, 1루에 나간 노시환도 2루 도루에 성공했다. 김태연의 안타 때 도루를 한 주자들이 모두 홈에 들어왔다. 대주자 이원석도 2루를 훔치

며 두산 배터리를 쉴 새 없이 마구 흔들었다. 한 이닝 도루 5개는 역대 최다 타이 기록으로, 35년 만에 나온 진기록이었다.

김경문 감독이 두산, NC 시절 발야구를 할 때도 1이닝 5도루는 없었다. "타격이 안 맞는다고 해서 너무 소극적으로 하지 말자. 그럴수록 베이스러닝부터 적극적으로 하자"는 김경문 감독의 주문이 통했다. 이 경기를 기점으로 막힌 혈이 뚫리며 팀이 확 살아났다.

한화는 전통적으로 느림보 군단이었다. 과거 대전구장의 펜스 거리가 짧았고, 장타를 칠 수 있는 타자들이 많아 굳이 도루를 많이 할 필요가 없었다. 2001년(135개), 2018년(118개) 2차례 팀 도루 1위에 오른 적이 있지만 지속성이 떨어졌다. 2001년에는 김수연(42개), 2018년에는 이용규(30개), 호잉(23개) 등 몇몇 선수들에게 의존했다면 김경문 감독 체제에서의 발야구는 모든 선수가 다 뛰고 있다.

발이 빠른 이원석은 물론 주력이 아주 빠르지 않은 문현빈과 노시환까지 뛴다. 발이 상당히 느린 포수 이재원까지 무려 18명의 선수들이 도루를 하나 이상 기록했다. 상대 벤치에서도 "한화가 까다로워졌다"는 말이 자주 나왔다.

1, 3루에서 3루 주자가 신경 쓰인 나머지 포수가 2루로 송구를 아예 못한 적도 몇 번 있었다. 복잡한 심리 싸움인 야구에선 상대를 절대 편하게 놔둬선 안 된다. 계속 뭔가를 거슬리게 하고

압박해야 한다. 한화는 주자가 나가면 상대가 어렵게 승부하는 팀이 되었다.

베이스가 커지고 피치 클락이 도입되어 뛰는 야구를 위한 발판이 마련되었고, 발야구를 추구하는 김경문 감독은 선수들의 주루 의식을 완전히 바꿔놓았다.

김경문 감독은 "야구라는 게 매일 잘 칠 수 없다. 치는 건 슬럼프가 오래 가지만 뛰는 건 없다. 발이 그렇게 안 빠른 선수들도 빈틈이 보이면 뛰어야 한다. 그러다 보면 상대 실수가 나오기도 하고, 팀의 득점력도 높일 수 있다"라고 말했다.

5월 2일 광주 KIA전에서도 무려 5명의 선수들이 도루 5개를 하면서 상대를 괴롭혔고, 6월 4일 대전 KT전에선 7회 1, 2루 주자 김태연과 이원석이 더블 스틸에 성공한 뒤 이도윤이 2타점 역전 적시타가 터졌다.

접전 승부에서 강세를 보일 수 있었던 것도 1점을 짜낼 수 있는 발야구가 있어 가능했다. 시즌 초반 꽃샘 추위처럼 얼어붙은 타선을 녹인 발야구가 없었더라면 한화의 반등도 불가능했다. 타선의 극심한 기복을 발야구로 잘 메웠다.

뛰는 야구가 자리잡으면서 선수들 스스로 스퀴즈 번트를 댈 만큼 능동적인 야구를 하고 있다. 7월 1일 대전 NC전에선 4-4 동점으로 맞선 7회 1사 1, 3루에서 문현빈이 2구째 투수 쪽으로 절묘한 스퀴즈 번트를 대며 결승점을 만들어냈다. 앞 타석에서 홈런을 터뜨린 중심 타자의 예상치 못한 스퀴즈.

당연히 벤치에서 사인이 나온 작전인 줄 알았는데 아니었다. 경기 후 문현빈은 "초구를 치려고 했는데 헛스윙을 하고 나서 보니 수비수들이 뒤로 빠지더라. 3루 주자 (황)영묵이 형 주력이 나쁘지 않고, 코스만 잘 맞춰 번트를 대면 충분히 들어올 것 같았다. 번트에 자신이 있어서 그렇게 했다"라고 말했다. 승부처에서 상대 허를 찌르는 과감성, 지금까지 한화에서 쉽게 볼 수 없는 모습이라 실감이 나지 않았다.

간절한 기도가 부른
외인 원투 펀치

5월 6일 대전 삼성전에서 승리투수가 된 류현진은 "내게서 연승이 끊기지 않길 간절히 기도했다. 이제 폭탄은 (문)동주에게 넘어갔다"며 안도의 한숨을 쉬었다. 류현진은 4월 24일 사직 롯데전에서 6이닝 4실점으로 패전투수가 되었고, 한화의 구단 역대 최다 8경기 연속 선발승 기록이 깨졌다.

자신이 던지는 날 연승이 끝난 게 신경 쓰였던 류현진은 은근히 부담을 느꼈다. '류패패패패' 시절을 떠올리면 격세지감이었다. 류현진을 비롯해 폰세, 와이스, 문동주 4명의 선발들이 호투를 이어가며 서로 '연승 폭탄' 넘기기에 바빴다. 강력한 선발들을 앞세워 한화는 4월 중순부터 2번이나 연승 무드를 탔다.

4월 13일 대전 키움전부터 4월 23일 사직 롯데전까지 8연승을 달리며 5할 승률을 회복했다. 그 기간 문동주, 폰세, 와이스, 류현진, 엄상백, 문동주, 폰세, 와이스가 8경기 연속 선발승을 합작했다. 구단 최초 기록이었다.

이어 4월 26일 대전 KT전부터 5월 11일 고척 키움전까지 무려 12연승을 질주했다. 1992년 빙그레 시절 이후 33년 만의 12연승으로, 순위도 10위에서 1위로 뛰어올랐다. 5월 5일 대전 삼성전 승리로 26일 만에 10위에서 1위를 찍었다. 한화가 개막 30경기 이후 기준으로 1위에 등극한 것도 2007년 이후 18년 만의 사건이었다.

12연승 기간에도 폰세와 와이스가 3승씩, 류현진과 문동주가 2승씩 거두며 선발 10승을 합작했다. 4월 9일 잠실 두산전부터 5월 11일 고척 키움전까지 26경기 23승 3패(승률 .885)로 무섭게 달렸는데, 그 기간 무려 21승이 선발승이었다. 폰세와 와이스가 나란히 6승씩, 류현진과 문동주가 4승씩, 그리고 엄상백이 1승을 올리며 강력한 선발 야구를 펼쳤다.

한화 역사상 이렇게 강력한 선발 마운드는 없었고, 그 중심에 외국인 투수 폰세와 와이스가 있었다. 두 투수는 전반기를 마쳤을 때 동반 10승을 달성했다. 폰세가 11승, 와이스가 10승을 기록했다. 한화 역사상 전반기 10승 듀오는 1994년 한용덕(12승), 정민철(10승), 2006년 류현진(12승), 문동환(10승) 이후 역

2025년도 한화 이글스의 외국인 투수 폰세와 와이스.

대 3번째였다. 리그 전체로 보면 19번째 기록. 외국인 투수 기준으로 하면 리그 역대 3번째이자 한화 최초였다. 한화의 10승 외국인 투수 듀오는 시즌 전체로 봐도 2019년 서폴드(12승), 채드 벨(11승)밖에 없었다.

KBO 리그에서 가장 중요한 외국인 투수 농사에서 한화는 큰 재미를 보지 못했다. 2015년 후반기 합류한 로저스 외에는 리그를 지배할 만한 초강력 외국인 투수가 없었고, 그 로저스도 풀타임을 소화한 건 아니었다.

2010년대 중반 들어 투자를 하면서 경력이 화려한 투수들도 왔지만 외국인 투수 잔혹사는 쉽게 끊기지 않았다. 그런 팀에 폰세, 와이스 원투 펀치는 말 그대로 '역대급'이었다. 다른 팀의 한 감독은 "3연전에 폰세와 와이스가 들어오는 걸 보고 숨이 막혔다"는 표현을 하기도 했다.

폰세는 한화가 가져보지 못한 슈퍼 외국인 에이스로 암흑기를 끝낸 일등 공신이다. 그런 폰세가 처음에는 팬들의 환영을 받지 못했다니, 인생사 알다가도 모를 일이다.

2024년 12월 13일 한화는 폰세와 플로리얼 영입을 공식 발표했다. 폰세와는 계약이 거의 합의된 상황이라 빨리 발표할 수 있었지만 플로리얼과 계약을 마치고 동시에 발표했다. 하지만 폰세를 향한 팬 여론은 썩 호의적이지 않았다. 2021~2023년 팔꿈치, 팔뚝, 대퇴근 부상으로 풀타임 시즌을 소화하지 못한 내구성을 걱정했다.

2022년 닉 킹험과 라이언 카펜터가 나란히 부상으로 시즌 아웃되었고, 2023년에는 스미스가 개막전에서 끝났다. 2024년 산체스까지 외국인 투수들의 연이은 부상으로 시즌을 망쳤다. 또 내구성이 불안한 투수가 온다니 한화 팬들이 과민 반응을 보여도 이상할 게 없었다.

한화는 폰세에 확신을 갖고 있었다. 건강에 대한 물음표가 있었지만 2024년 일본에선 부상 없이 1, 2군 합쳐 127이닝을 던졌다. 1년 전 삼성에서도 관심을 보일 만큼 폰세는 KBO 리그 영입 리스트 상단에 있는 투수였다. 2022년 일본에서 노히터 게임을 해낼 만큼 고점이 높았다.

한화 스카우트팀은 2024년 시즌 중 3차례나 일본을 찾아 라쿠텐 골든이글스 소속 폰세의 투구를 직접 체크했다. 100구를 넘어서도 시속 150km대 구속이 떨어지지 않고, 타자들이 구위에 밀리는 걸 손혁 단장도 현장에서 두 눈으로 직접 확인했다.

1군이 아닌 2군 경기장까지 찾아가 세밀하게 관찰한 손혁 단장은 "우리나라보다 습도가 더 높은 일본 여름인데 힘이 떨어지지 않더라"며 "몸이 엄청나게 크다. 엉덩이도 크고, 힘 쓰는 몸이다"라고 말했다.

2025년 1월 28일 호주 멜버른에서 폰세를 처음 봤다. 손혁 단장 말대로 엄청난 거구였다. 키 198cm, 체중 116kg에 발 크기는 무려 330mm.

첫날 불펜 피칭 때 폰세의 공을 받은 포수 최재훈은 "체인지업이 포크볼처럼 뚝 떨어진다"며 놀랐다. 중지를 구부려 공을 찍듯이 누르고 던지는 '킥체인지업'이었다. 메이저리그에서 유행 중인 공인데 폰세는 "출처는 잘 기억나지 않는데 어떤 영상을 보고 독학을 했다. 난 30살이고, 아직 젊다고 생각한다. 부족한 게 있으면 계속 연마하려 한다"라고 말했다.

폰세의 첫 투구를 지켜본 양상문 투수코치는 "제일 마음에 드는 건 투구 폼이다. 고등학교 때까지 미식축구 쿼터백을 해서 그런지 팔 스윙이 짧고 간결하다. 날리는 공이 없더라. 제구도 좋다"며 만족스러워했다. 폰세는 "한국과 일본 양쪽에서 모두 노히터 게임을 한 투수가 되고 싶은 개인적인 욕심은 있지만 가장 중요한 건 팀이다. 건강을 유지하며 팀 승리를 꾸준하게 이끌고 싶다. 팀 우승이 목표이고, 몸 상태도 좋다"라고 자신했다.

스프링캠프 때 언급된 장점들이 시즌에 들어가면 잘 안 나타나는 경우도 많지만 폰세는 달랐다. 캠프에서의 평가들이 그대로 들어맞았다. 시범 경기부터 강력한 구위를 뽐내며 류현진을 제치고 개막전 선발 투수로 나섰다. 류현진의 상징성도 좋지만 낭만보다 실리를 택했고, 폰세는 그 이유를 증명했다.

홈 개막전이자 대전 신구장 첫 정규 시즌 경기였던 3월 28일 대전 KIA전에서 폰세는 7이닝 2실점으로 첫 승을 신고했다. 5회 종료 후 무득점 중인 야수들을 불러모아 "너희들을 믿는다. 1점만 뽑으면 잘 풀릴 수 있으니 힘내자"라고 파이팅을 불어넣는 리더십도 화제가 되었다.

그 다음 날 KIA 이범호 감독은 "엄청 좋더라. 지금까지 (한국에 온) 선수 중 톱이지 않을까 싶다. 변화구를 잘 던진다. 체인지업은 스트라이크존에서 거의 바닥으로 떨어뜨린다"며 높게 평가했다.

또 다른 감독은 "폰세가 좋긴 좋더라. 우리도 폰세를 보긴 했는데 부상 우려가 있어서 안 했다. 한화가 운이 좋다면 폰세가 안 아프고 끝까지 던지는 것 아냐?"라며 내심 부러워했다.

폰세는 198cm 장신에서 시속 150km대 강력한 강속구뿐만 아니라 플러스급 변화구도 3가지나 있었다. 좌타자 바깥으로 떨어지는 체인지업, 우타자 바깥으로 휘는 슬라이더, 위아래 낙차 큰 커브까지 원하는 곳으로 던졌다.

변화구 퀄리티가 좋은데 가짓수까지 많으니 타자들이 수싸움에서 불리할 수밖에 없었다. 최재훈은 "직구는 니퍼트가 좋은 것 같은데 변화구 완성도는 폰세가 더 좋다"며 "폰세가 최고의 투수인 것 같다. 흥분만 안 하면 최고 투수"라고 치켜세웠다.

2025년 5월 17일, 폰세의 한 경기 최다 탈삼진 신기록 달성(18K).

폰세는 5월 17일 대전 SSG전 더블헤더 1차전에서 8이닝 동안 무려 18개 삼진을 잡았다. 한 경기 최다 타이 기록으로 9이닝 정규 이닝 기준으로는 2010년 류현진의 17탈삼진을 넘어 신기록이었다. 자신의 기록이 깨졌지만 류현진도 1루 덕아웃에서 크게 박수를 치며 기뻐했다.

폰세는 "류현진과 같은 팀에서 이런 기록을 해낼 수 있어 영광이다. 말로 표현할 수 없을 만큼 감격적이다"라고 말했다. 더블헤더 2차전을 앞두고 덕아웃 계단에 앉아 인터뷰하던 폰세 뒤로 김경문 감독이 말없이 나타나 흐뭇하게 내려다봤다. 뒤늦게 김경문 감독을 발견한 폰세가 "내일은 안 나가요(I'm not showing up tomorrow)"라는 농담을 하자 김경문 감독도 웃음이 터졌다.

폰세가 그 전에 17탈삼진에 도전하겠다고 할 때 쉽지 않을 거라고 했던 류현진은 "요즘 시대에 쉽지 않을 거라고 봤는데 너무 쉽게 하더라, 대단하다. 다른 팀 선수가 기록을 깼다면 마음이 조금 그랬을 텐데, 우리 팀 선수가 내가 보는 앞에서 기록을 깨서 진심으로 좋았다"며 폰세의 메이저리그 복귀 가능성에 대해선 "아직 조금 부족하다, 부족한 게 많다. 우리랑 계속 같이 있어야 한다. 나처럼 한화에서 7년은 하고 갔으면 좋겠다"며 농반진반으로 말했다.

그런 류현진을 폰세도 진심으로 존중했다. 5월 31일 창원 NC전에서 한 팬으로부터 류현진의 토론토 블루제이스 유니폼을 선물로 받은 뒤 바로 그를 쪼르르 따라가 사인을 받으며 환호했다. "올스타전에 나가면 류현진처럼 왼손으로 모든 투구 동작을 따라서 던지고 싶다"더니 실제로 류현진의 토론토 유니폼을 입고 왼손 시구를 선보여 박수를 받기도 했다. 말로만 팀을 내세우는 게 아니라 진짜 '팀 퍼스트' 정신을 보였다.

8월 12일 대전 롯데전에서 23경기 만에 200탈삼진을 돌파하며 역대 최소 경기 기록을 세운 폰세는 9월 3일 대전 NC전에서 단일 시즌 최다 신기록까지 완성했다. 이날 8개의 삼진을 잡고 탈삼진 개수를 228개로 늘렸고, 2021년 두산 아리엘 미란다의 225개를 넘어섰다.

9월 20일 수원 KT전에서 1회 안현민에게 스리런 홈런을 맞고 5이닝 4실점으로 패하며 KBO 리그 개막 최다 연승 기록은 '17'에서 끝났고 역대 최초 '무패 다승왕' 꿈도 깨졌지만, 1점대 평균자책점을 유지하며 최고 시즌을 보냈다.

폰세만큼 빛난 또 다른 존재는 와이스였다. 긴 머리카락을 휘날리며 '대전 예수'라고 불린 그는 처음에 '임시직' 신분이었다. 2024년 6월 산체스의 부상 대체 외국인 투수로 6주 계약을 했다. 미국 독립 리그에서 뛰던 선수라 기대치가 높진 않았다. 구단도 처음에는 산체스가 부상에서 빨리 회복되어 돌아오길 바랐다.

그렇게 잠깐 스쳐가는 선수일 줄 알았는데 첫 경기부터 6이닝 무실점으로 승리투수가 되더니 6주 뒤 연장 계약으로 정규직 전환에 성공했다. 시속 150km대 강속구와 스위퍼 조합으로 재계약까지 성공한 와이스를 시즌 전 멜버른 캠프에서 만났다.

그는 "대전 신구장에서 맞이하는 첫 시즌이라 너무 재밌을 것 같다. 작년에도 옆에서 지어지는 신 구장을 보며 '꼭 재계약해 저곳에서 던지고 싶다'는 마음이 있었다"며 "한화 팬들은 야구장 환경을 가리지 않고 무조건 많이들 찾아와 우리에게 응원을 보내준다. 그런 열정적인 팬들이 더 좋고, 편안한 좌석에서 야구를 즐길 수 있게 되어 기쁘다. 우리가 포스트시즌에 진출한 게 2018년으로 7년 전이다. 오랜 시간이 지났기 때문에 팬들을 위해서라도 가을야구에 나가야 한다"라고 이야기했다.

팬을 생각하는 마음이 남달랐던 와이스는 폰세와 원투 펀치를 이뤄 한화의 비상을 이끌었다. 소위 말해 '긁히는 날'에는 폰세보다 더 좋은 공을 뿌렸다. "폰세보다 더 공략하기 어렵다"라고 말하는 팀도 있었다.

와이스는 승부욕이 넘쳤다. 4월 10일 잠실 두산전에선 8회 2사 후 투수 교체를 하러 올라오는 양상문 코치에게 손을 내저으며 교체를 거부하기도 했다. 마운드에서 내려갈 때 글러브로 얼굴을 가리며 사자후를 뿜어냈지만, 경기 후 김경문 감독에게 직접 사과했다.

김경문 감독도 "끝나고 와서 와이스가 미안하다고 얘기했다.

사실 야구는 그런 일이 수두룩하다. 안 될 때 더욱 많은데 미안하다는 말을 하면 그걸로 끝나는 것이다"며 감싸안았다.

와이스의 승부욕은 폰세를 만나 더욱 커졌다. "폰세가 잘 던지면 나도 자극을 받고, 더 잘 던지고 싶다. 경쟁 의식이 있다"라고 인정했다. 와이스는 폰세의 경기 전 준비 루틴과 상대 분석을 보며 배웠고, 폰세도 그런 와이스를 좋은 동료이자 경쟁자로 의식했다. 보이지 않는 선의의 경쟁 속에 역대급 외국인 원투 펀치로 자리잡았다.

9월 9일 사직 롯데전에서 시즌 15승을 달성하며 폰세와 함께 한화 외국인 투수 최초 동반 15승을 합작했다. 와이스는 "시즌 초반 몇몇 팬분들이 내게 15승을 할 것 같다는 말을 해줬다. 그 말이 시즌 내내 뇌리에 꽂혔다. 우리 팬들이 얼마나 대단한지 알기 때문에 그 믿음을 꼭 증명해 보이고 싶었다"라며 "정말 멋진 기록이다. 개인적으로도 큰 영광이고, 지금 여기서 야구를 할 수 있다는 것 자체가 정말 감사하다. 큰 행복감을 느낀다"는 말로 감격을 표했다.

전면 드래프트가 바꾼 한화의 운명

강력한 마운드를 앞세운 한화의 질주가 계속되었다. 5월 중순부터 한 달간 LG에 1위 자리를 내줬지만 격차가 크지 않았고, 2위로 선두권 경쟁을 이어갔다.

6월 13~15일 대전 LG전은 '미리 보는 한국시리즈'라는 기대를 모았지만 김경문 감독은 그 말이 떨어지기가 무섭게 "아니, 그건 아니고. 이제 6월인데 자꾸 그러지 마시고"라며 손사래를 친 뒤 "5~6위까지도 몇 게임 차이가 안 난다"며 자세를 낮췄다.

하지만 6월 15일 LG전에서 노시환의 역전 결승타와 쐐기 홈런이 터지며 10-5로 역전승한 한화는 33일 만에 1위 자리를 탈환했다. 이어 7월 4일 고척 키움전부터 7월 10일 대전 KIA전까지 2연속 스윕으로 6연승을 질주하며 33년 만에 전반기 1위와 50승 선착을 확정했다. 2위 LG와 격차를 4.5경기로 벌리며 독주 채비를 갖췄다.

한화의 1위 질주는 젊은 선수들의 성장이 동반된 결과였다. 투수 쪽에서 선발 문동주에 이어 김서현이 마무리로 확고하게 자리매김했다. 최고 시속 161km 강속구와 슬라이더에 고속 체인지업까지 던지며 하루가 다르게 성장했다. 1점 차 세이브만 8개나 될 정도로 타이트한 상황에서도 뒷문을 든든하게 지킨 김서현의 성장이 없었더라면 한화의 1위 질주도 불가능했다.

전반기에만 22세이브를 거둔 김서현은 올스타 팬 투표 최다 득표로 뜨거운 인기를 자랑했다. 김경문 감독도 "축하할 일이다. 본인이 새로운 옷을 입고, 그 자리에서 너무 잘해줘 팀도 잘 되고 있다. 팬들한테 인정받는 그런 투수가 되었다"면서 축하했다.

관심을 즐기는 성격인 김서현도 기뻐했다. 1년 전 퓨처스 올스타였던 그는 "퓨처스에서 오래 지내다 보니 1군에서 어떻게 하면 오래 뛸 수 있을지 계획을 세우곤 했다. 그게 잘 되고 있는 것 같아 스스로 뿌듯함도 있다. (힘든 시기를) 잘 버틴 것 같다. 제 자신한테 고맙다는 생각이 든다"라고 말했다. 사실 2군에 그렇게 오래 있었던 것도 아닌데, 김서현은 2년도 안 되는 그 시간이 무척 길게 느껴진 것 같았다.

'장충고 듀오' 황준서와 조동욱의 성장도 돋보였다. 체력 및

'최강한화'를 목청껏 외치는 한화 이글스 팬들.

피지컬 보강 차원에서 황준서는 2군에서 시즌을 준비하고 시작했지만, 5월 중순 엄상백의 부진과 2군행으로 찾아온 선발 기회를 놓치지 않았다.

김경문 감독은 "작년보다 직구 무브먼트가 좋아지고, 볼 끝에 힘이 붙었다. 나이를 한 살 먹으면서 힘과 요령이 생겼다. 타자 잡는 법도 그렇고, 작년보다 훨씬 좋다. 1군에 와서 굉장히 좋은 역할을 하고 있다"라고 칭찬했다.

폰세를 전반기 마지막 경기에 쓸 수 있었지만 휴식을 주며 황준서에게 기회를 줬다. 7월 10일 대전 KIA전에서 상대 에이스 제임스 네일과 맞대결이 이뤄진 것에 대해 황준서는 "부담보다 재밌을 것 같다. 폰세 못지않은 피칭을 해보겠다"라고 말하더니 진짜 폰세처럼 던졌다. 6.1이닝 6탈삼진 1실점으로 호투하며 승리 발판을 마련했다. 무사사구 투구로 공격적인 투구가 빛났고, 결국 엄상백을 불펜으로 밀어내며 5선발 자리를 꿰찼다.

황준서의 동기 조동욱도 1군에서 한화 마운드에 변수가 생길 때마다 만능 키로 나섰다. 겨우내 체중을 6kg 불려 직구 평균 구속도 2km 빨라진 조동욱은 중간 롱릴리프로 시작해 준필승조로 던졌다.

5월 28일 잠실 LG전에선 김서현을 소모한 연장 11회 1사 1루에 나와 1점 리드를 지키며 터프 세이브를 따냈고, 6월 11일 대전 두산전에는 내전근 부상을 당한 류현진의 대체 선발로 들어가 5이닝 1실점 승리를 거뒀다.

"언제든 선발로 던질 수 있다는 걸 보여주고 싶었다. 불펜에 가서도 열심히 하면 되지만 선발 기회를 주셨을 때 할 수 있다는 것만 보여주고 싶었다"는 조동욱은 한 시즌에 선발승, 구원승, 세이브, 홀드를 모두 기록했다.

신인 정우주도 빼놓을 수 없다. 고교 시절 최고 156km까지 던진 정우주는 직구 스핀이 남달랐다. 분당 회전수(RPM)가 최고 2,610회이자 평균 2,417회로 메이저리그 수준이었다. 힘을 줘어

짜내는 폼도 아닌데 빠른 팔 스윙으로 휙 던지는 공이 포수 미트에 쾅 하고 꽂히는 소리가 다르다. 타자 앞에서 떠오르는 느낌을 줄 정도로 볼 회전이 좋아 덜 가라앉았다.

4월 18일 대전 NC전에선 19구 연속 직구로만 승부할 만큼 힘이 넘쳤다. 사인을 낸 포수 최재훈에게 물어보니 "힘이 떨어지면 변화구를 섞으려 했는데 힘이 떨어지지 않았다. 확실히 공에 힘이 있고, 묵직하다. 움직이는 게 다르다"는 답이 돌아왔다.

불펜 추격조로 시작해 구원승과 홀드도 간간이 챙긴 정우주는 신인답지 않은 포커페이스로 눈길을 사로잡았다. "고교 때는 웃으면서 던졌는데 프로에선 진지하게 해야 승부가 될 것 같다고 생각했다"는 정우주는 "나중에 연차가 쌓이고 실력이 늘면 웃을 날이 오지 않을까요"라며 빙긋이 웃었다.

6월 중순 휴식 및 변화구 연마를 위해 2군에 다녀온 뒤에는 폭풍 성장했다. 특히 8월 28일 고척 키움전에선 한 이닝 최소 9구 3탈삼진으로 역대 11번째 진기록의 주인공이 되었다. 폰세와 송성문(키움)을 보기 위해 고척돔을 찾은 메이저리그 11개 구단 스카우트들도 박수를 치고 난리가 났다. 정우주는 "한국에서 더 열심히 하고, 나중에 기회가 되면 미국에 가고 싶은 꿈이 있다"라고 말했다.

타선에는 문현빈이 있었다. 문현빈을 두고 이상군 북일고 감독이 "야구 아니면 죽을 선수다. 야구도 잘하고, 야구밖에 모르는 선수"라며 근성이 대단한 선수라고 소개한 게 기억 난다.

2023년 첫해부터 고졸 신인 역대 7번째 100안타(114개)를 치며 재능을 입증했고, 2년 차 때 잠시 성장통이 있었지만 빠르게 극복하며 잠재력을 폭발할 준비를 마쳤다.

시즌 전 대전 신 구장에서 첫 훈련 때부터 우측 8m 높이의 몬스터월을 계속 넘기는 파워를 보여줬다. 174cm 작은 키에도 두툼한 손과 전완근을 보면 단단한 장사 체질이다.

김경문 감독은 "파워도 있고, 타격에 자질이 있는 선수다. 빠르게 안 보여도 주루도 잘한다. 문현빈이 2번에서 잘해주면 팀의 득점 내는 방식이 다양해질 것이다"라고 기대했다. 문현빈은 2번이 아닌 3번 타순에서 한화의 해결사가 되었다. 한화의 터닝포인트가 된 4월 5일 대구 삼성전에서 연타석 홈런을 시작으로 문현빈이 침체된 팀 타선을 깨우고 이끌었다.

5월 9일 고척 키움전에서 9회 결승 솔로 홈런을 터뜨렸고, 5월 25일 대전 롯데전에선 10회 밀어내기 볼넷으로 신 구장 첫 끝내기의 주인공이 되었다. 6월 5일 대전 KT전까지 18경기 연속 안타 행진을 펼치는 등 전반기가 끝나기도 전에 100안타를 돌파했다. 전반기 최종전이었던 7월 10일 대전 KIA전에선 9회 끝내기 안타를 쳤다. 8월 26일 고척 키움전에서도 9회 결승 솔로 홈런을 폭발했다.

기복이 심한 한화 타선에서 거의 유일하게 꾸준함을 유지하

 한화 이글스의 현재이자 미래. 김서현, 문동주, 황준서, 정우주 선수.
(왼쪽 위부터 시계 방향)

며 결정력을 발휘했고, 김경문 감독 기대대로 도루도 적극적으로 활발하게 움직였다. 김경문 감독은 "팀이 꼭 필요할 때 좋은 홈런과 타점이 잘 나오고 있다. 어린 선수지만 칭찬해줘야 할 부분이다"라고 말했다.

한화의 대도약을 이끈 젊은 피들의 공통점은 한화가 전면 드래프트로 뽑은 선수들이라는 점이다. KBO는 2023년부터 신인 1차 지명 제도를 폐지하고 전면 드래프트로 전환했다.

인프라와 인적 자원이 풍부한 수도권에 특급 유망주들이 몰리면서 지방 팀들과 격차가 해가 갈수록 벌어졌다. 전력 평준화와 리그의 동반 성장을 위해 1차 지명을 폐지해야 한다는 주장이 계속 나왔다. 진통 끝에 KBO는 양극화 해소를 위해 2023년부터 전면 드래프트를 도입했다. 2010~2013년 4년간 시행된 뒤 부활한 전면 드래프트는 한화의 운명을 바꾼 대변화였다.

한화의 암흑기가 길어진 데는 여러 이유가 있지만 유망주 수급이 어려웠던 게 결정타였다. 지역 팜의 한계로 1차 지명에서 늘 손해를 봤다. 2018년 1차 지명한 북일고 투수 성시헌을 1년 만에 기량 미달을 이유로 방출할 만큼 지역 팜이 황폐했다.

설상가상으로 2010년대 한화가 한창 꼴찌를 할 시기에 신생 팀 NC, KT가 창단하며 최상위 유망주를 뽑을 기회도 밀렸다. 당시 김응용 감독이 "4~5년 성적이 안 좋으면 좋은 유망주들을 많이 데려올 수 있는데 한화만 점점 세대 교체가 늦어진다. 안 되려니까, 거 참"이라며 한숨을 쉬던 기억이 난다.

2008~2022년 한화는 7번이나 꼴찌를 했지만 전국 최고 재능을 가장 먼저 뽑을 수 있는 기회는 2011년 한 번뿐이었다. 그때 전체 1순위로 지명한 투수 유창식마저 실패한 게 뼈아팠다.

기나긴 암흑기 속에서 2021~2022년 전년도 하위 3개 팀에 연고 지역과 무관하게 전국 단위 1차 지명권이 생기면서 한화에도 서광이 비쳤다. 2022년 전국 1차 지명권으로 투수 최대어 문동주를 뽑아 리빌딩 기둥을 세웠다. 전면 드래프트가 부활한 2023년에는 1라운드 전체 1순위 지명권으로 김서현을 지명한 뒤 2라운드 전체 11순위로 문현빈을 택했다.

매번 1차 지명에서 수준급 투수를 확보하기 어려웠던 한화는 2차 1~2라운드에서 늘 투수부터 뽑은 뒤 야수들을 후순위에 지명했다. 다른 팀들이 1차 지명으로 대형 투수를 확보한 후 2차 1~2라운드에서 야수 유망주들도 뽑으며 투타에 고르게 씨앗을 뿌렸지만 한화는 그게 불가능했다. 야수 리빌딩이 더 더뎠던 이유다. 하지만 2023년에는 김서현을 뽑은 뒤 문현빈을 과감하게 지명할 수 있었다.

전면 드래프트가 아니었더라면 서울 1차 지명권 중 가장 먼저 순번이었던 LG가 고민하지 않고 김서현을 지명했을 것이다. 문현빈은 당시 야수 지명에 관심이 있던 키움이 2차 1~2라운드에 뽑을 수 있었다. 한화로선 상상도 하기 싫은 시나리오.

2023년 김서현, 문현빈을 시작으로 2024년 황준서, 조동욱, 2025년 정우주, 권민규 등 씨알이 굵은 유망주들을 1~2라운드 상위 순번에서 줄줄이 지명하며 미래 기반을 다졌다.

수년간 투수 유망주들을 계속 모은 덕분에 2026년 드래프트에선 1라운드 전체 3순위로 유신고 외야수 오재원을 파격 지명했다. 순수 외야수가 전체 3순위 이내로 뽑힌 건 전면 드래프트가 부활한 이후 처음이었다.

드래프트 현장에서 마이크를 잡은 손혁 단장은 "유신고 중견수 오재원입니다"라고 정확하게 포지션을 표현했다. 중견수는 한화의 최대 취약 포지션이다. 수년간 중견수 육성에 어려움을 겪었고, 트레이드 시장에서도 중견수를 구하느라 애를 썼지만 좀처럼 해결이 되지 않았다. 외국인 중견수도 장기적 해결책은 아니었다.

결국 신인 지명으로 돌파구를 찾아 미래 핵심 전력을 확보했다. 지금 성적도 좋지만 앞으로가 더욱 기대되는 팀, 전면 드래프트가 아니었으면 꿈도 꾸지 못했을 것이다.

우주의 기운,
정상 등극과 왕조의 꿈

　세상사 모든 일이 그렇겠지만 '운'이라는 요소가 은근히 크다. 프로야구 우승 팀도 결코 실력만으로 이뤄지지 않는다. '우승은 하늘이 점지해준다'는 말처럼 적절한 운이 따르지 않으면 정상에 등극할 수 없다. 우승 팀을 두고 흔히 '우주의 기운이 몰린다'는 표현을 쓰는데 2025년 한화도 '대운'이 깃든 팀이었다.

　4월 19일 대전 NC전에서 처음으로 그런 기운을 느꼈다. 1-2로 뒤진 한화는 4회 6득점 빅이닝으로 역전했다. 이어진 5회 2사 1, 2루 NC 김주원 타석에서 빗줄기가 점점 더 굵어졌다. 문동주가 6구째 공으로 좌익수 뜬공 처리하며 정식 경기가 성립되자마자 폭우가 쏟아졌다. 오후 6시 52분 중단된 경기는

81분을 기다렸지만 비가 멈추지 않았다.

결국 오후 8시 13분 강우콜드 게임이 선언되었다. 한화의 7-2 승리로 선발 투수 문동주는 5이닝 2실점으로 데뷔 첫 완투승을 거뒀다. 절묘한 시점에 내린 비가 만든 승리였다.

비는 한화가 필요로 하는 시점에 계속 내렸다. 4월 29~30일 대전 LG전에 필승조 한승혁과 김서현이 나란히 연투를 소화했고, 5월 1일 LG전은 등판조에서 빠져야 했다. 하지만 우천 취소로 그날 경기를 건너뛰었다.

이어 5월 3일 광주 KIA전도 우천 취소되어 월요일 어린이날 포함 공포의 9연전 중 2경기를 건너뛰며 선발진 운영도 숨통이 트였다.

적절하게 내린 비로 투수들이 재충전의 시간을 가지면서 시즌 초반부터 안정적 레이스를 펼칠 수 있었다. 채은성은 "올해는 날씨라든지 여러 가지 운들이 우리한테 좋게 작용하는 것 같다"라고 말했다.

7월 19일 수원 KT전도 6-5로 앞선 6회 1사 1루에서 강우콜드게임이 선언되면서 시즌 3번째 8연승을 질주했다. 강우콜드 승리만 2번째. 5회 노시환의 솔로포가 결승타가 되었다.

노시환은 "내가 친 홈런이 결승 홈런이 될 거라고 생각 못했다. 하늘이 도와줬다. 그 어떤 승리보다 값진 것 같다. 팀 입장에선 투수도 아꼈다. 올해 뭔가 좋은 기운이 느껴진다. 설레발은 아니지만 계속 운이 따르고, 상대 팀의 실수가 나온다. 하늘의 기운이 가을야구까지 계속 이어졌으면 좋겠다"며 기뻐했다.

김경문 감독도 다음 날 "하늘이 도왔다, 감사한 승리다. 1년에 1, 2번 정도밖에 없는 경기인데 그 타이밍에 비가 와줬다"면서 "우리 팀에 (정)우주가 있어서 그런지 승운이 올해 잘 따른다"는 농담도 했다.

날씨보다 더 큰 운은 부상이 적은 것이었다. 긴 시즌을 치르는 야구는 늘 부상과의 싸움이다. 2024년 우승 팀 KIA는 MVP 김도영이 무려 3번의 햄스트링 부상으로 30경기만 뛰고 시즌 아웃되었고, LG도 홍창기가 수비 중 동료와 충돌로 무릎 인대가 파열되는 등 부상이 끊이지 않았다.

상위권 경쟁 팀들이 이렇게 부상에 허덕인 사이 한화는 2달 이상 빠지는 치명적인 부상자가 없었다.

2021년에만 해도 부상자 명단에 등재된 선수가 무려 19명이었던 한화는 이지풍 수석 트레이닝코치 체제에서 2022년 6명, 2023년 5명, 2024~2025년 각각 9명으로 4년 연속 10명을 넘기지 않았다.

김경문 감독은 "선수들이 준비를 잘했고, 트레이닝 파트가 관리도 잘했다. 감독 생활을 오래 했는데 트레이닝 파트에서 정말 잘해주고 있는 것이다. 칭찬해줘야 한다"라고 고마워했다.

예기기 못하게 발생하는 사고는 운의 영역이다. 그런 사고가 한화도 있었다. 6월 10일 광주 KIA전에서 플로리얼이 10회 정해영의 공에 왼쪽 새끼손가락을 맞았다. 뼛조각이 떨어져 나갔고, 견열 골절로 6주짜리 외국인 재활 선수 명단에 올랐다. 1번 타자로 자리잡아 타격감이 올라온 시기에 당한 부상이라 더 아쉬웠다.

한화로서도 치명적인 악재가 될 수 있었지만, 부상 대체 외국인 타자로 온 루이스 리베라토가 6월 22일 대전 키움전 데뷔전부터 2루타 포함 3안타 맹타를 휘두르면서 공백을 지웠다. 극강의 컨택으로 승부처에서 결정력까지 발휘한 리베라토의 합류로 한화 타선이 확 살아났다.

플로리얼이 갖지 못한 컨택과 상황별 대처 능력이 있었던 리베라토는 계약 종료 일주일을 남겨놓고 일찌감치 연장 계약으로 '정규직' 전환에 성공했다.

부상 대체 외국인 타자를 미리 리스트업하고 빠르게 접촉한 한화 스카우트 팀의 준비성이 빛났지만, 6주 임시직 선수가 시즌 중간에 와서 이 정도로 잘 칠 줄은 누구도 몰랐다. 처음 리베라토를 데려올 때만 해도 한화는 6주 뒤에 외국인 타자 시장 상황을 보고 둘보다 좋은 매물이 나오면 제3의 선수를 데려오는 구상도 했지만, 리베라토의 활약은 이 모든 고민을 지웠다. 예상 범위 밖 활약으로 한화로선 전화위복이었다.

"아내가 아시아 문화에 관심이 많다. 한국에 오고 싶어 했다"

며 아내와 14개월 된 딸을 데리고 한국에 온 리베라토의 간절함이 한화에는 큰 행운이었다. 정식 계약 후에도 리베라토가 맹타를 이어가면서 한화는 7월에 시즌 2번째 10연승을 거두며 기세를 올렸다.

신 구장 대전 한화생명볼파크 효과도 빼놓을 수 없다. 새 야구장에 오는 선수들은 그라운드 잔디와 바운드를 체크하며 펜스 형태나 구조 같은 환경에 적응해야 한다. 투수들은 각 구장마다 다른 마운드 높이와 흙 상태에 민감하다.

시즌 초반 대전 원정을 오는 팀들은 낯선 새 구장에 적응해

2025년 대전 한화생명볼파크 매진 전경.

야 하는 불리함이 있었다. 야수들이 수비에서 실수가 나왔고, 투수들은 제구가 흔들렸다. 대전을 2번째로 방문한 어느 팀의 감독은 "지난 번 처음 왔을 때는 선수들이 구장이 낯설어 어려워했다. 햇빛 때문에 외야에서 공이 안 보이는 시간대도 있다고 하더라"라고 털어놓았다.

리그의 변화도 한화에 유리하게 작용했다. 2024년에는 극단적인 타고투저 시즌이었지만 공인구 반발력이 낮아진 2025년은 투고에 가까운 시즌으로 바뀌었다. 이 같은 저득점 야구에선 한화처럼 투수력이 강한 팀이 유리하다. 타격이 약한 편이었던 한화보다 타격 지표가 높았던 팀들의 마이너스가 더 컸고, 한화는 반사 이익을 누렸다.

물론 저득점 야구를 뒷받침하는 수비력 향상은 단순 운으로만 치부할 수 없다. 김경문 감독 체제에서 수비 훈련 강도를 높였고, 전년도와 비교해 실책이 줄며 인플레이 타구를 아웃 처리한 비율이 상승했다. 강력한 투수력을 극대화한 수비력으로 실점을 억제하는 야구가 시기상으로도 적절했다.

'운'이라는 건 모두의 마음이 하나로 모였을 때 이뤄진다. 김경문 감독은 1군 엔트리에 있는 선수들을 모두 활용하는 '토털 야구'로 팀 전체의 일체감을 크게 높였다. "뒤에 나오는 선수들이 강해야 진짜 강팀"이라는 김경문 감독 지론대로 한화는 백업 선수들이 강해졌다.

전천후 내야수 이도윤은 "감독님은 주전이 아닌 선수들에게 항상 관심을 갖고 힘이 되는 말씀을 해주신다. 그래서 뒤에 나가는 선수들도 제 몫 하기 위해 더 열심히 노력한다"라고 말했다. 주축 타자들을 일찍 대주자로 빼는 게 그날 경기에는 악영향을 미치기도 하지만 시즌 전체를 길게 본 김경문 감독은 여러 선수들에게 경험치를 먹이며 경기 감각을 유지하게끔 했다.

주전이 아니더라도 모든 선수가 경기에 몰입하며 개개인 기량이 향상되었고, 내부 경쟁 속에 팀 뎁스 강화와 전체적 경쟁력 상승으로 선순환 구조가 이뤄졌다.

김경문 감독의 리더십은 그의 말 한마디 한마디에서도 느낄 수 있었다. 어떤 경우에도 공개적으로 선수 탓을 하거나 나무라지 않았다. 경기를 복기하는 과정에서 어쩔 수 없이 선수가 못한 부분을 끄집어내야 하는 상황에서도 말을 아꼈다.

"팀의 아픈 부분은 말하기 싫다. 내 치부를 보여주는 거나 마찬가지다. 우리 선수가 아픈 부분을 감독이 자꾸 이야기하는 건, 그건 아니다." 외국인 선수들도 못해도 "그 친구들도 다 기사를 찾아본다. 잘 보듬어달라"고 말하기도 했다.

6월 8일 광주 KIA전에선 10회 노시환이 끝내기 송구 실책을 범하며 졌지만 김경문 감독은 "여태까지 (노)시환이가 잘해서 우리가 여기까지 왔다. 우리나라는 하나 갖고 너무 몰아붙인다. 시환이에게 아무 말도 안 했다. 걱정할 것 하나도 없다. 앞으로 또

한화 이글스 감독 부임 후 100승을 달성한 김경문 감독.

시환이가 첫 이길 것이다"라고 말했다.

 감독이 이렇게 말하면 선수는 없던 마음도 생길 수밖에 없다. 노시환은 "감독님께 항상 감사하다. 4번 타자로서 역할을 못하고 있는데 이렇게 계속 경기에 내보내주시고, 믿어주셔서 빨리 분발해야겠다는 생각이 든다"라고 감사한 마음을 표했다. 결국 노시환은 8월부터 반등했고, 개인 한 시즌 최다 32홈런을 넘기며 100타점을 기어이 돌파했다. 전 경기 출장으로 3루 수비를 풀타임 커버하면서 이뤄낸 성적이라 더욱 가치가 높았다.

 적절한 운과 하나된 마음으로 질주한 한화는 거칠 게 없었다. 전반기를 마친 뒤 김경문 감독은 "솔직히 1위까진 생각하지 못했다. 운도 따랐고 연승도 달렸다. 이런 기회가 선수들이나 나나 자주 오는 게 아니다"며 야심을 드러냈다.

후반기 시작부터 4연승을 더해 10연승을 질주한 한화는 그러나 2위 LG의 추격 속에 긴장의 끈을 늦출 수 없었다. 하지만 7월 31일 트레이드 마감 일에 통산 최다 안타를 기록 중인 검증된 강타자 손아섭을 영입하며 우승을 위한 승부수를 던졌다. NC에 2026년 신인 3라운드 지명권과 현금 3억 원을 주는 조건으로 다른 팀들이 탐낸 투수 유망주들을 다 지켰다.

손아섭이 오면서 우승 도전을 위한 마지막 퍼즐이 맞춰졌지만 우승으로 가는 길은 역시 쉽지 않았다. 한화는 그런대로 잘 버텼지만, LG가 후반기 들어 무섭게 상승세를 타면서 순식간에 1위를 내줬다.

7월 22일까지 한화가 5.5경기 차 1위를 달렸지만 8월 5일 LG가 역전에 성공했다. 불과 2주 만에 5.5경기 차이가 뒤집힐 줄은 그 누구도 몰랐다. 믿었던 불펜이 흔들린 한화는 8월 8~9일 잠실 LG전을 패하면서 격차가 3경기로 벌어졌다. 다 잡은 1위를 허무하게 놓치는가 싶었다.

하지만 8월 10일 LG전을 5-4로 이기며 3연패를 끊고 다시 2경기 차이로 따라붙었다.

이적생 손아섭이 5회 1타점 2루타에 이어 7회에는 10구 승부 끝에 볼넷으로 출루하는 승부 근성을 발휘했다. 계속된 1사 1, 3루 문현빈의 1루 땅볼 때 홈으로 쇄도한 3루 주자 손아섭이 홈에서 100% 아웃되는 타이밍이었지만 엄청난 기지를 발휘했다. 포수 태그를 피해 왼팔을 접고, 오른손을 홈플레이트로 내밀어 득점에 성공했다. 승기를 굳힌 결정적 득점으로 4연패에 빠질 뻔한 한화를 구했다.

8월 14일까지 1경기 차 2위로 추격권에 있었지만 8월 16일 창원 NC전부터 8월 22일 대전 SSG전까지 6연패를 당하며 LG와 격차가 5.5경기로 벌어졌다.

문동주가 16일 NC전에서 강습 타구에 오른팔 전완부를 맞는 불운 속에 로테이션을 한 차례 건너뛰었고, 폰세가 감기 및 장염 증세로 등판을 3일 미루면서 마운드가 꼬였다. 한여름을 지나면서 불펜도 지쳤고, 잘 던지는 마무리 김서현도 첫 고비를 맞으면서 역전패를 반복했다.

한화가 연승과 연패를 반복하는 롤러코스터 같은 행보를 거듭한 사이 LG가 말도 안 되는 질주를 이어가면서 판을 뒤집었다. 류현진도 "5.5경기 차이가 그렇게 빨리 뒤집어질 줄 몰랐고, 이렇게 차이가 벌어질 줄도 몰랐다. LG가 후반기에 거의 8할 승률을 할 줄도 몰랐다"라고 말했다.

6연패가 있긴 했지만 한화도 후반기 5할대 승률로 리그 2위 성적을 냈다. 그런데 LG가 7할이 넘는 승률로 5.5경기 차이를

2025년도 한화 이글스 선수들.

순식간에 따라잡고 역전했다.

한화도 쉽게 물러서진 않았다. 9월 2일 대전 KIA전에서 구단 역대 한 경기 최다 득점 2위인 21득점을 폭발하며 타선이 확 살아났고, LG 추격을 계속 이어갔다. 9월 13일에 2.5경기 차이로 따라붙는 등 마지막까지 1위 역전의 희망을 놓지 않았다.

5.5경기 차 1위를 달리다 2위로 떨어져 아쉽긴 하지만 LG가 잘해도 너무 잘하니 오히려 아쉬움이 덜한 느낌이 들 정도였다. 굳이 1위를 잡기 위해 무리하지 않았다.

9월 들어 폭넓은 선수 기용으로 다양하게 테스트하며 순리대로 운영한 김경문 감독은 "부상 없이 시즌을 끝내는 게 중요하다. 우리는 우리대로 끝까지 해야 한다. 포스트시즌에서 해야 할 것을 생각하며 운영하고 있다"라고 말했다.

9월 13일 대전 키움전 승리로 7년 만에 포스트시즌 진출을 확정한 김경문 감독은 "선수들이 다 같이 열심히 해서 한화 팬분들을 가을 잔치에 초대할 수 있는 시간이 주어졌다. 고마운 시즌이다. 대전 팬분들이 많이 기다리셨다. 성적이 밑에 있어도 굉장히 많은 응원을 해주셨다. 우리 선수단, 스태프들은 어떻게든 팬분들을 가을 잔치에 자주 초대할 수 있는 그런 강한 팀이 될 수 있도록 해야 한다"라고 강조했다.

9월 18일 광주 KIA전을 이기며 남은 8경기에 관계없이 최소 2위로 플레이오프도 확보했다. 시즌 전 예상을 뛰어넘는 성적으로 가을야구에 나가는 한화는 '슈퍼 에이스' 폰세를 비롯해 선발진이 워낙 강력해 단기전에 충분히 일을 낼 수 있을 것으로 기대된다.

올 가을 어떤 결과가 나든 앞으로 한화는 더 큰 꿈을 꿔야 한다. 리그를 대표하는 젊은 선수들이 가장 많은 팀이다. 이 선수들의 20대 전성기를 낭비하지 않는다면 '왕조' 꿈도 이룰 수 있다.

그동안 오랜 시행착오 끝에 프런트 전문화로 구단 운영 시스템이 확립되었고, 그룹에서도 야구단에 지속적인 관심으로 투자를 아끼지 않고 있다. 팬들의 열렬한 성원까지, 왕조를 위한 발판은 마련되었다.

한국 프로야구의 왕조는 1983~1997년 15년간 9번 우승한 해태가 대표적이다. 1999~2004년 7년간 4번 우승한 현대, 2007~2010년 4년간 3번 우승한 SK, 2011~2014년 4년 연속 통합 우승한 삼성, 2015~2021년 역대 최초 7년 연속 한국시리즈에 진출하며 3번 우승한 두산이 왕조의 계보를 잇고 있다.

그러나 요즘은 이런 왕조가 쉽지 않다. 가장 최근 2년 연속 우승은 2015~2016년 두산이 마지막으로, 2017년부터 2024년까지 8년 연속으로 우승 팀이 바뀌었다. 역대 최장 기간 연속 우승 팀이 없다. 최근 8년간 6개 팀이 번갈아가며 우승했다.

2019년부터 신규 외국인 선수 몸값 상한액이 100만 달러로 제한되었고, 2023년 신인부터 전면 드래프트로 변경되었으며 팀 연봉 총액 상한제 샐러리캡까지 도입되어 특정 팀이 우승 전력을 유지하거나 독식하기 어려운 구조로 바뀌었다.

한화는 앞으로 미래가 더 밝은 팀이다. 아직 잠재력이 다 터지지 않은 유망주들이 가장 많다. 이 선수들의 잠재력이 완전하게 터진다면 그 폭발력은 가늠하기 어렵다.

한화의 황금기, 전성 시대는 지금부터 시작일 수 있다. 왕조의 서막일지도 모른다.

주식 시장에선 '가는 놈이 더 간다'라는 격언이 있다. 한화를 주식으로 치면 KBO 리그의 주도주라고 비유할 수 있겠다. 오랜 세월 바닥에서 암흑기를 견뎌온 한화 팬들은 정상에서 왕조의 시대를 맞이할 자격이 있다.

2025년 한화 성적

시즌 순위 2위(80승 54패 3무) / **승률** .597 / **PS** 직행 확보

팀 ERA 1위(3.52) / **최소 실책** 2위(83개) / **타율** 4위(.268) / **OPS** 4위(.737)

투수 WAR	타자 WAR
폰세(9.11)	노시환(4.41)
와이스(6.80)	최재훈(3.03)
류현진(4.49)	리베라토(2.37)
문동주(3.79)	문현빈(2.24)
김서현(2.65)	하주석(2.01)

* 2025년 9월 22일 현재

그때 미처
못다 한 이야기

다섯

 말이 씨가 된다고 했던가. 몇 년 전부터 "한화 왕조 시대가 온다"는 말을 농담처럼 계속 말했다. 그냥 하는 말이 아니라 누가 보더라도 한화는 미래가 가장 밝은 팀이었다. 2025년 들어선 구단 관계자들에게 "역시 명문 구단"이라는 표현도 자주 썼다. 명문 구단으로의 도약을 외치는 구단의 외침이 이뤄지길 바라는 마음이었다.
 시즌 전 남들이 한화 예상 순위를 물어볼 때면 "못해도 3위"라고 자신 있게 대답했다. 대부분 반응이 "에이, 설마. 농담도 잘하네"였지만 올해는 뭔가 성적이 날 것 같았고, 실제로 왕조의 서막이 열리는 것처럼 그야말로 승승장구했다. 8연승, 12연승, 10연승으로 긴 연승이 무려 3번이나 있었다. 한화의 연승이 길어질수록 그만큼 일거리도 많았다. 속으로 '오늘은 좀 져도 좋은데…'라는 마음이 들기도 했다.

지나고 보면 그런 안일한 생각이 문제였다. 야구는 역시 생각대로 흘러가지 않았다. 5.5경기 차 1위를 달릴 때만 해도 한화의 한국시리즈 직행은 당연할 거라고 생각했고, 이 책의 마감에도 속도를 내고 있었다.

그런데 7월 말부터 8월 초까지, 불과 2주 사이에 5.5경기 차이가 뒤집히더니 5경기 차이까지 벌어지는 걸 보곤 야구의 무서움이 느껴졌다. 이대로 1위를 놓치면 정말 아쉬울 것 같은데, 그래도 1위 싸움을 하는 것 자체가 시즌 전에는 예상 못한 일이었다.

개인적으로 2025년을 기자로서 마지막 해라는 생각으로 맞이했다. 혼자만의 라스트 시즌을 보내고 있었는데, 이렇게 한화가 기대 이상 성적으로 고공 비행하고 있으니 실감나지 않지만 운이 좋다고 생각한다. '우승 담당 기자'로 이 생활을 마무리할 수 있을까. 마지막으로 쓰게 될 한화 기사가 무엇일지 궁금하다.

불꽃한화

초판 1쇄 발행 2025년 10월 20일

지은이 | 이상학
사진 제공 | 한화 이글스
펴낸곳 | 페이스메이커
펴낸이 | 오운영
경영총괄 | 박종명
기획편집 | 김형욱 최윤정 이광민
디자인 | 윤지예 이영재
기획마케팅 | 문준영 박미애
디지털콘텐츠 | 안태정
등록번호 | 제2018-000146호(2018년 1월 23일)
주소 | 04091 서울시 마포구 토정로 222 한국출판콘텐츠센터 319호(신수동)
전화 | (02)719-7735   팩스 | (02)719-7736
이메일 | onobooks2018@naver.com   블로그 | blog.naver.com/onobooks2018

값 | 22,000원
ISBN 979-11-7043-679-9 03810

* 페이스메이커는 원앤원북스의 예술·자연과학·취미실용·건강 브랜드입니다.
* 잘못된 책은 구입하신 곳에서 바꿔드립니다.
* 이 책은 저작권법에 따라 보호받는 저작물이므로 무단 전재와 무단 복제를 금지합니다.
* 원앤원북스는 독자 여러분의 소중한 아이디어와 원고 투고를 기다리고 있습니다.
  원고가 있으신 분은 onobooks2018@naver.com으로 간단한 기획의도와 개요, 연락처를 보내주세요.